제2판

열두 달 그림책 놀이활동

김정은 · 김진희

창지사

머 / 리 / 말

아이들은 기본적으로 그림책을 매우 좋아하고 즐겨 읽습니다. 좋은 그림책이 주변에 많이 있으면 더욱 자주 읽게 되고, 책을 좋아하는 부모님이나 교사가 책에 대한 이야기를 많이 들려주면 더욱 집중해서 책을 읽게 됩니다. 아주 어릴 때에는 책을 놀잇감으로 여기고 열심히 탐색하며 즐기고, 유아기가 되면 책을 듣고 읽는 매체로 여기고 그림을 읽고 글자 속에 포함된 이야기에 귀를 기울입니다. 반복읽기를 매우 좋아하는 아이들은 같은 책을 읽고 또 읽고 또 읽습니다. 현장에 있는 교사들이나 영유아를 둔 부모님들은 그림책에 대한 관심이 높은 만큼 어떤 그림책을 어떻게 읽게 해야 하는지에 대한 고민 또한 높습니다.

"매일 똑같은 그림책만 읽어요."
"그림책을 중간중간 넘겨서 봐요."
"그림책을 그림만 봐요."
"그림책을 읽어 주었는데 자기 마음대로 꾸며서 다른 이야기를 만들어요."
"그림책을 깊이 있게 보게 하는 방법은 없나요?"

부모님들은 아이들의 반복읽기에 의문을 가지고, 그림책을 꼼꼼하게 읽지 않고 보고 싶은 그림만 보고, 읽고 싶은 부분만 읽는 것을 걱정합니다. 독서와 공부법의 연관성에 대한 관심이 높아지면서 그림책 읽기를 공부와 연관 지어 생각하기도 하고 그림책으로 활동하는 것에 대한 관심이 매우 높습니다. 영유아에게 그림책 반복읽기는 매우 중요한 요소입니다. 아이들은 같은 책을 반복해서 읽지만 같은 방식으로 읽는 것이 아니라 그림만 보거나 이야기에 집중해서 보기도 합니다. 등장인물이 말하는 것에 대해서만 볼 때도 있고, 자기 마음대로 이야기를 재구성하는 것도 즐겨 합니다. 이름이 없는 등장인물에게 이름을 지어 주기도 하고, 주요 등장인물 주변에 있는 작은 자연물에도 관심을 보이며 말풍선을 붙이는 것을 좋아합니다.

지금부터 이 책에서 소개하고자 하는 그림책 놀이활동 방법은 아이들이 그림책으로 놀이하는 방법입니다. 많은 책을 다양하게 읽는 것이 필요할 때도 있지만 한 권의 그림책으로 출발한 놀이가 엄청나게 많은 놀이로 발전하는 과정에 참여해 보는 것 역시 유아에게 매우 큰 의미가 있습니다. 그림책 한 권으로 인상 깊은 장면에 대해 독후활동을 하는 것에 그치는 것이 아니라 그림책과 관련하여 과학실험을 하고, 등장인물과 관련하여 수놀이로 연관 지어 활동하고, 신체놀이로 확장시킵니다. 그림책에 나오는 주요 등장인물에 대해서 알아보고, 그림책에는 명시되어 있지 않지만 이름이 없는 등장인물의 이름을 지어 주고, 특징에 대해서 상상의 꼬리를 이어 갑니다. 등장인물이 살고 있을 것 같은 집을 우리 교실, 내 방에 꾸며 보고, 몸으로 표현해 봅니다. 한 권의 그림책 놀이활동을 4주 이상 다양하게 실시하고 나면 그림책 속 등장인물이 내 친구가 되어 있고, 그림책 속 배경이 우리 집과 같이 친숙한 느낌을 가지게 됩니다. 그림책 속에 나오는 어휘에 대해서 다양한 말놀이를 통해 알아보고, 중심이 되는 이야기뿐만 아니라 아주 작은 삽화까지 관찰하고 탐색하는 경험을 하게 됩니다.

이 책에서 소개하고 있는 열두 달 그림책 놀이활동을 따라서 하다 보면 그림책으로 이렇게 다양한 활동을 흥미진진하게 할 수 있다는 것을 알게 됩니다. 현장에 있는 유아 대상의 교사들에게, 가정에서 그림책으로 다양한 활동을 하고자 하는 부모님께 도움이 되기를 바라며 열심히 계획하고 현장에서 실행한 것을 정리하였습니다.

제2판에서는 월별 그림책 놀이활동을 한눈에 살펴볼 수 있도록 흐름도를 추가했습니다. 교사의 주도적인 계획에 따라서 놀이활동이 시작되는 것이 아니라 유아의 흥미와 관심에 따라서 그림책 놀이활동이 시작되고, 교사의 관찰, 환경과 자료의 지원에 따라서 놀이활동이 확장되어 가는 것을 알 수 있습니다. 독자들이 한눈에 보기와 놀이 흐름도를 통해서 그림책 놀이활동에 대해서 파악하는 것에 도움이 되기를 바랍니다.

이 책이 나오기까지 여러 사람의 노력이 있었습니다. 주제 책 선정부터 계획안 작성, 책 편집까지 함께 고민하고 애쓴 공동저자 김진희 선생님. 좋은 유치원 교사이자 지금은 연구자로서 최선을 다하고 있는 선생님의 역할이 매우 컸습니다. 저자들이 만든 계획안으로 직접 수업을 하신 현장 선생님들의 노고에도 감사드립니다. 계획안의 모든 수업은 변경 · 삭제 · 추가가 가능하였으므로 선생님의 손끝에서 재탄생하거나, 변경되기도 하였습니다. 조채정 선생님과 자이하늘 선생님들께 감사드립니다. 아이들 작품에 도움을 주신 한강 에일린, 양곡 원장님께도 감사드립니다. 열두 달 그림책 놀이활동으로 열심히 상상하고 생각하며 놀이를 한 높새 반 친구들에게 가장 감사합니다. 마음속에 가득 담아 둔 그림책 놀이활동을 기억하며 상상의 꼬리를 이어 가는 초등학교 생활이 되길 바랍니다. 늘 바쁜 엄마 두 명을 이해하고 응원해 준 두 가정의 자녀들과 남편들에게도 감사와 사랑을 전합니다. 책 출판을 계획할 때부터 관심을 가지고 도움을 주신 창지사 나기영 부대표님과 바쁜 일정 속에서도 꼼꼼하게 편집해 주신 이혜란 편집자님께도 진심으로 감사드립니다.

예비교사들을 가르치며, 유아교육현장에서 교사들을 만날 때 그림책에 대한 높은 흥미가 있었지만 어떻게 활동을 해야 할지 모르겠다는 고민을 많이 들어왔습니다. 그림책을 사랑하며 아이들과 그림책으로 다양한 놀이활동을 계획하고자 하는 그들에게 이 책이 작은 나침반이 되기를 기대해 봅니다.

2021년 9월

김정은

차 / 례

제1장

그림책 놀이활동의 이론

1. 그림책 놀이활동의 개념

아이들은 아름다운 삽화와 재미있는 이야기가 담긴 그림책을 좋아한다. 천으로 된 그림책, 소리 나는 그림책, 부드러운 책 등 다양한 모양의 책을 좋아하고, 엄마가 따뜻한 목소리로 읽어 주는 그림책을 즐긴다. 영유아교육기관에 가면 선생님이 재미있는 목소리로 실감 나게 읽어 주는 그림책을 즐겨 보고, 내가 경험하지 못한 이야기들이 나오는 그림책을 좋아한다. 초등학교 이후의 교과서처럼 학습적인 목표가 있는 책이 아니라, 그 자체로 즐거움을 주는 것이 영유아기에 접하게 되는 그림책이다(서정숙 · 김언경 · 안은희 · 최현주 · 최소린, 2016). 영아기는 책을 입으로 빨기도 하고, 병풍놀이를 하고, 책을 높이 쌓기도 하며 책과 친해지는 탐색활동을 한다. 재미있는 그림을 보면 하루에 수십 번씩 같은 책을 보기도 하고, 같은 장면을 계속 보기도 한다. 이 시기에 그림책은 영아가 편하게 가지고 놀 수 있는 놀잇감이자 친구이다. 영아에게 억지로 책을 읽게 하면 책에 대한 거부감이 생기고, 불편한 마음으로 책을 접하게 될 것이다. 그러므로 영아기에는 그림책을 긍정적인 마음으로 가지고 놀 수 있는 대상으로 여길 수 있도록 하는 것이 가장 중요하다.

유아기에는 그림책의 그림만 보던 아이들이 그림과 글자의 의미가 연결된다는 것을 알고 그림을 손으로 가리키며 읽기도 하고, 그림과 연결된 글자를 하나하나 짚기도 한다. 이 시기의 아이들은 책의 그림으로 내용을 짐작하여 스스로 이야기 개작하는 것을 즐겨 한다. 그림책의 내용과 비슷하기도 하지만 아예 다른 창작 그림책이 탄생하기도 한다. 이 시기에는 선호하는 그림책이 생기며, 같은 책을 반복해서 읽는 행동을 한다. 책의 내용과 상관없이 놀이를 하는 것이 영아기라면 책의 내용으로도 놀이를 하는 시기가 유아기이다. 유아기에는 책을 읽고, 내용을 마음대로 재구성하여 이야기를 꾸미고, 자신만의 스토리텔링(Storytelling) 하는 것을 즐긴다.

그림책 놀이의 이론적인 배경을 살펴보면 총체적 언어교육에서 비롯된다. 총체적 언어교육은 교사가 일방적으로 수업하는 지시적인 방식에서 벗어나 자신에게 의미 있는 내용을 의미 있게 가르치고자 한 교육방법이다(Goodman, 1986). 아이들은 스스로 자기가 가지고 있는 이전 경험으로부터 의미를 구성하므로 교육의 출발점이 외부에 있는 것이 아니라 내부에 있어야 한다는 것이다(박혜경, 1990). 총체적 언어교육이란 언어의 기본단위는 문자가 아니라 '의미'이며, 언어는 말하기 · 듣기 · 읽기 · 쓰기를 총체적으로 통합해서 실시해야 한다는 것이다. 즉, 모든 교과(영역)와 통합하여 가르쳐야 한다는 뜻이다. 이는 반응 중심 문학활동으로 독자반응이론과 발달심리학을 문학교육에 적용하여 전통적인 문학활동인 텍스트 중심, 작가 중심, 교사 중심에서 벗어나 책을 읽는 독자 중심, 독자의 반응 중심, 심미적 읽기와 경험으로서의 문학을 강조한 것이다(이송은, 2012).

우리나라에 그림책으로 하는 놀이활동이 등장하게 된 것은 도서관을 중심으로 한 북스타트 운동이다. 북스타트 운동은 세계 최초의 독서 관련 사회운동으로 영국의 웬디 쿨링(Wendy Colling)이 제안하여 시작되었다. 아이들이 책을 읽도록 하는 것뿐만 아니라 책과 좀 더 친숙하게 놀이를 하게 하는 것에 초점이 맞추어져 있다. 1992년 북스타트 시범 프로젝트의 효과는 매우 놀라웠는데, 프로그램에 참여한 아이들은 그렇지 않은 아이들보다 언어발달, 집중력, 읽기기술에서 큰 차이를 보였다(김영옥, 2016).

이송은(2012)은 책놀이란 "책을 소재로 하는 여러 가지 책 읽어 주기 활동"으로 정의하였다. 광의의 개념으로 책놀이를 살펴보면 그림책을 활용한 문학활동에 속하며, 독서지도나 독후활동에 치중했던 것을 지양하고, 어린이 스스로 책을 다시 보고 싶도록 안내하고 이야기를 구성하여 스토리텔링(storytelling)을 해야 한다고 하였다. 송영미(2016)는 책놀이를 "독서의 과정에서 책을 활용한 놀이"로 정의하고 책놀이에는 책을 도구로 활용한 놀이와 텍스트에 대한 이해를 전제로 한 놀이가 포함된다고 하였다.

본 책에서는 누리과정 관련 주제별로 그림책을 선정하였다. 이 책에서의 그림책 놀이활동은 '그림책을 소재로 하여 놀이 중심의 다양한 활동을 실시하는 것'이라고 하겠다. 놀이 중심의 다양한 활동이란 누리과정에서의 영역별 활동을 말하는 것으로 한 권의 그림책이 5가지 영역의 활동에서 어떻게 활용되어 놀이활동으로 진행될 수 있는지에 대한 내용을 다루고자 한다.

2. 그림책 놀이활동의 방법

그림책으로 놀이활동을 하려면 그림책 놀이활동 방법에 대한 교사의 이해가 우선되어야 한다. 그림책 놀이활동은 그림책을 읽고 나서 시작하는 것이 아니라 그림책을 읽기 전부터 시작할 수 있다. 그림책 놀이활동은 그림책을 다 읽은 후에 놀이활동이 끝난 것이 아니라 그림책을 다 읽은 후에도 계속할 수 있다. 그림책 놀이활동의 방법을 그림책 읽기 전 놀이활동, 그림책 읽기 놀이활동, 그림책의 인물과 배경읽기 놀이활동, 그림책의 스토리텔링 놀이활동, 수 · 과학 놀이활동, 그림책의 예술적 놀이활동 방법으로 나누어 설명하고자 한다.

1) 그림책 읽기 전 놀이활동

그림책을 읽어 주기 전에 교사 먼저 해당 책을 읽어 보는 과정이 필요하다. 교사는 미리 그림책 내용을 파악하고 등장인물, 배경에 대해 이해하고 있어야 한다. 그림책을 읽기 전 할 수 있는 놀이활동은 다음과 같다.

- 그림책의 표지를 보고 이야기 나눈다. 그림책의 제목, 그림, 지은이, 옮긴이, 코드번호까지 살펴보고 그에 대한 이야기를 나눈다.
- 그림책의 제목을 가리고 표지의 그림을 보며 제목을 상상해 보는 활동을 한다.
- 그림책의 표지를 재구성해 보는 활동을 해 본다. 내가 그림책 작가라면 어떤 표지를 만들지 상상해 보고 그림을 그려 본다.

- 그림책의 내용을 예측해 보고 어떤 내용일지, 누가 나올지 상상하여 이야기를 꾸며서 친구에게 들려준다.
- 그림책의 표지를 사진처럼 몸으로 표현해 보는 활동을 할 수 있다.

2) 그림책 읽기 놀이활동

그림책 읽기는 그림책에 있는 삽화를 읽는 것과 이야기(문자, 텍스트)를 읽는 것이 있다. 그림과 글을 따로 읽기도 하지만 대부분은 동시에 읽는다. 영아가 그림책을 읽을 때에는 처음부터 끝까지 읽기보다 관심에 따라서 그림에 대해 이야기 나누고, 중간중간 넘겨서 읽을 수 있다. 유아를 대상으로 하는 경우에는 그림책 전체를 다 읽는 것도 좋다.

- 유아가 그림책의 내용을 잘 이해할 수 있도록 실감 나게 읽어 준다.
- 전체를 다 읽고 나서 그림만 다시 한번 보여 준다.
- 그림을 보며 인물, 사건, 배경에 대해서 발문하며 이야기를 나눈다.
- 개방형 질문을 통해 유아가 그림책 내용을 회상할 수 있도록 한다.
- 이야기가 극적 사건이 있을 경우나, 반전이 있을 때에는 중간에 이야기를 끊고 중간이야기 짓기를 할 수 있다(이야기를 끊은 다음에 이어질 내용을 상상해서 이야기 짓기를 해 본다).
- 텍스트가 재미있게 표현된 그림책은 유아와 함께 실감 나게 표현하면서 읽는다.
- 장면별로 자세히 관찰할 때에는 그림책의 한 장면으로 이야기를 나눈다. 인물의 표정, 주요인물 외에 배경에 있는 작은 그림까지 관찰하고 탐색하는 즐거움을 가지도록 한다.
- 내용이나 의성어 · 의태어가 반복되는 경우에는 교사가 읽어 주기 전에 유아가 짐작해서 읽어 볼 수 있도록 기회를 준다.
- 한 권의 책을 한 번만 읽는 것이 아니라 여러 가지 방법으로 여러 번 반복읽

기를 할 수 있도록 한다. 선생님이 읽어 주기, 유아가 친구에게 읽어 주기, 녹음해서 읽어 주기, 영상으로 보여 주기 등 다양한 방법을 사용할 수 있다.

3) 그림책의 인물과 배경읽기 놀이활동

그림책을 읽을 때 유아에게 가장 인상 깊은 장면을 물어보면 대부분의 유아가 등장인물과 관련한 대답을 한다. 그림책에 있어서 인물은 가장 재미있고 흥미로운 요소이다. 성인 대상의 이야기가 아니기 때문에 인물의 성격이 좀 더 뚜렷하고 이해하기 쉬우며, 개성 있는 경우가 많다. 그림책을 읽을 때에는 이야기의 흐름에 따라서 이해하였지만, 교사의 발문을 통해 인물에 대한 이해도가 더욱 높아질 수 있다. 뚜렷하게 보이는 등장인물과 사건만 주의 깊게 읽는 것이 아니라, 그림책의 주변 배경을 읽어 보는 것도 재미있는 놀이활동이다. 주의 깊게 살펴보지 않았던 배경을 다시 한번 자세히 관찰하며 배경과 관련된 놀이활동을 한다.

- 그림책을 읽을 때 등장인물의 감정을 이해할 수 있도록 실감 나게 읽는다.
- 교사가 혼자서 읽지 않고 큰따옴표 안에 있는 말은 유아가 할 수 있도록 기회를 준다.
- 반복읽기를 할 때 인물의 대화 위주로 읽고 느낌을 이야기 나눈다.
- 그림책의 내용이 설명 위주로 되어 있을 경우 등장인물이 무슨 말을 할 것 같은지 상상하여 말풍선을 넣어 본다.
- 반복읽기를 할 때는 그림책의 배경을 중심으로 읽고, 그에 대한 이야기를 나눈다.
- 배경의 색깔, 느낌에 대해 이야기 나눈다.

4) 그림책의 스토리텔링 놀이활동

그림책 놀이활동의 재미있는 부분 중 하나가 이야기를 꾸며서 재구성하는 것이다. 쓰기가 아직 익숙하지 않은 유아도 이야기를 상상해서 말하는 것은 매우 즐겨 한다. 유아 자신이 상상한 것을 교사와 친구들에게 스토리텔링 하는 기회를 자주 주고, 유아는 이를 써 보는 활동을 한다. 자신에게 의미 없는 문자를 반복해서 쓰는 것보다는 자신이 궁금한 것, 상상한 이야기 꾸미기 한 것을 써 보는 활동이 더 유익하고 즐겁다.

- 그림책을 읽고 난 뒤 이야기를 처음부터 끝까지 회상해 보는 시간을 가진다. 유아가 기억한 내용이 그림책 내용과 다르더라도 자신감 있게 스토리텔링 해 본다.
- 친구들에게 그림책을 읽어 주는 기회를 준다. 이야기를 기억해서 그대로 전달하기도 하고, 조금씩 다르게 이야기를 개작하여 스토리텔링 해 본다.
- 그림책의 한두 장면 또는 전체 장면으로 이야기를 꾸며서 책 만들기를 해 본다.
- 그림책 이야기를 교사, 유아, 부모님의 목소리로 녹음해 본다. 그대로 읽어도 되고, 조금 개작해서 이야기를 들려주듯이 해도 된다. 언어영역에서 녹음한 내용을 책과 함께 들을 수 있도록 한다.
- 그림책 내용을 4컷 · 8컷 그림책, 만화 등으로 스토리텔링 해 본다.
- 그림책 놀이활동으로 해설이 있는 이야기, 음악이 있는 이야기, 인형극, 동극 등을 경험해 본다.

5) 그림책의 수 · 과학 놀이활동

그림책을 읽다 보면 어른들은 발견하지 못해도 아이들이 먼저 발견하는 것이 자주 있다. 등장인물 중에도 아주 작게 표현된 인물, 비슷한 그림이 반복되다가 조금 달라진 부분, 배경에서 재미있게 표현된 소품 등 아이들의 눈에 관찰되는 것을 이야기 나누면 재미있는 놀이활동이 될 수 있다.

- 그림책 속에 숨어 있는 수를 경험해 볼 수 있다. 등장인물의 수, 주요 사건의 단서, 인물과 관련된 수 등 숨어 있는 수를 함께 찾아보는 활동을 해 본다.

- 그림책 속의 인물, 배경 등을 비교하는 활동을 해 본다. 크기, 높이, 무게, 모양, 특징 등을 비교하며 이를 이야기 나누어 본다.
- 그림책 속의 날씨 변화를 보면서 우리 지역의 날씨 측정하기 활동으로 연결해 볼 수 있다. 맑은 날씨, 비 오는 날씨를 보여 주는 그림책을 보며 우리 동네의 기온, 습도 등을 측정하는 놀이를 해 볼 수 있다.
- 그림책을 읽으며 궁금했던 점은 질문 목록을 만들어 알아보기 활동을 하고, 그래프를 만들어 보는 활동을 해 본다.

6) 그림책의 예술적 놀이활동

그림책을 보면 유아는 그림을 따라서 그리고 싶어 하고, 그림책 장면을 만들어서 표현하고자 한다. 예술적 경험활동을 즐겨 하는 유아와 그림책으로 할 수 있는 예술적 놀이활동은 재료, 방법에 따라서 다양하다.

- 그림책의 그림을 감상하고 느낌을 이야기 나누어 본다.
- 그림책의 화풍, 질감 등을 관찰하고 다양한 재료를 사용하여 재현해 본다.
- 그리기, 만들기, 꾸미기를 하여 등장인물을 표현해 볼 수 있다.
- 종이접기, 찢기, 오리기 등의 방법으로 배경과 등장인물을 나타내 본다.
- 그림책의 분위기에 맞는 전통음악, 외국음악을 선택하여 감상해 본다.
- 다양한 악기로 그림책의 내용과 관련된 노래, 춤 등을 경험해 본다.
- 재미있게 상상하여 그림책의 그림을 재구성해 본다.

3. 누리과정 그림책 연계활동

그림책 놀이활동은 아이들이 그림책을 활용한 놀이를 즐기도록 안내함과 동시에 전인적 발달을 도모해야 한다. 그러기 위해서는 다양한 영역에서의 접근이 필요하다.

영유아를 위한 교육과정은 통합적 접근 방식으로 분리된 개념을 학습하는 것이 아닌 일상생활과 관련하여 다양한 경험을 하도록 안내한다. 국가 수준 교육과정인 누리과정은 5개 영역으로 구성되어, 통합적으로 연계하여 운영할 수 있도록 안내하고 있다. 2019년 개정 누리과정은 국가 수준의 공통성과 다양성을 동시에 추구하며, 유아 중심, 놀이 중심, 전인적 발달과 행복 추구, 자유성과 창의성 신장 추구, 유아 · 교사 · 원장(감) · 학부모 · 지역사회가 유아를 위해 함께 실현해 가는 것을 추구한다.

2019년 개정 누리과정은 국가 수준 공통 교육과정을 실현함에 있어 유아 중심, 놀이 중심을 강조하고 있다. 영유아 교육에서 놀이의 중요성은 누구나 알고 있지만, 놀이와 교육의 균형을 맞추는 것은 어려운 일이다. 그림책은 영유아가 쉽게 접할 수 있는 놀이의 매개체로 이를 통해 다양한 놀이를 소개하고 안내하며 유아의 전인적 발달을 돕는 좋은 길잡이가 될 수 있다.

누리과정 5개 영역을 그림책 놀이활동에 적용하면 1개 영역만의 활동이 아닌 5개 영역 내용이 통합되어 유아의 경험에 연계가 된다. 이는 누리과정이 추구하는 교수–학습방법으로 각 영역에 대한 예시와 영역 간 연계가 어떻게 이루어지는지 안내하고자 한다.

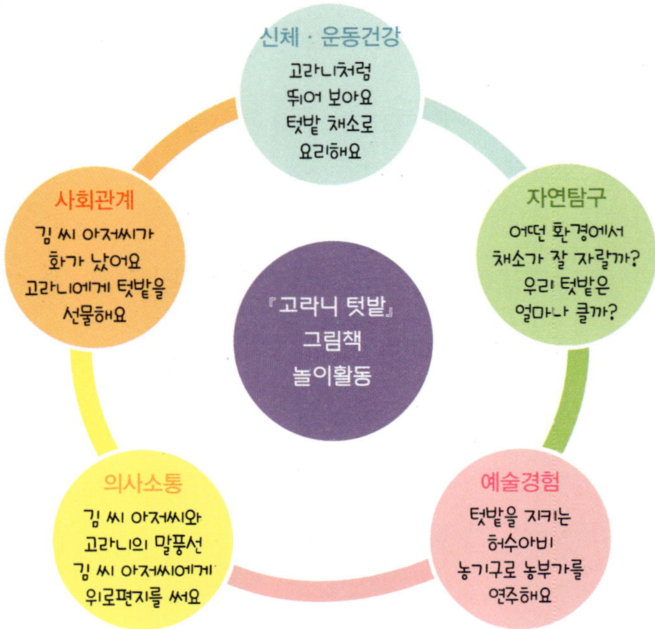

먼저, 누리과정의 신체운동 · 건강영역은 실내외에서 신체활동을 즐기고, 건강하고 안전한 생활습관을 기르기 위한 영역이다. 신체운동 · 건강영역과 다른 영역의 연계방법을 예로 들면, 『고라니 텃밭』을 활용한 그림책 놀이활동으로 『고라니 텃밭』 등장인물인 김 씨 아저씨와 고라니의 쫓고 쫓기는 긴박한 순간을 회상하며, 고라니처럼 뛰어 보는 신체활동이 있다. 이 활동에서 신체운동 · 건강영역은 예술경험영역, 사회관계영역과 연계가 될 수 있다. 리듬에 맞춰 뛸 때 어울리는 음악을 들으며 활동을 하면 놀이활동이 더욱 풍성해질 수 있다. 이는 신체운동 · 건강영역과 예술경험영역이 통합되는 과정이다. 또한, 고라니처럼 뛰는 신체운동 · 건강영역 활동을 할 때 옆 사람과 부딪치지 않도록 약속을 정하고 활동을 하면 사회관계영역과 통합한 활동이 된다. 김 씨 아저씨처럼 직접 텃밭을 만들고 채소를 키워서 먹어 보며 건강한 식습관을 기르는 신체운동 · 건강영역 활동을 할 때는 텃밭을 만드는 과정에서 채소의 종류, 텃밭의 크기와 모양 등 다양한 의견을 나눌 수 있다. 이를 통해 의사소통, 사회관계, 예술경험, 자연탐구가 모두 통합된 놀이활동이 이루어질 수 있다.

의사소통영역은 일상생활에서 듣고 말하기를 즐기고, 읽기와 쓰기에 관심을 가지며, 책이나 이야기를 통해 상상하기를 즐기는 영역이다. 『고라니 텃밭』 그림책에서는 고라니의 숨은 이야기를 알아보고, 김 씨 아저씨의 마음을 상상하여 말풍선을 만들고, 위로의 편지를 써 보며 의사소통능력과 상상력을 기르는 활동을 할 수 있다.

사회관계영역은 자신을 이해하고 존중하며, 다른 사람과 사이좋게 지내고, 우리가 사는 사회와 다양한 문화에 관심을 가지는 영역이다. 조용한 산골에서 텃밭을 가꾸며 그림을 그리고 싶었던 김 씨 아저씨가 텃밭을 망치는 고라니 때문에 화를 내는 그림책 장면을 살펴본다. 김 씨 아저씨가 고라니의 사정을 알고 고라니를 이해하는 과정을 통해 서로 사이좋게 지내는 방법을 찾는 장면에서는 미술활동과 쌓기활동을 연계하여 고라니만을 위한 텃밭을 만들며 더불어 생활하는 태도를 기를 수 있을 것이다.

예술경험영역은 자연과 생활 및 예술에서 아름다움을 느끼고, 예술을 통해 창의적으로 표현하는 과정을 즐기며, 다양한 예술표현을 존중하는 태도를 기르는 영역이다. 아이들의 텃밭을 지키는 허수아비를 만들어 보고 다양한 미술 재료와 도구를 활용하여 텃밭을 표현해 보며, 김 씨 아저씨와 고라니 사이에서 일어난 해프닝을 극놀이를 통해 서로 이해해 본다. 또한, 농부가에 맞춰 농사도구를 활용해 연주해 보는 활동은 예술경험과 의사소통, 사회관계영역이 통합한 활동을 할 수 있다.

자연탐구영역은 일상에서 호기심을 가지고 탐구하는 과정을 즐기며, 생활 속의 문제를 수학적 · 과학적으로 탐구하고, 생명과 자연을 존중하는 태도를 기르는 영역이다. 『고라니 텃밭』의 크기를 다양한 임의 도구로 측정해 보고, 텃밭을 가꾸며 잘 자라는 채소와 잘 자라지 않는 채소를 비교 관찰하여 채소가 잘 자라기 위한 환경을 알아본다. 텃밭 옆 작은 민들레를 위한 울타리를 만들어 가는 장면으로 수 세기와 간단한 연산도 경험할 수 있다. 고라니 이외에 텃밭을 망치는 야생동물과 그 이유를 탐구하는 과정을 즐기고, 자연과 더불어 살아가는 태도를 기르기 위한 활동을 할 수 있다.

이처럼 『고라니 텃밭』 그림책 한 권으로 누리과정에서 제시한 5개 영역 내용이 통합된 다양한 그림책 놀이활동을 경험할 수 있다.

누리과정이 추구하는 교수-학습방법은 유아의 흥미와 관심에 따라 놀이에 자유롭게 참여하고 즐기도록 하며, 유아의 자유놀이부터 교사의 계획된 활동까지 놀이를 통해 배우도록 안내하고 있다. 또한, 다양한 놀이와 활동을 경험할 수 있도록 환경을 구성하고, 5개 영역의 내용을 통합하여 유아의 경험과 연계되도록 하고 있다. 이를 위해 교사는 유아가 흥미와 관심을 보이는 각 영역을 통해 그림책 놀이활동이 이루어지도록 계획할 수 있다. 각 영역별로 놀이활동이 별도로 계획되지만 하나의 영역활동으로 이루어지는 것이 아니라 여러 영역이 서로 통합되어 진행된다.

예를 들면, 『고라니 텃밭』 속 김 씨 아저씨의 허수아비를 보고, 우리 반 텃밭을 지키기 위해 허수아비를 만드는 활동을 계획한다. '허수아비 만들기'는 미술 영역으로 계획했지만, 허수아비를 만들기 전 논밭을 방문하여 허수아비를 관찰하는 사회연계활동, 허수아비가 되어 보는 동작활동으로 확장하여 실시할 수 있다. 또한, 허수아비의 이름표와 허수아비의 생각을 글로 써서 팻말로 만들어 보는 언어활동도 할 수 있다. 여러 아이들이 함께 허수아비를 만드는 미술활동에서는 서로 의견을 나누는 과정에서 듣기 · 말하기 활동, 허수아비를 다 만들고 나서 허수아비와 나의 키를 비교해 보는 수 영역 활동이 가능하다. 이외에도 아이들의 선택에 의해 다양한 영역과 연계하여 놀이활동을 이어갈 수 있다.

4. 놀이활동을 위한 그림책 선정

놀이활동을 위한 그림책 선정 기준의 제1원칙은 아이들이 좋아하는 책이어야 한다. 아이들은 자신이 선택한 책에 더 흥미를 보이며, 스스로 동기부여가 되어 몰입하여 책을 읽는다(Mohr, 2003). 일반적으로 부모나 교사는 그림책이 교육적이며, 작품성 있고, 연령에 적합하고, 그림이 매력적인지를 살핀다. 또한, 도서 판매 인터넷 사이트와 인기 블로그를 참고하여 판매 순위, 리뷰, 인기도를 살펴보고 그림책을 선택한다. 그러나 이 모든 과정에서 아이가 선호하는 그림책에 대한 존중과 배려는 부족하다. 모든 아이가 다르듯 그림책에 대한 아이의 반응은 다르다. 대중적인 평가가 좋은 그림책이라 하더라도 한 번 보고 책장에서 잠자는 그림책이 있는가 하면, 평판도 없는 그림책이 너덜너덜해질 때까지 읽고 또 읽는 가장 좋아하는 책이 되기도 한다.

아이들이 좋아하는 그림책은 어떤 그림책이며, 왜 그 그림책을 좋아하는지를 알 수 있다면 부모나 교사가 그림책을 선택하는 데 많은 도움이 될 것이다. 안타깝게도 아이들이 좋아하는 그림책은 연령, 성별, 기호, 성격에 따라 매우 다양하여 보편적인 기준을 세우는 것에 어려움이 있다. 이러한 이유로 여러 연구결과와 전문가 의견을 참고하여 그림책을 선택하고 있다. 다만, 유아교육기관에서 그림책 놀이활동을 할 때에는 담당하고 있는 유아들의 선호도를 고려하여 선택하는 것이 필요하다.

좋은 그림책 선정 과정은 일반적으로 영유아의 감각, 인지, 언어, 신체, 사회, 도덕, 정서, 창의력 등의 발달과정을 고려한다. 여기서 공통적으로 연령이 가장 큰 고려 요인이 된다. 영유아의 발달과정을 고려하는 것이 선행되었다면 다음은 그림책의 문학적 · 예술적 · 형태적 항목을 살펴봐야 한다. 이는 장르, 인물, 주제, 그림의 예술적 요소, 표현 양식, 판형, 글의 유무 등이다. 이 모두를 고려하여 그림책을 선정한다 하더라도 아이가 좋아하는 책은 아이의 발달적 측면이나 흥미, 경험에 따라 다르기 때문에 획일화하여 그림책을 선정할 수 없다. 그렇기 때문에 아이의 발달에 적합한 그림책이면서 문학적 · 예술적 · 형태적 가치를 가진 그림책을 선정하여, 그 그림책에 관심과 흥미를 가지고 몰입할 수 있도록 안내하는 역할이 필요하다. 즉, 놀이활동이 그림책을 매개체로 하여 이루어졌다면 아이들은 그림책을 통해 놀이를 접하게 되고, 그 놀이로 인해 그림책에 더 관심을 가지게 되는 선순환이 이뤄진다는 것이다. 기준에 의해 좋은 그림책을 선정하여 그 그림책에서 놀이활동에 적합한 요소를 찾아내고, 이를 아이들의 눈높이에 맞춰 안내하고 함께 즐길 수 있는 활동으로 이끌기 위해서는 그림책을 볼 수 있는 눈을 키워야 한다.

그 첫 번째 과정으로 좋은 그림책 선정을 위해 고려할 점은 다음과 같다.

1) 영유아 발달적 특성을 고려한 그림책 선정

아이들은 주입되는 정보를 일방적으로 받아들이며 성장하는 것이 아니라, 주변 세계와 끊임없이 상호작용하며 성장해 간다. 아동의 인지, 언어, 사회 · 정서, 도덕성, 성역할 발달에 따른 특성에 적합한 그림책은 다음과 같다.

감각 운동기인 0~2세는 오감을 통해 세상을 탐색한다. 이 시기 영아에게는 장난감처럼 감각을 자극할 수 있는 소재이면서 무엇이든 입으로 가져가는 습성 때문에 안전하고 세탁할 수 있는 천이나, 플라스틱류, 또는 두꺼운 종이로 만든 책이 적합하다. 그림은 단순하면서 또렷하고, 색채가 명확한 것이 좋고, 내용 면에서는 단순하고 친근한 내용이 좋다. 0~2세는 한 음절의 소리 → 단어로 의사표현 → 단어만으로 구성된 전보문 사용의 언어발달단계를 보이므로 반복과 명명하는 책, 친근한 사물을 그린 책이 적합하다. 또한, 책을 읽어 주는 이가 간단하게 따라 하며 영아와 접촉할 수 있고, 움직임 요소가 포함되어 있으면 좋다. 0~2세는 세상에 대한 신뢰감을 형성하고 영아 스스로 마음과 의지가 자율적인 존재임을 확인하는 시기이다. 무엇이든 스스로 하려고 할 때 스스로 넘길 수 있는 그림책, 리듬감 있는 반복 패턴이나 동작을 따라 할 수 있는 그림책, 배변훈련과 관련된 그림책 등이 적합하다.

전조작기 중 전개념기인 2~4세는 물활론적 사고가 발달하기 시작하는 시기로, 자신의 환경을 상징화하여 현재에 초점을 둔 상상놀이를 담은 책으로 명확한 플롯 구조를 가진 그림책이 적합하다. 2~4세는 언어능력이 폭발하는 시기로 좀 더 세분화해서 살펴볼 필요가 있다. 2~3세 시기는 두세 단어로 구성된 문구 사용이 가능하며 대명사와 전치사를 사용하기 시작한다. 이 시기에는 극화될 수 있는 단순한 이야기에 흥미를 보인다. 3세경에는 단순하지만 말에 문법을 적용할 수 있으며, 어휘에 대한 이해력이 증가하면서 동시, 노래 부르기, 질문에 답하기, 재미있는 문구 반복하기를 즐긴다. 3~4세경에는 조금 복잡한 문장과 질문을 하면서 대화가 가능해지고 이야기를 회상하면서 사회극놀이가 가능해지며, 또래를 경험하게 된다. 이를 위해 단선적인 구조로 예측하기 쉽고, 일상의 놀이나 모험이 담겨 있고, 또래 간 갈등과 해결이 담겨 있으며, 글과 그림 내용이 일치하는 그림책이 적합하다.

전조작기 중 직관기인 4~7세는 자신의 관점에서 세상을 인식하는 자아중심적 사고의 시기로 다양한 경험을 제공하는 것이 필요하다. 이 시기 언어발달은 많은 사물이나 행동 등을 명명할 수 있고, 글자나 단순한 단어를 인식하게 된다. 좋아하는 이야기를 암기하고, 구성이나 등장인물을 변화시켜 흥미를 더해 간다. 풍부한 상상력이 발휘되고 호기심이 많아지며 다른 이의 이야기를 듣고 싶어 한다. 이를 반영하여 전래동화나 환상동화, 사실동화 등 다양한 장르의 그림책이 적합하다. 또한, 선과 악, 진리와 거짓의 차이를 배우게 되며, 옳고 그림을 내면화해 가는 시기이므로 다양한 또래관계를 경험할 수 있고, 위기 상황에 대한 그림책, 사회적 이슈를 담은 그림책, 토론과 토의가 가능한 그림책, 상호 텍스트를 관련짓는 그림책이 적합하다.

2) 문학적 · 예술적 · 형태적 특성을 고려한 그림책 선정

그림책은 그림이 있는 이야기책이다. 이야기가 있다는 것은 문학적 형식과 요소가 있다는 것이다. 이야기가 있는 그림책 안에는 주제, 소재, 등장인물, 구성, 배경, 문체가 나타나 있다. 이미 그림책은 영유아를 위한 문학으로 자리매김하고 있어, 문학의 장르인 전래동화 · 환상동화 · 사실동화 · 정보전달 · 동요 · 동시 · 위인전 등 다양한 장르의 그림책이 만들어지고 있다.

그림책의 주제는 그 대상이 신뢰감을 형성하고 자율성을 키워 가는 시기의 아이들이기 때문에 단순하지만 보편타당한 진리를 담고 있어야 한다. 그림책은 성 · 인종 · 연령 차별 내용이 포함되어서는 안 된다. 서정숙과 남규(2010)는 그림책 주제로 문제해결 및 심리적 발달, 가족과의 관계, 가족 외 생명과의 관계, 자연의 모습이나 자연과의 관계, 다문화, 반편견, 여러 가지 문제 상황 등이 주제가 될 수 있다고 했다. 이를 정리하면 그림책의 주제와 소재는 가족 이야기, 아이들의 익숙한 일상적 경험, 자연에 대한 아이들의 느낌과 호기심, 유머와 환상적인 요소, 사회문제나 환경문제를 소개, 신앙을 다룬 종교서, 역사, 문화, 인물, 과학, 예술 분야 등이 될 수 있다.

등장인물은 아이와 어른, 상상 속의 인물, 의인화된 동물이나 물건, 장난감 등 다양하다. 그림책의 등장인물은 일반적인 문학처럼 치밀하게 글로 묘사되어 있지는 않지만, 아이의 모습과 행동을 반영하여 아이만의 감성과 정서를 잘 나타내어 쉽게 공감하고 동일시할 수 있어야 한다.

구성(플롯: plot)은 이야기의 전개이다. 구성이 좋은 그림책은 갈등이 있고 긴장감이 있으며, 줄거리가 있어 아이들의 흥미를 불러일으킨다. 보편적인 이야기 구성은 발단－전개－절정－결말에 이르는 과정이 명확하다. 그렇다고 해서 지나치게 감성적이거나 교훈을 강조하거나 우연을 남발하지 않아야 한다. 아이들은 단순한 발단과 경쾌한 전개를 지나 흥미진진한 절정과 만족스러운 결말에 재미를 느낀다.

그림책의 문체는 아이들이 쉽게 다가갈 수 있도록 단순하고 리듬감이 있는 반복적인 언어를 사용한다. 단순하다는 것은 부정적인 의미보다 시와 같이 함축적인 예술성을 나타낸다는 의미이다. 반복적인 언어는 좀 더 복잡성을 확장하여 아이들의 어휘를 풍성하게 할 수 있다. 많은 작가들은 문학작품을 통한 언어능력 발달을 충분히 알고 있어 이를 자신의 그림책에 반영한다. 좋은 그림책은 간결한 문장과 대화, 정확하고 경쾌한 언어, 의성어와 의태어가 많이 사용되어 아이들에게 즐거움을 준다.

배경은 시간적 · 공간적 요소를 말한다. 일반적으로 그림책에서 배경은 한 장면으로 표현된다. 그림책은 한 장면에 많은 이야기를 내포할 수 있어 그림책의 배경은 이야기를 이끌어 가기도 한다. 그렇기 때문에 그림책의 배경은 좀 더 세밀하고 구체적으로 제시되는 것이 좋다. 그림책에서 글로 표현할 수 없는 시간의 흐름과 공간의 변화를 그림 한 장면으로 나타내며, 주인공의 심경 변화를 나타내는 장치로도 이용된다. 그림책을 넘길 때마다 마주하게 되는 장면의 중요성은 그림책의 예술적 요소인 일러스트레이션을 강조하게 한다.

그림책의 예술적 · 형태적 특성은 판형, 장정(꾸밈새) 및 형태적 특징, 글의 유무, 책의 표지, 그림 등을 말한다. 그림책은 글과 그림의 주도성과 관계성에 따라 글이 주도해서 이야기를 이끌어 가는 삽화 형식의 그림책, 글과 그림의 비율이 비슷한 그림책, 간단한 글만 있는 그림책, 글 없이 그림만으로 이야기를 이끌어 가는 그림책이 있다. 글과 그림의 관계는 상호보완적으로 베이더(Barbara Bader)는 "그림과 단어들이 서로 의존하면서 이야기를 꾸며 나가며, 두 개의 마주 보는 페이지가 동시에 펼쳐지면서, 그 페이지가 넘겨질 때 극적인 상황이 정해지는 예술 형태이다."라고 했다.

그림책의 예술적 · 형태적 특성은 독자인 아이들에게 영향을 준다. 매력적인 형태는 책을 읽고 싶은 마음을 불러일으키기도 하고 반대로 책 읽기를 단념하게도 한다. '책은 이렇게 생겨야 한다'라는 고정관념은 책을 단조롭게 만들었으나, 좀 더 매력적인 형태를 선호하는 독자들의 요구와 인쇄기술의 발달로 책의 형태가 매우 다양해졌다. 최근 출판되는 그림책을 살펴보면 전집류임에도 책의 형태가 모두 다르게 출판되어 아이들의 호기심을 자극하고 있다.

그림책 표지와 그림은 그림책의 결정적인 요소로(Mohr, 2006), 실제로 아이들은 표지와 제목으로 책 내용을 짐작하고 그 책을 선택할지 지나칠지를 결정한다. 아이들은 장르에 상관없이 모든 그림책에서 글보다 그림에 더 많은 반응을 보인다. 인간의 정보 흡수 경로를 분석한 맥루한(Macluhan)의 연구에 의하면 시각을 통한 정보가 청각을 통해서보다 580배나 더 많았다. 특히, 어린 시절의 시각 정보는 매우 깊게 인식되고 오래 기억되므로 영유아를 대상으로 하는 도서에서 일러스트레이션의 역할은 더욱 주목을 받는다. 칼데콧 메달, 이탈리아 볼로냐 아동도서전, 케이트 그린어웨이 상 모두 그림의 예술 기법과 내용의 표현성, 그림의 예술성 등을 주요 선정 기준으로 보고 있듯이 그림책에서 일러스트레이션의 비중은 굉장히 높다.

이 책은 놀이활동에 적합한 좋은 그림책을 선정하여, 그림책에서 놀이활동 요소를 찾아낼 수 있는 눈을 키울 수 있도록 하는 안내서이다. 지금까지 좋은 그림책 놀이활동과 그림책으로 놀이활동을 할 수 있는 방법, 그림책과 누리과정의 연계, 놀이활동에 적합한 좋은 그림책을 선정하는 방법을 안내하였다. 2부에서는 실제 그림책을 활용하여 어떻게 유아가 놀이활동을 할 수 있는지를 보여 주며, 이를 통해 놀이활동 요소를 찾아낼 수 있는 교사로서의 역량을 키우도록 안내할 것이다.

그림책 놀이활동 그림책 목록

월	도서명	작가명	출판사	출간연도
3월	 『씩씩한 마들린느』	루드비히 배멀먼즈 글 · 그림 / 이선아 옮김	시공주니어	1994
4월	 『고라니 텃밭』	김병하 글 · 그림	사계절	2013
5월	 『도깨비를 빨아 버린 우리 엄마』	사토 와키코 글 · 그림 / 이영준 옮김	한림출판사	1991
6월	 『어슬렁어슬렁 동네 관찰기』	이해정 글 · 그림	웅진주니어	2012
7월	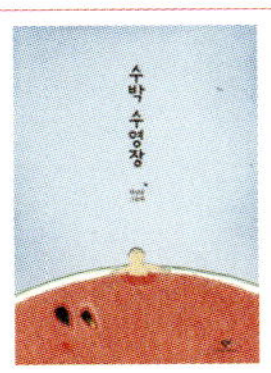 『수박 수영장』	안녕달 글 · 그림	창비	2015
8월	 『고무신 기차』	이춘희 글 · 박지훈 그림	사파리	2011

월	도서명	작가명	출판사	출간연도
9월	 『시리동동 거미동동』	제주도 꼬리따기 노래 · 권윤덕 고쳐쓰고 그림	창작과 비평사	2003
10월	 『아프리카 스키 선수』	변지현 글 · 이가혜 그림	키즈엠	2018
11월	 『달 사람』	토미 웅거러 글 · 그림 / 김정하 옮김	비룡소	1996
12월	 『눈 오는 날』	에즈라 잭 키츠 글 · 그림 / 김소희 옮김	비룡소	1995
1월	 『이야기 기계』	톰 매클로플린 글 · 그림 / 김근형 옮김	키즈엠	2016
2월	 『쿠키 한 입의 인생 수업』	에이미 크루즈 로젠탈 글 · 제인 다이어 그림 / 김지선 옮김	책읽는곰	2008

제 2 장

열두 달 그림책 놀이활동

1. 3월 그림책 놀이활동: 『씩씩한 마들린느』

『씩씩한 마들린느』 루드비히 베멀먼즈 글 · 그림 / 이선아 옮김 / 시공주니어 / 1994	
주제	유치원 / 어린이집
목표	1. 『씩씩한 마들린느』 그림책에 관심을 가지고 다양한 방법으로 읽을 수 있다. 2. 『씩씩한 마들린느』 그림책의 등장인물과 배경에 관심을 가지고 다양한 활동을 할 수 있다. 3. 마들린느처럼 친구들과 함께하는 유치원/어린이집에서의 생활에 관심을 가지고 즐겁게 참여할 수 있다.
생각 모으기	프랑스 파리, 덩굴, 뒤덮인, 오래된, 기숙사, 열두 아이, 두 줄 나란히, 이 닦기, 방글방글, 찡그리기, 아홉 시 반, 산책, 아이들, 비 오는 날, 해 쨍쨍한 날, 가운데, 쥐, 무서워하지 않기, 추운, 겨울날, 씩씩하게, 얼음, 지치기, 동물원, 호랑이, 코웃음, 불을 켜다, 중얼거리다, 꼬마, 눈이 빨개지다, 의사 선생님, 전화기, 다이얼, 따르릉, 간호사, 환자, 맹장염, 눈물, 담요, 감싸 안다, 조심스럽다, 옮기다, 구급차, 빨간 불, 깜깜한 밤길, 꽃, 음식, 침대, 삐그덕삐그덕, 천장, 금, 토끼, 새, 나무, 하늘, 바깥, 열흘, 화창한, 병문안, 면회 시간, 표지판, 조심조심, 살금살금, 병실, 일제히, 장난감, 사탕, 인형의 집, 수술 자국, 박, 비

『씩씩한 마들린느』 그림책 놀이활동을 시작하기 전

이 책의 주인공은 마들린느라는 작고 연약해 보이는 소녀입니다. 노란 옷을 입고 노란 모자를 쓰고 노란 신발을 신고 있어요. 책을 펼치면 마들린느와 똑같이 생긴 (자세히 보면 다른) 친구들 열두 명이 함께 생활하는 모습을 볼 수 있습니다. 함께 나란히 줄을 서서 산책을 하고, 밥을 먹고, 함께 양치를 하고, 잠을 잘 때도 나란히 함께합니다. 다양한 계절을 산책하며 동네의 여러 사람들을 만나기도 하고, 비슷한 하루 일과를 보내고 있어요. 그중에서도 가장 키가 작은 마들린느는 아주 용감한 아이예요. 쥐를 무서워하지도 않고, 추운 겨울에도 씩씩하고 호랑이를 보고도 코웃음을 치는 아이지요. 어느 날 밤 마들린느가 밤새 울고 병원에 가는 사건이 생겼어요. 마들린느가 맹장염에 걸려서 수술을 하게 된 거예요. 클라벨 선생님과 친구들은 날씨가 화창한 어느 날 마들린느 병문안을 가게 되고 마들린느의 배에 있는 수술 자국까지 보게 됩니다. 그날 밤 마들린느의 친구들은 모두 맹장 수술을 하고 싶다고 울음을 터트리게 됩니다. 열두 명의 아이들이 모두 똑같아 보이지만 자세히 살펴보면 모두 다른 표정, 개성을 가지고 있는 아이들. 그중에 가장 작고 용감한 마들린느는 우리 아이들이 좋아하는 모습을 모두 가지고 있어요. 새 학기가 되어 새로운 선생님과 친구들을 만난 아이들이 읽고 활동하기에 좋은 그림책입니다. 두 줄 나란히 걸어가는 마들린느와 친구들의 모습을 따라 해 보기도 하고, 평화롭게 지내던 아이들에게 작은 사건을 살펴보며 공감과 재미를 느껴보고자 합니다.

주		1주	2주	3주	4주
소주제		씩씩한 마들린느야 안녕	씩씩한 마들린느와 친구들	마들린느와 친구들의 하루 일과	내가 할 수 있어요
자유놀이	쌓기영역	책 쌓기, 병풍놀이	우리 교실 구성하기	우리 반 산책길 구성하기	유치원/어린이집 구성하기
	역할영역	선생님 역할극	등장인물 인형놀이	역할을 바꾸어서 놀이하기	
	미술영역	책 표지를 살펴보아요(감상)	종이컵 인형 만들기	잡지를 이용한 콜라주	재활용품을 이용한 만들기
	언어영역	〈읽기, 쓰기〉 표지 보고 이야기 짓기 〈듣기, 말하기〉 그림책을 듣고 말해요	〈읽기, 쓰기〉 재미있는 단어 찾기, 사전 만들기 1 〈듣기, 말하기〉 친구에게 이야기 듣기	〈읽기, 쓰기〉 반복되는 단어 찾기 사전 만들기 2 〈듣기, 말하기〉 친구와 감정을 나누어요	〈읽기, 쓰기〉 친구와 모험을 가고 싶은 곳 등장인물에게 보내는 편지 〈듣기, 말하기〉 마들린느와 친구들에게 하고 싶은 말
	수 · 조작영역	〈수〉 표지 속 등장인물 수 어림하기 〈조작〉 표지 퍼즐 맞추기	〈수〉 등장인물 일대일 대응 〈조작〉 친구 얼굴 메모리 게임	〈수〉 내가 좋아하는 일과 그래프 〈조작〉 유치원/어린이집 일과 게임판	〈수〉 시간을 지켜요(규칙 찾기) 〈조작〉 하루 일과 시간표
	과학영역	우리 반 교실 탐색 그림책 탐색	우리 교실 도구 찾아보기 그림책 속 규칙 찾아보기	우리 동네 날씨판 그림책 속의 날씨 변화	우리 동네 온도, 습도, 미세먼지 우리 반 일기예보
	음률영역	〈음률〉 「아침 인사 노래」 〈동작〉 몸으로 표현해요	〈음률〉 우리 반 노래 만들기 〈동작〉 율동 만들기	〈음률〉 「오 샹제리제」 음악 감상 〈동작〉 음악 감상하며 스카프 춤추기	〈음률〉 샹송에 맞추어 리듬악기 연주하기 〈동작〉 짝과 마주 보고 춤추기
	신체영역	걷기로 산책	줄넘기	일과 속 달리기	손을 잡고 이동해요
대 · 소집단 활동 (이야기 나누기 동화 · 동시 미술 음률 신체 · 게임 요리 · 과학)		〈이야기 나누기〉 생각 모으기 주제망 구성하기 (장소별 · 시간별 주제망)	〈이야기 나누기〉 등장인물 알아보기 (이름 짓기, 성격, 특징) 우리 반 친구들 알아보기	〈이야기 나누기〉 이야기 재구성하기 (책 만들기) 배경 알아보기 (장소별 이동 경로)	〈이야기 나누기〉 유치원/어린이집에서 하고 싶은 것 우리 반 규칙 만들기
		〈미술〉 겉표지 꾸미기 확대 그림 그리기	〈미술〉 색연필화 그리기 친구 얼굴 그리기	〈미술〉 우리 반 일과표 구성하기	〈미술〉 우리 반에서 만나는 씩씩한 마들린느 전시회
		〈관련 그림책〉『마들린느와 쥬네비브』, 『마들린느의 예절 수업』, 『마들린느의 멋진 새 친구』, 『마들린느는 씩씩해』			
		〈과학〉 책 뒤표지의 비밀, 맹장염 알기, 배가 뒤집힌 이유			
		〈요리〉 친구에게 주고 싶은 솜사탕 만들기			
		〈사회관계〉 친구와 함께 산책을 해요, 함께하는 규칙이 필요해요, 우리를 도와주시는 분들, 병문안 예절			
		〈안전〉 안전하게 등원해요, 우리 교실 안전 수칙, 낯선 사람을 조심해요, 건강한 생활을 해요			
		〈가정연계〉 부모님과 도서관 가서 마들린느 책 찾아보기, 부모님과 재미있는 단어 사전 찾아오기			

* 3월 그림책 놀이활동 한눈에 보기(씩씩한 마들린느)

그림책 놀이활동 시작

- 나란히 산책하는 장면에 흥미를 보임
- 마들린느와 친구들의 적응과정에 공감하고 관심을 보임

➡

교사 지원

- 환경: 교실 외에도 실외에서 다양한 놀이를 진행
- 자료: 그림책 놀이활동을 위한 자료 제공(종이컵 인형, 감정 단어 카드, 동네 지도 등)

➡

그림책 놀이활동 흐름

- 그림책의 장면을 보고 흉내를 내며 놀이를 하는 유아들. 동생들을 초대하여 그림책 장면처럼 짝을 지어 놀이하고 작품을 소개, 감상(전시회)

* 놀이 흐름도

놀이활동 시작

『씩씩한 마들린느』 그림책을 보며 나란히 줄을 서서 질서 있게 생활하는 등장인물과 주인공 마들린느의 남다른 행동에 흥미를 보이는 유아들.

교사 지원

유아들과 종이컵 인형 만들기

놀이활동 흐름

인형극을 하며 그림책에 관심이 커지는 유아들.

"눈이 내려도 산책을 하네."

"비가 내리는 날에는 우산을 쓰고 있어."

"미세먼지가 가득해."

"친구들 표정이 다 달라."

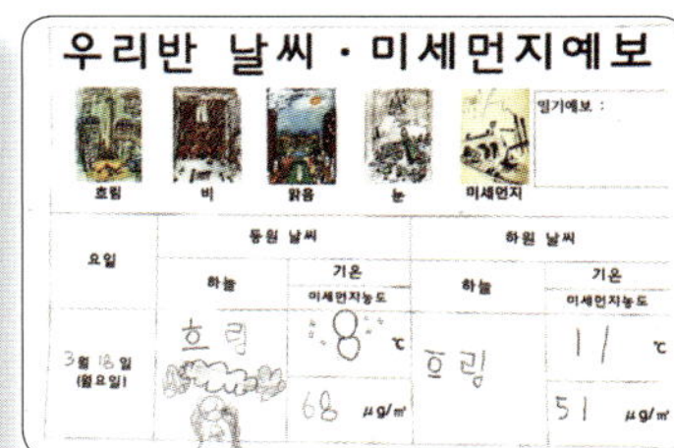

교사 지원
우리 반 날씨 예보판,
산책길 구성하기,
표정 카드 만들기

교사 지원
전시회 준비

놀이활동 확장

놀이에 다른 반 친구들을 초대하여 그림책 등장인물처럼 짝을 지어 작품을 소개하고 감상.

3-1. 언어영역

재미있는 단어 찾기

활동목표

1. 그림책에 나오는 낱말에 관심을 가지고 뜻을 이해한다.
2. 그림책에 나오는 낱말 쓰기에 관심을 가진다.

활동자료

『씩씩한 마들린느』 그림책, 단어 카드 만들 종이(앞면 그림, 뒷면 글자)

활동방법

[도입]

1. 유아들과 그림책을 읽고 다시 한번 회상해 본다.
   - 이 책에 나오는 여자아이 이름은 무엇이었니?
   - 친구들은 모두 몇 명이 나왔어?
   - 책에서 친구들은 무엇을 했어?

[전개]

1. 그림책에 나오는 단어(낱말)에 대해 이야기 나눈다.
   - 열두 여자아이가 길을 갈 때, 밥을 먹을 때, 이를 닦을 때, 잠을 잘 때 어떻게 했어?
   - 마들린느가 동물원의 호랑이를 보고 한 말은 무엇이었니?

- 클라벨 선생님을 한밤중에 불을 켜고 한 말은 무엇이었니?

- 병원에서 침대는 어떤 소리를 냈어?
- 아이들은 마들린느가 있는 병원에 꽃병을 들고 어떻게 갔어?

[마무리]

1. 그림책에 나오는 재미있는 단어(두 줄 나란히, 흥, 뭔가 이상한데, 삐그덕 삐그덕, 살금살금)를 회상해 보고 실감 나게 읽어 본다.

확장활동

1. 재미있는 단어를 카드로 만들어 본다. (앞면 그림, 뒷면 단어)

3-2. 미술영역

종이컵 인형 만들기

활동목표

1. 그림책에 나오는 등장인물에 관심을 가지고 종이컵을 사용하여 인형을 만들 수 있다.
2. 종이컵 인형으로 친구들과 극놀이를 할 수 있다.

활동자료

『씩씩한 마들린느』 그림책 삽화 코팅자료, 종이컵, 꾸밀 종이, 나무젓가락, 배경

활동방법

[도입]

1.유아들과 그림책에 나오는 인물에 대해서 회상해 본다.

- 마들린느, 클라벨 선생님, 친구들

[전개]

1. 종이컵 인형 만들기 방법을 이야기한다.

① 등장인물 스캔한 것을 가위로 오려서 코팅을 한다.

② 종이컵에 등장인물을 붙인다.

③ 나무젓가락으로 손잡이를 만든다.

(추가: 삼각대에 그림책 배경 붙이기)

[마무리]

1. 친구들과 종이컵 인형으로 극놀이를 한다.

3-3. 미술영역

책 표지를 살펴보아요

활동목표

1. 주제와 관련된 그림책에 관심을 가지고 살펴볼 수 있다.
2. 그림책의 앞표지와 뒤표지를 살펴보고 그려 볼 수 있다.

활동자료

『씩씩한 마들린느』 그림책, 활동지, 사인펜, 크레파스, 색연필, 연필, 지우개

활동방법

[도입]

1. 유아들과 그림책의 표지를 보며 이야기 나눈다.
   - 앞표지에는 무엇이 보이니?
   - 책등에는 무엇이 보이니??
   - 뒤표지에는 무엇이 보이니?

[전개]

1. 그림책 표지에서 중심이 되는 그림을 알아본다.
   - 표지에서 가장 크게 보이는 것이 무엇이니?
   - 가장 재미있게 보이는 장면은 무엇이니?
   - 어떤 재료로 그려 보고 싶니?

2. 활동지에 그림책 표지를 표상한다.

[마무리]

1. 친구들 앞에서 자신이 그린 그림책 표지를 전시한다.
   - ○○이 그린 그림책 표지에서 어떤 그림이 가장 인상 깊었니?
   - 그림책 표지를 표상하며 재미있었던 점은 무엇이니?

3-4. 수·조작영역

표지 속 등장인물 수 어림하기

활동목표

1. 『씩씩한 마들린느』 그림책 표지를 주의 깊게 탐색하며 궁금한 점을 발견해 본다.
2. 『씩씩한 마들린느』 그림책 표지에 등장하는 인물의 수를 어림해 보며 수감각을 키운다.

활동자료

『씩씩한 마들린느』 그림책, 수 도트 카드

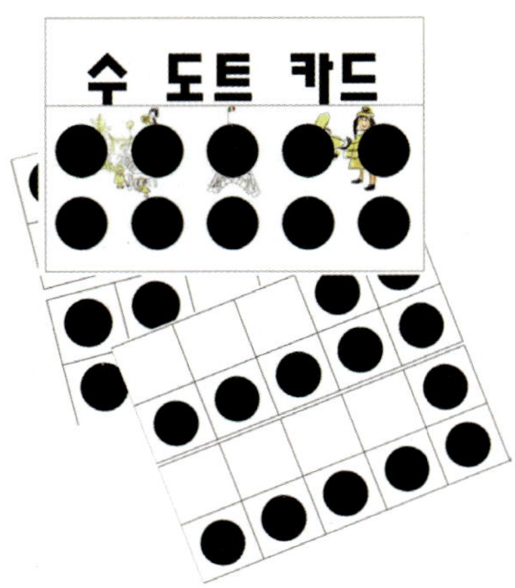

활동방법

[도입]

1. 유아들과 그림책 표지를 살펴본다.
    - 표지 그림에서 무엇이 보이니?
    - 표지 그림 속에 사람이 몇 명 정도 있는 것 같니?

[전개]

1. 수 도트 카드를 소개하며 어림하기의 개념을 소개한다.
    - 이 카드의 검은색 점의 수가 몇 개인 것 같니?
2. 그림책 표지의 등장인물을 어림해 본다.
    - 표지에는 모두 몇 명의 사람이 있을 것 같니?
3. 그림책 표지의 등장인물을 손으로 집으며 세어 본다.
    - 표지에는 모두 몇 명의 사람이 있었니?
4. 수 도트 카드를 이용해 그림책 속 등장인물의 수만큼 어림해 보는 활동을 이어 간다.

[마무리]

1. 활동을 마무리한다.
    - 오늘 어떤 활동을 했니?
    - 수 도트 카드를 보며 궁금한 점은 없었니?

3-5. 언어영역

친구와 감정을 나누어요

활동목표

1. 『씩씩한 마들린느』 그림책에 나타난 표정에 따른 감정을 나타내는 단어를 알 수 있다.
2. 나의 기분을 친구에게 표현한다.
3. 여러 가지 감정이 있음을 알고 친구의 이야기를 경청하는 태도를 기른다.

활동자료

『씩씩한 마들린느』 그림책, 등장인물의 얼굴 표정 확대 그림 카드, 감정 단어 카드

활동방법

[도입]

1. 그림책을 읽고 등장인물의 얼굴 표정을 보며 기분이 어떤지 이야기 나눈다.
   - 방글방글 웃는 표정은 어떤 기분이었을까?
2. 오늘의 기분을 이야기 나눈다.
   - 오늘의 기분을 표정으로 보여 줄 수 있겠니?
   - ○○야, ㅁㅁ의 표정을 보면 어떤 감정이 느껴지니?

[전개]

1. 『씩씩한 마들린느』 등장인물의 얼굴 표정 확대 그림 카드와 감정 단어 카드 활동 자료를 제시한다.
   - 나의 기분을 친구에게 이야기하고, 이야기를 들은 친구는 감정 단어 카드를 찾아보자.
   - 표정을 나타내는 단어(의태어)로 나의 감정을 표현해 보겠니?
   - 친구가 이야기하는 것을 들어 준다.
2. 친구가 자신의 감정을 이야기했을 때 나는 어떻게 해야 하는지 이야기한다.
   - 친구가 기쁜 표정으로 기분이 좋다는 표현을 했을 때는 어떻게 해야 할까?

[마무리]

1. 활동을 한 후 평가한다.
   - 친구가 감정을 표현했을 때 ㅇㅇ은 어떤 태도로 이야기를 들어 주었니?
   - 친구와 함께 감정을 표현해 보니 느낌이 어땠니?

확장활동

1. 표정을 나타내는 말로 나의 감정에 대한 글 또는 동시를 지어 표현하는 활동을 한다.

3-6. 미술영역

우리 반 일과표 구성하기

활동목표

1. 『씩씩한 마들린느』의 일상생활을 보며 우리 반의 하루 일과를 알아본다.
2. 우리 반의 하루 일과를 협동그림으로 표현한다.
3. 친구들과 함께하는 유치원/어린이집의 일과에 관심을 가진다.

활동자료

『씩씩한 마들린느』 그림책, 도화지, 연필, 지우개, 색연필, 사인펜, 크레파스, 우리 반 친구들의 얼굴 사진, 가위, 풀

활동방법

[도입]

1. 그림책에서 마들린느와 친구들의 일과를 알아본다.
   - 그림책에서 마들린느와 친구들의 생활이 어떠했는지 이야기해 볼까?
2. 우리 반 하루 일과를 알아본다.
   - 우리 반 하루 일과표를 살펴볼까?

[전개]

1. 활동 재료를 살펴보며 활동을 알아본다.
   - 앞에 놓인 다양한 재료를 사용해서 함께 우리 반 하루 일과를 함께 그림으로 표현해 보자.
2. 우리 반 하루 일과표를 그린다.
   - 어떤 재료를 이용해서 구성해 보겠니?
   - 어떤 일과를 하는 것을 그리고 있니?

[마무리]

1. 우리 반 일과표 구성 과정을 회상하고 구성된 일과표를 전시한다.

유·의·점

하루 일과표를 구성할 때 일과별로 소집단을 나누어 적어 본다. 소집단에서 적은 일과표를 모아 전체 일과를 구성한다.

3-7. 쌓기영역

우리 반 산책길 구성하기

활동목표

1. 그림책 속 산책길을 떠올리며 우리 반 산책길에 관심을 가진다.
2. 우리 반 산책길의 환경과 공간 특징을 알아본다.
3. 친구와 협동하며 활동에 즐겁게 참여한다.

활동자료

『씩씩한 마들린느』 그림책, 우리 반 산책길 지도, 우리 반 산책길 환경 사진, 여러 가지 블록, 재활용품, 전지, 색지, 색연필, 사인펜

활동방법

[도입]

1. 『씩씩한 마들린느』 그림책에서 마들린느와 친구들이 다녔던 산책길에 관해 이야기 나눈다.
   - 마들린느와 친구들이 수녀님과 함께 다녔던 곳을 떠올려 볼까?
   - 우리가 다닌 산책길을 떠올려 볼까?
   - 산책을 나갔을 때 무엇을 보았니?

[전개]

1. 전지에 우리 반 산책길 지도를 함께 만들어 본다.
   - 우리 반 산책길 환경을 생각하며 산책길 지도를 함께 만들어 볼까?
   - 우리 유치원/어린이집은 어디에 있을까?

2. 함께 만든 산책길 지도를 쌓기영역에 제시해 놓는다.
3. 활동 자료를 알아본다.
   - 쌓기영역에서 우리 반 산책길을 구성하기 위해 무엇이 필요할까?
   - (산책길 환경 사진을 제시하며) 이 사진은 어디에 쓸까?
4. '우리 반 산책길 구성하기' 활동방법을 알아본다.
   - 우리 반 산책길을 구성하기 위해 가장 먼저 할 일은 무엇일까?
   - 우리 유치원/어린이집을 어디라고 정하면 좋을까?
   - 원의 위치를 정한 다음 이제 무엇을 만들어 볼까?
   - 길을 무엇으로 만들어 볼까?
5. 친구와 함께 '우리 원 오는 길 구성하기' 활동을 한다.

[마무리]

1. 우리 반 산책길 활동을 한 후 평가한다.
   - 우리 반 산책길 지도를 보면 무엇이 가장 먼저 보였니?
   - 아쉽거나 어려웠던 점이 있었니?
   - 친구와 함께 활동한 느낌은 어땠니?

3-8. 수·조작영역

내가 좋아하는 일과 그래프

활동목표

1. 『씩씩한 마들린느』의 일상생활을 보며 우리 반의 하루 일과를 알아본다.
2. 우리 반에서 인기 있는 하루 일과를 조사하여 그래프로 나타내 본다.

활동자료

『씩씩한 마들린느』 그림책, 그래프판, 메모지, 사인펜, 색연필, 연필, 지우개

활동방법

[도입]

1. 『씩씩한 마들린느』 그림책을 읽고 마들린느의 일과를 회상해 본다.
   - 그림책에서 마들린느와 친구들의 일과가 어떠했는지 회상해 볼까?
2. 우리 반 하루 일과를 살펴본다.
   - 유치원/어린이집에 등원 후 우리는 어떻게 지내고 있니?

[전개]

1. 내가 가장 좋아하는 하루 일과에 대해 이야기 나눈다.
   - ○○은 우리 반 일과 중 어떤 일과를 가장 좋아하니?

2. 우리 반 하루 일과 중 좋아하는 일과를 조사한다.
   - 우리 반 친구들이 좋아하는 일과들을 모아 보자.
   - 우리 반 친구들의 모은 의견을 어떻게 나타낼 수 있을까?
3. 그래프 활용방법을 소개 후 조사한 일과를 그래프로 나타낸다.
   - 그래프는 우리의 생각을 표현해 주는 도구란다. 그래프 아래쪽(가로축)은 우리의 하루 일과가 어떤 것이 있는지 나타내 주고, 숫자가 쓰여 있는 쪽(세로축)은 어떤 일과가 가장 인기 있는지 보여 준단다.
   - 우리 반 친구들이 좋아하는 일과 모음을 그래프에 나타내 보자.

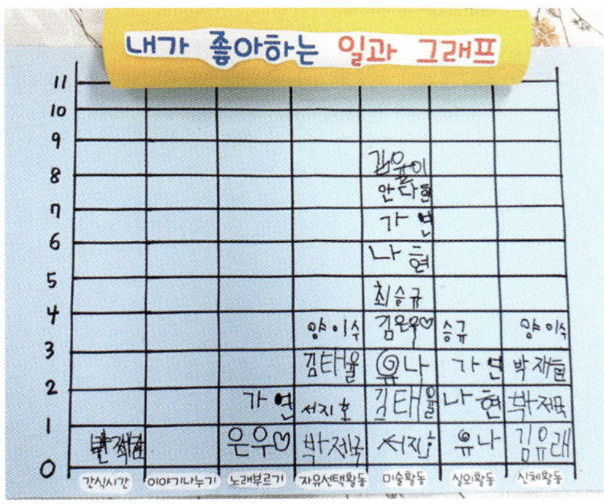

[마무리]

1. 그래프를 완성한 후 우리 반 친구들이 좋아하는 일과에 대해 이야기 나눈다.
   - 우리 반 친구들은 어떤 일과를 가장 좋아하니?
   - 우리 반 친구들이 좋아한다고 선택하지 않은 일과는 무엇이니?
   - 우리 반 친구들이 선택하지 않은 일과를 좋아하는 일과로 바꾸는 방법을 생각해 보자.
2. 완성된 그래프는 수 · 조작영역에서 계속 활동할 수 있도록 제시해 둔다.

3-9. 과학영역

우리 동네 날씨판

활동목표

1. 『씩씩한 마들린느』 그림책에 나타난 날씨 변화를 보며 우리 동네 날씨를 알아본다.
2. 날씨에 알맞게 옷을 입고, 행동할 수 있는 생활태도를 갖도록 한다.

활동자료

『씩씩한 마들린느』 그림책, 날씨판, 날씨 카드, 보드마카, 당번 이름표, 온도계, 스마트폰

활동방법

[도입]

1. 『씩씩한 마들린느』 그림책에 나타난 날씨 변화에 대한 이야기를 나누며 오늘의 날씨를 알아본다.
   - 그림책에서 본 날씨가 어떠했는지 기억해 볼까?
   - 오늘 등원하면서 느낀 날씨는 어떠했니?

[전개]

1. 우리 동네 날씨판을 소개한다. 날씨를 나타내는 단위에 대해 설명한다.
    - 날씨판에 보이는 글자 중 궁금한 글자가 있니?
2. 날씨 당번을 정한다.
3. 과학영역에 날씨판을 두고 온도계로 기온을 측정하고 날씨를 기록한다.
4. 주말 날씨 당번을 정하고 가정과 연계하여 주말 날씨도 조사해 본다.

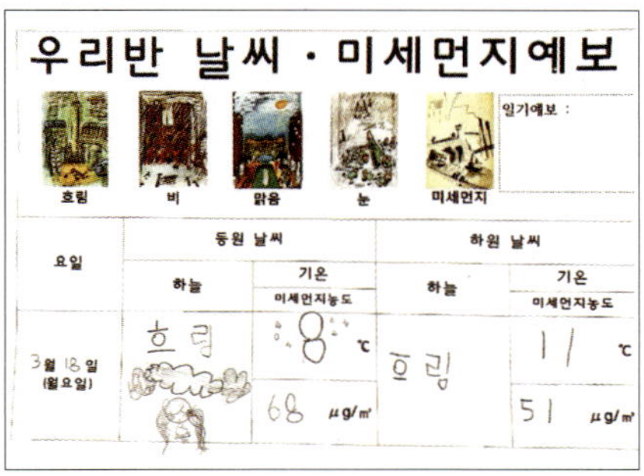

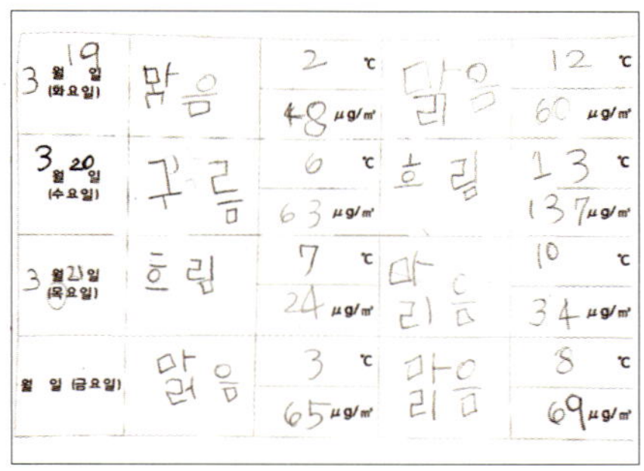

[마무리]

1. 조사한 날씨판을 보며 한 주 간의 날씨에 대해 평가한다.
    - ㅇ월 ㅇ일 날씨는 어땠니? 온도계에는 어떤 숫자가 보이니?
    - 미세먼지 농도에는 어떤 숫자가 보이니?
2. 날씨에 따른 건강한 생활습관을 기르도록 안내한다.
    - 온도가 ㅇ도일 때는 어떤 옷을 입어야 할까?
    - 미세먼지가 나쁜 날에는 밖을 다닐 때 어떻게 다녀야 할까?

확장활동

1. 스마트폰으로 미세먼지 농도를 검색하여 기록해 보고 미세먼지가 위험 수준일 때 주의 사항을 실천한다.

3절 플러스 활동

우리 반에서 만나는 씩씩한 마들린느 전시회

등장인물에게 보내는 편지

등장인물 일대일 대응

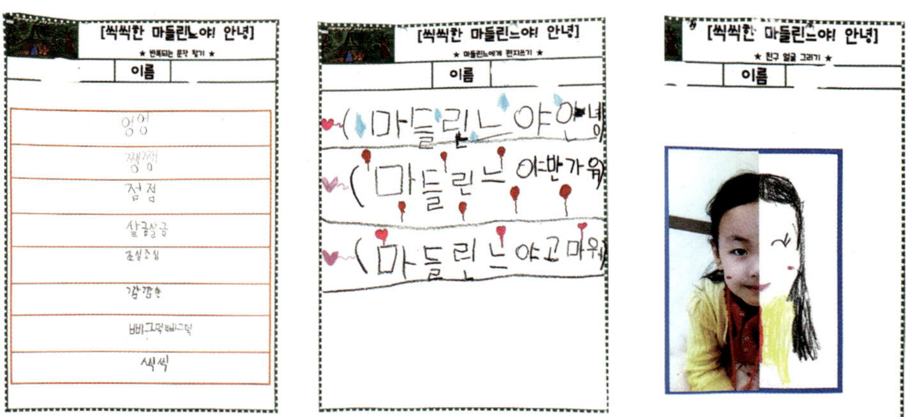

반복되는 문장 찾기 / 주인공에게 편지 쓰기 / 친구 얼굴 그리기

2. 4월 그림책 놀이활동: 『고라니 텃밭』

『고라니 텃밭』 김병하 글 · 그림 / 사계절 / 2013	
주제	봄과 동식물
목표	1. 『고라니 텃밭』 그림책을 통해 텃밭에 관심을 가지고 우리와 가까운 식물의 특성과 성장 과정을 알아본다. 2. 『고라니 텃밭』 그림책을 통해 자연과 사람의 관계가 공생 관계임을 알 수 있다. 3. 그림책의 등장인물과 배경에 관심을 가지고 다양한 활동을 할 수 있다.
생각 모으기	이삿짐 트럭, 산, 숲, 오두막집, 모자, 휘파람, 괭이, 사진기, 노트, 화가, 김 씨 아저씨, 작업실, 채소, 텃밭, 아내, 첫째 딸, 둘째 딸, 잡초, 물조리개, 삽, 양동이, 돌멩이, 퇴비, 볼펜, 모자, 옥수수, 감자, 쑥갓, 상추, 아욱, 치커리, 고추, 가지, 케일, 배추, 대파, 빨강 무, 청경채, 호박, 열무, 콩, 도종, 모종삽, 장갑, 씨앗, 풍성한, 주말, 쌈, 몽땅, 펄쩍, 화가 치밀다, 헉헉, 후들후들, 털썩, 숨이 턱까지 차오르다, 평화, 이-노-옴!, 채비, 바스락, 밤새, 한숨도 못 자다, 생각이 떠오르다, 허수아비, 막대기, 부스럭, 밤, 달, 고라니, 구멍 난 양말, 울타리, 망치, 새총, 새끼 고라니

『고라니 텃밭』 그림책 놀이활동을 시작하기 전

『고라니 텃밭』의 화가 김 씨 아저씨는 숲속에 작업실을 마련하고 텃밭을 만들어 가족과 함께 먹을 채소를 정성스럽게 기릅니다. 옥수수와 감자를 심고, 쑥갓, 상추, 아욱, 치커리, 고추, 가지, 케일, 배추도 심었어요. 날마다 열심히 텃밭을 가꾸면서 김 씨 아저씨는 행복했습니다. 그러나 누군가가 애지중지 키운 채소를 먹어 치우며 텃밭을 망치고, 다시 심고 망치고를 여러 번 반복하자 김 씨 아저씨는 텃밭을 지킬 나름의 대책을 세웁니다. 하지만 모든 노력이 헛수고가 되어 김 씨 아저씨는 점점 화가 나고, 텃밭을 망쳐 놓는 고라니를 잡으려 밤새 한바탕 소동을 벌입니다. 김 씨 아저씨와 고라니와의 갈등이 점점 커지고, 긴장감이 극에 다다랐을 때 김 씨 아저씨는 고라니도 새끼를 키우는 어미임을 알게 되자 텃밭은 '사람을 위한 텃밭'과 '고라니를 위한 텃밭'으로 탈바꿈하지요. 작가 자신의 경험을 바탕으로 한 그림책 『고라니 텃밭』을 통해 고라니 소동 이야기에서 한 발짝 더 나아가 자연 안에 더불어 사는 사람과 야생동물과의 관계에 대해 고민해 보기를 당부하고 있습니다. 아름다운 계절 봄을 맞이하여 가족, 친구들과 함께 텃밭 활동을 해 보고, 자연 안에서 우리가 할 수 있는 것에 대해 알아보는 시간을 가지고자 합니다. 그림책 속 주인공의 상황에 공감하며 자연과 더불어 살기 위한 방법에 대해서도 알아볼 거예요.

주		1주	2주	3주	4주
소주제		그림책 탐색	텃밭을 계획해서 만들어요	고라니와 텃밭	텃밭을 가꾸어요
자유놀이	쌓기영역	벽돌블록으로 텃밭 울타리 쌓기	작은 블록으로 텃밭 구성하기	텃밭으로 가는 길	우리 아파트의 텃밭 구성하기
	역할영역	봄의 씨앗	씨앗을 심어요	소품을 이용한 역할놀이	텃밭놀이를 해요
	미술영역	그림책 표지 꾸미기	채소 사진과 실물을 감상해요(감상)	그림책을 오려서 내 마음대로 콜라주	재활용품으로 만드는 물조리개
	언어영역	〈읽기, 쓰기〉 면지 보고 이야기 짓기 〈듣기, 말하기〉 이전 경험 나누기 (짐을 싸 본 경험이 있어요)	〈읽기, 쓰기〉 텃밭에 있는 채소 농사에 필요한 도구 〈듣기, 말하기〉 (현장인터뷰) 농사를 지어 본 경험	〈읽기, 쓰기〉 채소 동시 짓기 병풍 책 만들기 〈듣기, 말하기〉 채소 퀴즈 내기	〈읽기, 쓰기〉 고라니가 농부 아저씨에게 말풍선 넣기 〈듣기, 말하기〉 『고라니 텃밭』 활동한 느낌 말하기
	수 · 조작영역	〈수〉 몇 개의 모종이 담겨 있을까? 〈조작〉 100 숫자판	〈수〉 우리 화분은 얼마나 클까? 우리 반 성씨 그래프 〈조작〉 32개의 돌멩이	〈수〉 부분과 전체 : 내 것, 네 것, 고라니 것 〈조작〉 색깔 씨앗: 도트 칩	〈수〉 내가 좋아하는 채소, 네가 좋아하는 채소 〈조작〉 모종으로 패턴을 만들어요
	과학영역	그림책 탐색 : 무엇의 모종일까? 모종 키우기	텃밭에서 무엇을 키울까? : 우리가 먹는 채소 텃밭에 필요한 농기구	야생동물의 소리 탐색 텃밭을 망치는 동물이 있어요	(실험) 어떤 화분이 더 잘 자랄까? (실험) 골고루 물을 주세요
	음률영역	〈음률〉 「봄의 왈츠」 감상 〈동작〉 봄을 표현해요!	〈음률〉 「농부가」를 불러요 〈동작〉 몸으로 표현: 농사를 지어요!	〈음률〉 고라니 소리 〈동작〉 고라니를 몸으로 표현해요	〈음률〉 농악 연주 〈동작〉 풍물놀이
	신체영역	텃밭 산책	줄넘기	고라니처럼 높이뛰기	울타리 림보
대 · 소집단 활동 (이야기 나누기 동화 · 동시 미술 음률 신체 · 게임 요리 · 과학)		〈이야기 나누기〉 『고라니 텃밭』 생각 모으기 텃밭 주제망 구성하기	〈이야기 나누기〉 텃밭 채소의 종류와 특징 텃밭 농사도구와 방법	〈이야기 나누기〉 이야기 재구성하기 : 그림책 주인공이 된 고라니 멸종 위기 종 고라니	〈이야기 나누기〉 식물이 잘 자라려면 텃밭을 가꾸기 위한 약속
		〈미술〉 1차 표상활동 : 채소 그리기(크레파스)	〈미술〉 2차 표상활동 : 찰흙으로 채소 만들기	〈미술〉 협동작품: 우리 반이 만든 고라니 텃밭	〈미술〉 협동작품: 허수아비 꾸미기 3차 표상활동 : 채소 그리기(연필)
		〈관련 그림책〉『무당벌레가 들려주는 텃밭 이야기』, 『개구리 꽃』, 『난 토마토 절대 안 먹어』, 『민들레는 민들레』, 『메이의 정원』			
		〈과학〉 씨앗 관찰, 채소를 심고 키워 보아요			
		〈요리〉 채소로 만들 수 있는 우리 반 요리(채소 비빔밥, 쌈밥, 배추전)			
		〈사회관계〉 밥상에 채소가 올라오려면(도움을 주시는 분들: 농부, 농산물 판매자, 농촌 연구원)			
		〈가정연계〉 마트에서 우리가 먹는 채소 이름 알아 오기, 부모님과 함께 텃밭 가꾸기			

* 4월 그림책 놀이활동 한눈에 보기(고라니 텃밭)

그림책 놀이활동 시작

- 주말농장을 많이 경험하여 텃밭에 관심을 가짐
- 등장인물의 표정을 재미있게 여기며 궁금한 것이 생김

교사 지원

- 환경: 계절에 따라 텃밭 체험을 함께 진행
- 자료: 그림책 놀이활동을 위한 자료 제공(채소 그림 카드, 농사 도구, 관련 영상 등)

그림책 놀이활동 흐름

- 그림책에 나오는 사회적 이슈에 대한 토론
- 등장인물 감정에 대한 공감 및 문제해결의 과정을 경험

* 놀이 흐름도

놀이활동 시작

텃밭에 관심을 보이는 유아들.
등장인물의 표정에 관심을 가짐.

교사 지원

『고라니 텃밭』 그림책 소개
그림책 놀이활동을 위한 자료 제공

놀이활동 흐름 1

텃밭을 망치는 고라니 때문에
김 씨 아저씨가 안타까운 유아들.
"텃밭을 지키기 위해 무엇을 해야 할까?"
라는 교사의 물음에
"물을 잘 줘야 해요."
"고라니가 못 오게 허수아비를 만들어요."

교사 지원

"텃밭을 지키기 위해 무엇을 해야 할까?"
물조리개와 허수아비 만들기 활동 지원
"고라니는 왜 김 씨 아저씨 텃밭에 내려왔을까?"

놀이활동 흐름 2

고라니의 사정을 알게 된 유아들은 고라니를 이해해 나간다.

“아기 고라니가 있었어. 많이 배고팠나 봐.”

“고라니 불쌍해.”

“아기 고라니 정말 귀엽다.”

“난 고라니가 좋아.”

놀이활동 확장

그림책에 나오는 사회적 이슈 토론.

등장인물 감정에 대한 공감, 문제해결 경험.

4-1. 언어영역

면지 보고 이야기 짓기

활동목표

1. 그림을 보고 상상과 경험을 토대로 이야기를 지어 본다.
2. 이야기를 글로 표현해 본다.

활동자료

『고라니 텃밭』 그림책, 활동지, 사인펜

활동방법

[도입]

1. 그림책을 감상하고 면지의 그림을 살펴본다.
   - 그림을 한번 살펴보자. 뭐가 보이니?
   - 누가 트럭을 타고 있니?
   - 어디로 가고 있을까?
   - 어떤 짐이 실려 있을까?

[전개]

1. 이야기를 상상해 본다.
   - 트럭이 싣고 있는 짐은 ○○의 책이구나.
   - 집으로 가는 길이 구불구불해 미끄럼틀 같다고 생각했구나.
   - 트럭에 아빠가 타고 계셨구나.
2. 상상한 이야기를 글로 표현한다.

[마무리]

1. 면지를 보고 이야기를 지은 것을 친구들 앞에서 발표해 본다.
2. 친구의 이야기를 듣고 느낌을 이야기 나눈다.

4-2. 언어영역

채소 퀴즈 내기

활동목표

1. 다양한 채소에 관심을 갖고 생김새와 특징을 말할 수 있다.
2. 친구와 협동하며 즐겁게 활동할 수 있다.
3. 지켜야 할 규칙에 따라 활동할 수 있다.

활동자료

『고라니 텃밭』 그림책, 채소 그림 카드

활동방법

[도입]

1. 그림책에서 나온 채소에 대해 이야기 나눈다.
   - 『고라니 텃밭』에서 텃밭에 심었던 채소를 떠올려 볼까?
   - 먹어 봤거나 먹어 보고 싶은 채소가 있니?
2. 채소 그림 카드를 보며 특징에 대해 이야기 나눈다.
   - 이 채소의 이름은 무엇이니?
   - 이 채소는 어떻게 생겼니?
   - 이 채소는 무슨 맛일까?

[전개]

1. 채소 퀴즈 내기의 규칙에 대해 이야기한다.
   - 짝을 맞춰 퀴즈를 낼 친구와 맞힐 친구를 정한다.
   - 퀴즈를 내는 친구는 채소 그림을 보고 채소의 생김새나 특징, 맛에 대해 설명한다.
   - 퀴즈를 맞히는 친구는 설명을 듣고 채소 이름을 맞춘다.

[마무리]

1. 채소 퀴즈 내기 활동을 한 후 평가한다.
   - 친구와 함께 퀴즈를 맞혔을 때 기분이 어땠니?
   - 어떤 점이 가장 재밌었니?

4-3. 음률영역

몸으로 표현: 농사를 지어요!

활동목표

1. 농사짓는 영상을 감상하고 몸으로 표현해 본다.
2. 교사의 해설에 따라 농사짓는 모습을 소리와 동작으로 표현해 본다.
3. 농사짓는 모습을 표현한 느낌을 말해 본다.

활동자료

『고라니 텃밭』 그림책, 농사짓는 모습이 담긴 영상, 밀짚모자, 수건, 농사도구

활동방법

[도입]

1. 그림책을 회상하며, 농사짓는 영상을 감상해 본다.
2. 영상에서 기억에 남는 농사짓는 모습을 이야기해 본다.
   - 가장 기억에 남는 농사짓는 모습이 무엇이었니?
   - 씨를 어떤 모습으로 뿌리셨니?
   - 땀이 날 때는 농부 아저씨가 어떻게 하셨니?

[전개]

1. 교사가 말한 상황에 맞게 몸을 움직이거나 소품을 이용해 표현해 본다.
   - 물을 주는 모습은 어떻게 표현하면 좋을까?
   - 힘들게 일하니 땀이 흐르는데 수건을 사용해 볼까?
   - 땅을 파는 모습은 어떻게 표현할까?
2. 「농부가」 노래에 맞춰 자유롭게 농사짓는 모습을 표현해 본다.

[마무리]

1. 농사짓는 모습을 몸으로 직접 표현해 본 느낌을 이야기 나누어 본다.

4-4. 신체영역

고라니처럼 높이뛰기

활동목표

1. 고라니의 특징과 모습에 관심을 가진다.
2. 신체를 이용해 고라니의 움직임을 다양하게 표현한다.
3. 신체 표현의 즐거움을 경험한다.

활동자료

고라니 영상, 고라니 머리띠

활동방법

[도입]

1. 그림책에 나온 고라니를 상상하며, 고라니에 대해 이야기 나눈다.
   - 고라니가 몰래 텃밭의 채소를 먹을 때 어떻게 걸어왔을까?
   - 채소를 먹고 있을 때 아저씨를 만났다면 어떻게 도망갔을까?
2. 고라니 영상을 보며 고라니의 움직임에 대해 이야기 나눈다.
   - 고라니는 어떤 특징을 가지고 있니?
   - 고라니가 어떻게 달렸니?
   - 고라니가 어떻게 높이 뛰었니?

[전개]

1. '고라니처럼 높이뛰기' 활동을 한다.
   - 음악에 맞춰 고라니처럼 뛰어 보기
   - 리듬과 박자에 맞춰 고라니처럼 뛰어 보기
2. 여러 가지 상황을 제시한다.
   - 고라니가 높은 나무에 있는 사과가 먹고 싶나 봐. 어떻게 먹을 수 있을까?
   - 사자가 오고 있어. 얼른 도망가자!
   - 고라니 엄마가 오고 있어. 엄마에게 가자!

[마무리]

1. 활동을 마무리하고 평가한다.
   - 어떤 동작을 했을 때 높이 뛸 수 있었니?
   - 고라니가 되어 보니 어떤 점이 가장 즐거웠니?
   - 고라니가 되어 높이 뛰었을 때 기분이 어땠니?

4-5. 수·조작영역

모종으로 패턴을 만들어요

활동목표

1. 모종 그림을 관찰하며 모종의 생김새가 모두 다름을 알 수 있다.
2. 패턴판을 활용하여 스스로 패턴을 만들 수 있다.

활동자료

모종 그림, 패턴판

활동방법

[도입]

1. 『고라니 텃밭』 그림책을 읽고 김 씨 아저씨가 심었던 모종을 회상한다.
   - 어떤 모종들이 있었니?
2. 김 씨 아저씨 텃밭에 모종이 어떻게 심어졌는지 회상한다.
   - 상추 모종 옆에는 무엇이 있었니? 치커리 옆에는 무엇이 있었니?
3. 패턴판을 대해 소개한다.
   - 텃밭에 모종을 어떻게 심으면 좋을까? 패턴판에 모종을 심어 보겠니?

[전개]

1. 모종 카드를 관찰하며, 패턴판에 모종 카드를 놓아 본다.

〈활동방법〉

① 패턴의 예시를 보고 모종 카드를 놓아 본다.

② 복잡한 패턴 예시를 보고 따라서 모종 카드를 놓아 본다.

③ 보고 따라 하는 활동이 익숙해지면 나만의 패턴을 만들어 본다.

다양한 패턴활동을 유아 스스로 할 수 있도록 패턴의 다양한 종류를 소개한다.

〈패턴의 종류와 지도 방법〉

① AB – ABC(두 가지 반복에서 세 가지 반복으로 확장)

② 마지막에 무엇이 올지 예측하는 활동에서 배열 중간에 무엇이 올지 추측하는 활동으로 확장

③ 색, 크기, 형태 등의 구체적 속성에 의한 패턴의 규칙성 인식활동에서 패턴의 관계성에 기초한 패턴의 규칙성 인식활동으로 확장

④ 증가적 패턴(1 12 123 1234 12345 123456...)

[마무리]

1. 활동을 마무리하고 평가한다.

- 치커리 모종은 어떻게 생겼니?
- 모종으로 어떤 패턴을 만들어 보았니? 더 만들어 보고 싶은 패턴이 있니?

4-6. 수·조작영역

우리 화분은 얼마나 클까?

활동목표

1. 내가 만든 화분의 크기를 다양한 물체로 측정해 본다.
2. 화분 크기 측정 활동을 통해 단위 사용의 필요성을 알 수 있다.

활동자료

『고라니 텃밭』 그림책, 다양한 블록, 리본, 클립, 풀, 책, 색종이, A4용지, 8절 도화지, 측정 기록지, 색연필, 연필

활동방법

[도입]

1. 『고라니 텃밭』 그림책에서 김 씨 아저씨의 텃밭을 보며 이야기 나눈다.
   - 그림책에서 화가 김 씨 아저씨의 텃밭은 얼마나 클까?
   - 너희가 만든 화분은 얼마나 크니?
   - 크기를 재는 것을 '측정'이라고 한단다.

[전개]

1. 다양한 물체로 화분의 둘레를 측정해 본다.
   - 너희가 만든 화분의 크기를 무엇으로 측정할 수 있을까?

2. 유아가 선택한 다양한 물체로 둘레를 측정하며 활동지에 기록한다. 유아는 측정치를 조사하여 활동지에 기록한다.
   - 벽돌블록으로는 몇 번 만에 화분을 측정할 수 있었니?
   - 손으로 측정한 화분의 크기는 얼마나 컸니?

3. 유아마다 측정치가 다름을 알고 모두 같은 물체로 화분을 측정하고 활동지에 기록한다.
   - 모두 같은 물체로 화분을 측정해 보자.
4. 활동지를 비교하며 단위 사용의 필요성을 느낀다.

[마무리]

1. 활동을 마무리하고 평가한다.
   - 화분을 색종이로 측정했을 때와 블록으로 측정했을 때 왜 숫자가 다를까?
   - 어떻게 하면 똑같은 숫자가 나올 수 있을까?
   - 다음에는 자로 화분을 측정해 보자.

확장활동

1. 화분의 둘레를 측정한 후 면적을 측정해 보는 활동으로 이어간다.

4-7. 음률영역

봄을 표현해요!

활동목표

1. 봄에 피어나는 꽃을 표현하며 자연의 아름다움을 느낀다.
2. 함께 표현해 보는 경험을 통해 신체 움직임을 조절한다.

활동자료

『고라니 텃밭』 그림책, 천, 스카프, 「봄의 왈츠」 음원

활동방법

[도입]

1. 『고라니 텃밭』 그림책에서 텃밭 옆 민들레를 찾아본다.
   - 그림책에서 텃밭 옆에 김 씨 아저씨가 심은 모종은 아닌데 아저씨의 텃밭 모종과 함께 자라고 있는 것을 찾을 수 있니?
   - 그 모종의 이름을 아니? 어떤 꽃이 피었니?
2. 봄에 피는 꽃에 대해 이야기 나눈다.
   - 봄에는 또 어떤 꽃을 볼 수 있니?
3. 꽃이 어떻게 피어나는지 이야기 나눈다.
   - 꽃은 처음에 어떤 모습이니? 또 어떻게 피어나니?
   - 꽃이 피어나는 모습을 몸으로 표현해 보자.

[전개]

1. 유아들이 꽃봉오리가 되어 몸으로 꽃이 피어나는 과정을 표현해 본다.
   - 꽃봉오리는 어떻게 생겼니? 시간이 지나면 꽃봉오리가 어떤 모양이 되니?
   - 꽃이 피었네. 어떤 모양이 되었니?
2. 천을 활용하여 여럿이서 함께 한 송이 꽃이 되어 표현해 본다.
   - 천을 활용해서 여러 명의 친구들이 한 송이 꽃이 되려면 어떻게 해야 할까?
   - 꽃이 동그랗게 피어나려면 우리 몸을 어떻게 움직여야 할까?

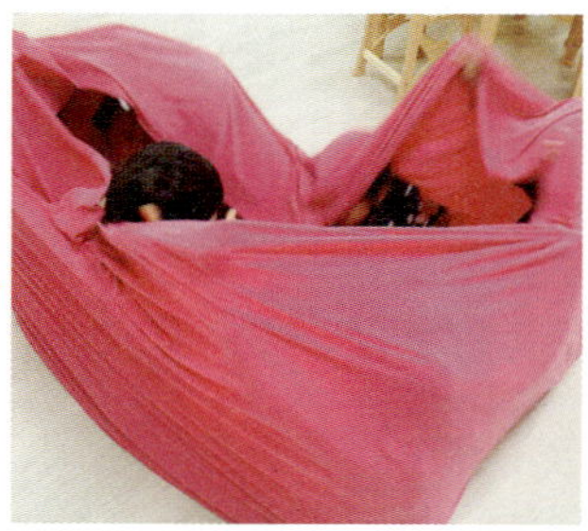

3. 음악을 들으며 꽃을 표현해 본다.
   - 「봄의 왈츠」를 들으면 꽃이 어떤 기분일까?
   - 음악을 들으며 한 송이 꽃이 되어 피어나 보자.

[마무리]

1. 활동을 회상하며 이야기 나눈다.
   - 오늘 우리는 무엇이 되어 보았니?
   - 꽃봉오리를 표현할 때 어떻게 움직였니? 활짝 핀 꽃은 어떻게 표현했니?
   - 또 무엇을 표현하고 싶니?

4절 플러스 활동

우리 반이 만든 고라니 텃밭

병풍책 만들기

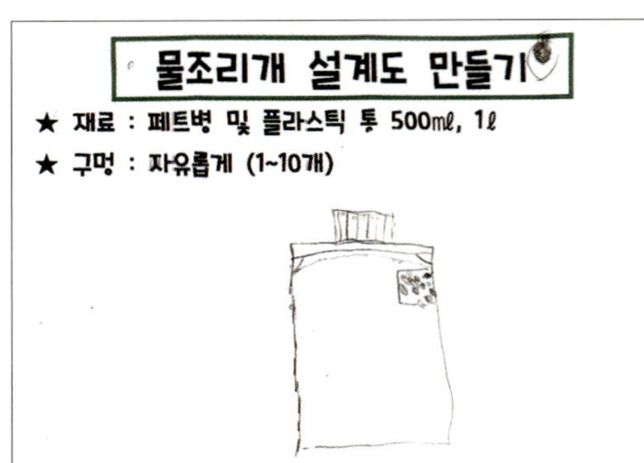

물조리개 설계도 만들기

★ 재료 : 페트병 및 플라스틱 통 500mℓ, 1ℓ

★ 구멍 : 자유롭게 (1~10개)

재활용품으로 만드는 물 조리개

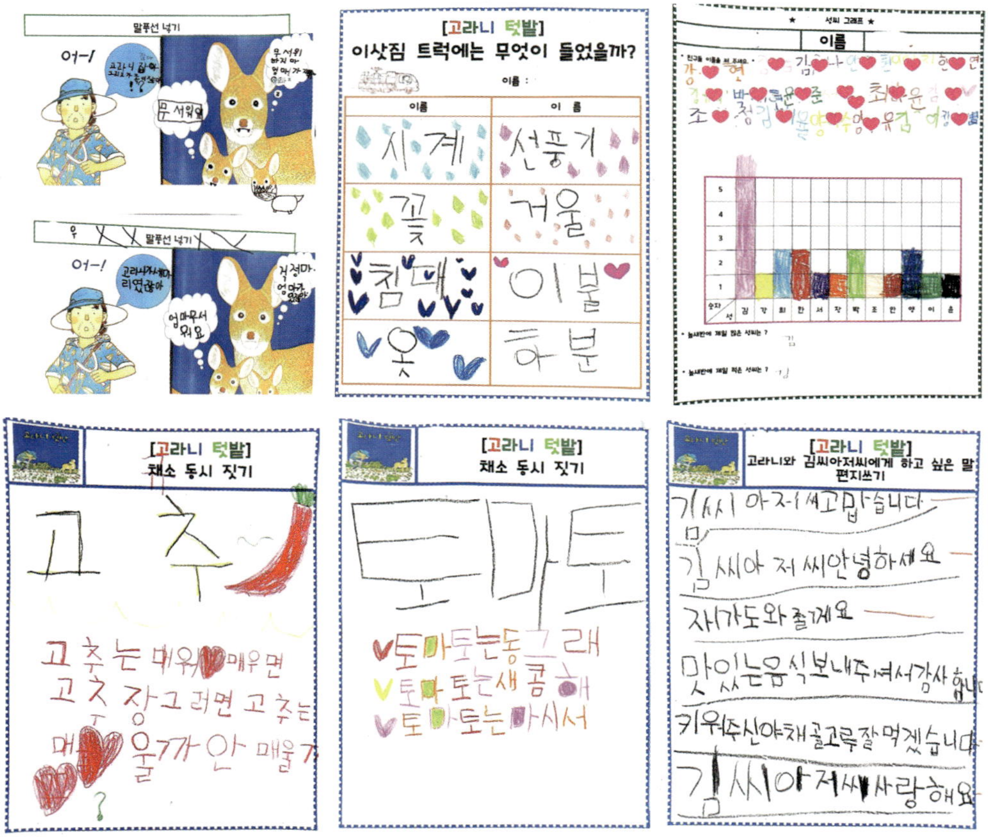

말풍선 넣기 / 트럭에는 무엇이 실려 있을까? / 우리 반 성씨 그래프
/ 채소 동시 짓기 / 고라니와 김 씨 아저씨에게 편지 쓰기

허수아비 꾸미기

3. 5월 그림책 놀이활동: 『도깨비를 빨아 버린 우리 엄마』

『도깨비를 빨아 버린 우리 엄마』 사토 와키코 글 · 그림 / 이영준 옮김 / 한림출판사 / 1991	
주제	나와 가족
목표	1. 『도깨비를 빨아 버린 우리 엄마』 그림책을 통해 나와 가족 모두 특별함이 있음을 알 수 있다. 2. 『도깨비를 빨아 버린 우리 엄마』 그림책을 통해 가족 구성원의 역할을 알고 가족 구성원의 요구와 문제에 관심을 가진다. 3. 나와 우리 가족에게 주어진 역할을 알고 존중하며, 가족을 사랑하는 마음을 표현해 본다.
생각 모으기	빨래하기를 너무너무 좋아하는 엄마, 팔을 둘둘 걷어붙이고, 억센 팔, 금세, 홑이불, 눈 깜짝할 사이, 빨아 버렸습니다, 모두 해치운 엄마, 횡다, 고양이, 개, 소시지, 닭장, 닭들, 깜짝 놀라, 신발장, 슬리퍼, 구두, 우산, 달아나다, 꼼짝 마, 숨이 막히다, 온몸이 떨리다, 한꺼번에, 뜰, 숲, 나무에 줄을 매다, 빨래를 널다, 빨래집게, 꽂아, 빨랫줄에 널다, 저쪽 하늘, 천둥번개 도깨비, 구름, 번개구름, 은 방망이, 금 방망이, 전속력, 허겁지겁, 번쩍, 우르릉 쾅쾅, 번개, 천둥, 때 묻은, 거미집, 건방진, 풍덩, 더러운, 쭈글쭈글, 단정치 못한, 주름, 탁탁, 바짝 마르다, 재빨리, 웬일이지?, 도깨비 천지, 예쁜 아이, '좋아, 나에게 맡겨!'

『도깨비를 빨아 버린 우리 엄마』 그림책 놀이활동을 시작하기 전

『도깨비를 빨아 버린 우리 엄마』는 빨래하기를 너무 좋아하는 엄마가 날씨가 좋은 날 커다란 빨래통에 빨랫감을 들고 등장하며 시작되는 이야기입니다. 엄청나게 많은 빨래를 눈 깜짝할 사이에 빨아 버리고 빨래를 계속하고 싶었던 엄마는 고양이도 개, 닭, 아이들도 모두 빨래통에 넣고 빨아버립니다. 빨래를 널 장소가 부족했던 엄마는 숲의 나무에까지 빨랫줄을 매달고 모두 빨래집게로 꽂아 널어버리지요. 비구름을 몰고 온 천둥번개 도깨비를 만나자 도깨비마저도 빨아버립니다. 건방진 도깨비를 깨끗이 빨아버렸지만 얼굴이 없어지자 얼굴을 그려 주며 쉽게 문제를 해결하는 엄마. 다음 날 엄청나게 많은 도깨비들이 엄마를 찾아와 "빨아 주세요. 씻겨 주세요. 그려 주세요."라고 말하자 엄마는 "좋아, 나에게 맡겨!"라며 힘차게 말합니다.

아이들의 상상 주머니 속에는 무엇이든지 이루어질 수 있어요. 얼굴을 깨끗이 빨고 다시 그려 넣기도 하고, 깨끗하게 씻고 싶은 도깨비들도 있어요. 무엇이든지 할 수 있는 엄마가 있기 때문입니다. 빨래를 좋아하는 엄마를 중심으로 벌어지는 재미있는 이야기를 탐색해 보고, 재미있는 책놀이를 해 보고자 합니다. 빨래를 좋아하는 엄마처럼 우리 가족은 무엇을 좋아하고 잘하는지, 어떤 역할을 맡고 있는지도 살펴볼 거예요. 재미있는 상상과 함께 우리 가족들의 사랑까지 알아보고 표현해 보는 시간을 가지고자 합니다.

<table>
<tr><th colspan="2">주</th><th>1주</th><th>2주</th><th>3주</th><th>4주</th></tr>
<tr><th colspan="2">소주제</th><th>그림책 탐색</th><th>우리 가족이 좋아하는 일</th><th>우리 가족의 역할</th><th>다양한 가족</th></tr>
<tr><td rowspan="9">자유놀이</td><td>쌓기영역</td><td>빨래터 쌓기
빨래 바구니 만들기</td><td>우리 집 구성하기
우리 집 물건 만들기</td><td>우리 가족을 위한
공간 구성하기</td><td>우리 집은 아파트에요
가족사진관 구성하기</td></tr>
<tr><td>역할영역</td><td>빨래를 해요</td><td>소품을 이용한 가족 역할극</td><td>『도깨비를 빨아 버린 우리 엄마』
(우리 아빠, 우리 언니,
우리 형) 역할극</td><td>다문화가족 역할놀이
가족 소풍을 떠나요</td></tr>
<tr><td>미술영역</td><td>내가 만드는 표지 꾸미기</td><td>빨랫줄로 나를 만들어요
(입체활동)</td><td>가족에게 보여 주고 싶은
나의 작품
빨랫줄에 작품을 전시해요</td><td>환경에 좋은 비누 만들기</td></tr>
<tr><td>언어영역</td><td>〈읽기, 쓰기〉
중간이야기 짓기
〈듣기, 말하기〉
『도깨비를 빨아 버린 우리 엄마』 그림책 녹음하기 / 듣기</td><td>〈읽기, 쓰기〉
우리 가족이 좋아하는 일
동시 짓기(동영상 촬영)
〈듣기, 말하기〉
가족 인터뷰(가정연계활동)</td><td>〈읽기, 쓰기〉
우리 가족을 소개해요
가족 책 북 아트
〈듣기, 말하기〉
내 친구의 가족 책 듣기</td><td>〈읽기, 쓰기〉
가족에게 보내는 편지
〈듣기, 말하기〉
우리 가족에게 하고 싶은 말
(동영상 촬영)</td></tr>
<tr><td>수 · 조작영역</td><td>〈수〉
손 뼘으로 내 몸 길이 재기
〈조작〉
숫자 100판</td><td>〈수〉
빨랫줄로 만든 도형
〈조작〉
빨랫줄 위의 걸려 있는 것은
(패턴)</td><td>〈수〉
(분류) 빨 수 있는 것과
없는 것
〈조작〉
퍼즐</td><td>〈수〉
수 어림하기: 도깨비 수
〈조작〉
도트 칩</td></tr>
<tr><td>과학영역</td><td>그림책 탐색
빨래에 필요한 것
: 과거와 현재</td><td>다양한 날씨
빨래하기 좋은 날</td><td>우리 가족이 사용하는
다양한 세제</td><td>실험: 어떤 비누가
때를 잘 지울까?</td></tr>
<tr><td>음률영역</td><td>〈음률〉
「빨래 노래」
〈동작〉
나의 몸을 인식해요</td><td>〈음률〉
내가 좋아하는 것들
(「사운드 오브 뮤직」)
〈동작〉
빨래를 해요: 스카프, 파라슈트</td><td>〈음률〉
「도깨비 나라」
〈동작〉
도깨비가 되었어요</td><td>〈음률〉
난타 연주: 빨래도구
〈동작〉
빨랫감이 되었어요</td></tr>
<tr><td>신체영역</td><td>나의 몸 부위별로 움직이기</td><td>고무줄놀이</td><td>높이뛰기</td><td>빨랫줄 림보</td></tr>
<tr><td colspan="5"></td></tr>
<tr><td colspan="2" rowspan="7">대 · 소집단
활동

(이야기 나누기
동화 · 동시
미술
음률
신체 · 게임
요리 · 과학)</td><td>〈이야기 나누기〉
생각 모으기
주제망 구성하기
가족에게 편지 쓰기(어버이날)</td><td>〈이야기 나누기〉
이야기 재구성하기: 빨랫감이 되었을 때 나의 기분은?
우리 가족이 좋아하는 일</td><td>〈이야기 나누기〉
우리 가족의 역할
: 엄마는 바빠요
행복한 가족을 위해
내가 할 수 있는 일은?</td><td>〈이야기 나누기〉
다양한 가족이 있어요
활동을 마무리하며
: 작품 전시회를 준비해요</td></tr>
<tr><td>〈미술〉
인상 깊은 장면 그리기
우드락 판화</td><td>〈미술〉
내가 만든 빨랫감
내가 만든 도깨비</td><td>〈미술〉
우리 반이 만든 빨랫줄</td><td>〈미술〉
작품을 전시해요</td></tr>
<tr><td colspan="4">〈관련 그림책〉『강아지똥』, 『겁쟁이 빌리』, 『돼지책』, 『내가 아빠를 얼마나 사랑하는지 아세요?』, 『엄마가 사라졌어요』, 『이모의 결혼식』, 『주전자 엄마와 이불 아빠』, 『할머니가 남긴 선물』, 『할아버지의 아주 특별한 여행』</td></tr>
<tr><td colspan="4">〈과학〉 우리가 사용하는 다양한 세제의 역할 및 유용성과 위해성, 안전한 사용법을 알아봐요</td></tr>
<tr><td colspan="4">〈요리〉 우리 가족에게 해 주고 싶은 음식 조사 후 김밥, 샌드위치 만들기</td></tr>
<tr><td colspan="4">〈사회관계〉 우리 동네 빨래방: 가족의 일을 덜어 주는 우리 동네 가게 알아보기(식당, 세탁소, 빨래방 등)</td></tr>
<tr><td colspan="4">〈가정연계〉 우리 집에서 사용하는 세제를 공용과 개인으로 구분하여 조사한다.
가족 구성원이 좋아하는 일을 조사해 온다.</td></tr>
</table>

5월 그림책 놀이활동 한눈에 보기(도깨비를 빨아 버린 우리 엄마)

그림책 놀이활동 시작	교사 지원	그림책 놀이활동 흐름
• 도깨비라는 소재에 관심을 가지고 흥미를 느낌 • 그림책의 그림과 내용을 재미있게 읽음	• 환경: 교실 내 영역 구분을 최소로 하고 놀이 • 자료: 그림책 놀이활동을 위한 자료 제공(빨래를 하기 위한 도구 제공: 빨랫줄, 빨랫감 등)	• 도깨비와 '나'를 동일시하고 놀이를 진행 • 그림책에 인상적인 장면을 재구성하는 그림책 놀이로 확장

* 놀이 흐름도

교사 지원
『도깨비를 빨아 버린 우리 엄마』
그림책 소개

놀이활동 시작

도깨비에 흥미를 보이는 유아들.
"나는 도깨비가 좋아."
"도깨비가 어디 있어?"

놀이활동 흐름

그림책을 친구와 함께 공유하며 그림책 속 이야기를 즐기는 유아들.

주인공 엄마처럼 빨래를 즐기는 유아들.
"우리도 다 빨아버리자!"
"깨끗이 빨아야 해."
"나도 빨아 줘."

교사 지원

그림책의 장면으로 수 놀이를 할 수 있는 자료 제공

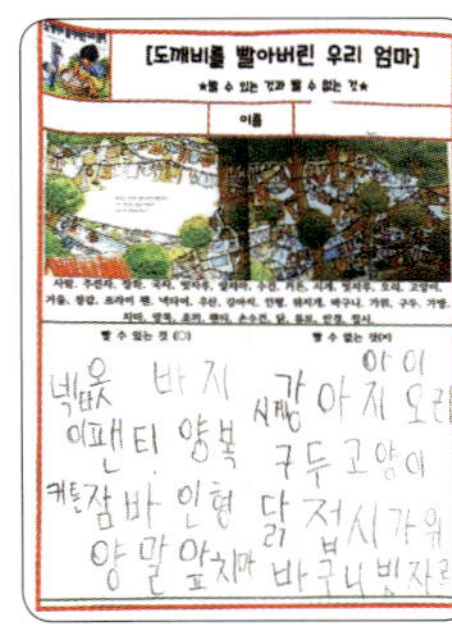

교사 지원

빨래가 되어 볼 수 있도록 빨랫줄을 준비

놀이활동 확장

그림책에 인상적인 장면을 재구성하는 그림책 놀이로 확장.

"빨랫줄에 다 널자!"

"선생님, 우리 작품도 빨래처럼 널 거예요."

5-1. 언어영역

우리 가족이 좋아하는 일 동시 짓기

활동목표

1. 가족의 의미와 소중함을 안다.
2. 가족에 대한 생각, 느낌, 특징을 동시로 표현해 본다.
3. 동시를 감상하는 태도를 갖고 우리말의 재미를 느낀다.

활동자료

종이, 연필, 사인펜, 동시판

활동방법

[도입]

1. 그림책 내용을 회상한 후 우리 가족이 좋아하는 일이 무엇인지 이야기해 본다.
   - 그림책에서 엄마가 가장 좋아하는 일은 무엇이었니?
   - 아빠가 가장 좋아하는 일은 무엇일까?
   - 엄마는 어떤 것을 좋아하시니?
2. 동시 짓기 활동을 소개하고 동시 쓰는 방법에 대해 알려 준다.

[전개]

1. 우리 가족이 좋아하는 일 동시 짓기 활동을 한다.
   - 우리 가족의 특징을 생각해 보자.

- 엄마를 생각하면 어떤 모습이 떠오르니?
- 아빠를 어떻게 표현해 볼까?

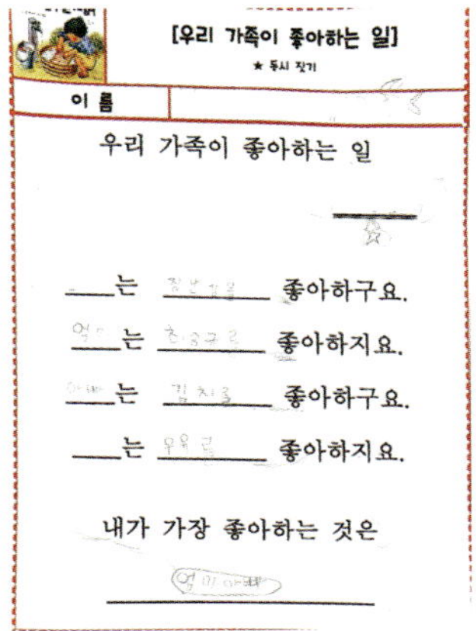
[우리 가족이 좋아하는 일]

★ 동시 짓기

이 름	

우리 가족이 좋아하는 일

___는 ___ 좋아하구요.

___는 ___ 좋아하지요.

___는 ___ 좋아하구요.

___는 ___ 좋아하지요.

내가 가장 좋아하는 것은

___

[마무리]

1. 활동을 마무리하고 평가한다.
   - 우리 가족에 대한 동시를 지어 보니 어땠니?
   - 어려운 점은 없었니?
2. 친구들에게 나의 동시를 발표하고 친구들의 동시를 감상한다.

확장활동

1. 발표하는 모습을 촬영하여 동영상을 감상할 수 있는 시간을 갖는다.
2. 언어영역에 두고 친구들과 나의 동시를 읽어 볼 수 있도록 한다.

5-2. 쌓기영역

빨래터 쌓기

활동목표

1. 여러 가지 블록을 이용해 빨래터를 구성해 본다.
2. 빨래터를 만들어 봄으로써 크기와 길이, 모양을 알 수 있다.
3. 친구와 함께 협동하며 놀이한다.

활동자료

『도깨비를 빨아 버린 우리 엄마』 그림책, 쌓기블록

활동방법

[도입]

1. 그림책 속 빨래터의 모습을 회상해 본다.
    - 그림책 속 엄마가 빨래를 빠는 곳이 생각나니?
    - 빨래터는 어떤 모습이었니?
2. 내가 직접 빨래를 한다면 어떤 빨래터를 만들고 싶은지 이야기해 본다.
    - 직접 빨래를 한다면 어떤 빨래터를 만들어 보고 싶은지 생각해 볼까?
    - 빨래터에 있어야 할 것은 무엇일까?

[전개]

1. 자신이 상상한 빨래터를 블록을 이용해 만들어 본다.
   - 많은 빨래를 둘 수 있는 빨래터를 울타리로 쌓아 보기
   - 다양한 블록으로 넓게, 높게 등 다양한 구조로 구성해 보기

[마무리]

1. 내가 만든 빨래터를 친구들에게 소개해 본다.
2. 빨래터를 울타리로 쌓아 본 느낌을 말해 본다.

확장활동

1. 빨래 바구니를 블록으로 구성해 보기
2. 내가 만든 빨래터의 이름 지어 보기

5-3. 언어영역

『도깨비를 빨아 버린 우리 엄마』 그림책 녹음하기 / 듣기

활동목표

1. 그림책 읽기에 관심을 갖고 녹음활동에 즐겁게 참여할 수 있다.
2. 친구와 협동하며 그림책 읽기를 할 수 있다.
3. 그림책을 읽는 나의 목소리를 들어 보고 느낌을 말해 본다.

활동자료

『도깨비를 빨아 버린 우리 엄마』 그림책, 등장인물 컷, 녹음기

활동방법

[도입]

1. 그림책을 감상한다.
2. 그림책 녹음하기 활동을 소개한다.
   - 모두 협동해 그림책 읽기를 녹음해 보면 어떨까?
   - 녹음된 나의 목소리를 들으면 어떨 것 같니?
3. 녹음하기 활동 시 지켜야 할 약속에 대해 이야기한다.
   - 녹음을 할 때는 소음을 내지 않도록 알려 준다.
   - 친구가 그림책을 읽을 때 주의 깊게 들을 수 있도록 알려 준다.
4. 역할을 나누고 그림책을 읽어 본다.

[전개]

1. 그림책을 녹음한다.
   - 교사의 해설에 따라 맡은 역할의 대사를 읽고 녹음을 한다.

[마무리]

1. 녹음한 그림책 이야기를 들어 본다.
2. 그림책 녹음하기 활동을 하고 들어 본 느낌에 대해 이야기한다.
3. 언어영역 녹음 자료에 비치한다.

확장활동

1. 녹음 자료를 듣고 등장인물의 표정, 몸짓을 표현해 본다.

5-4. 역할영역

『도깨비를 빨아 버린 우리 엄마』 역할극

활동목표

1. 그림책의 이야기를 역할극으로 표현한다.
2. 등장인물의 목소리, 동작을 다양하게 표현한다.
3. 친구들과 함께 역할극에 즐겁게 참여한다.

활동자료

『도깨비를 빨아 버린 우리 엄마』 그림책, 등장인물 사진이나 컷, 역할극 머리띠, 빨래 바구니, 빨랫감

활동방법

[도입]

1. 그림책 내용을 회상하고 등장인물, 기억에 남았던 장면에 대해 이야기 나눈다.
   - 그림책에 어떤 등장인물이 나왔니?
   - 그림책에서 어떤 일들이 있었니?
   - 엄마가 왜 도깨비를 빨게 되었니?
2. 등장인물의 특징에 대해 이야기한다.
   - 엄마는 어떤 목소리를 가지셨을까?
   - 엄마는 얼마나 힘이 셀까?

[전개]

1. 역할극 놀이를 한다.

〈활동방법〉

① 역할을 정하고 등장인물 머리띠나 목걸이를 나눈다.

② 역할극 규칙에 대해 이야기 나눈다.

③ 중요한 장면(엄마가 빨래를 찾아오라고 하는 장면, 빨랫감들이 도망가는 장면)에서 어떤 소리나 몸짓을 내면 좋을지 이야기한다.

④ 태풍이 오는 소리는 반 친구들 모두 큰 소리를 낼 수 있도록 흉내 내 본다.

[마무리]

1. 역할극을 해 본 느낌을 이야기 나눈다.

2. 내가 맡은 역할과 친구가 맡은 역할을 바꿔 흉내 내 본다.

5-5. 미술영역

가족에게 보여 주고 싶은 나의 작품

활동목표

1. 그림책 읽기를 즐기고 상상하는 즐거움을 가진다.
2. 다양한 미술 재료로 표현할 수 있다.
3. 내가 만든 작품을 친구들 앞에서 소개한다.

활동자료

색종이, 도화지, 연필, 크레파스, 색연필, 사인펜, 스팽글, 털실, 모루 등 다양한 미술 재료

활동방법

[도입]

1. 가족에게 어떤 작품을 보여 주고 싶은지 이야기해 본다.
   - ○○는 어떤 작품을 만들고 싶니?
   - ○○는 어떤 미술 재료를 사용해서 작품을 만들고 싶니?

[전개]

1. 가족에게 보여 주고 싶은 작품을 자유롭게 만든다.
   - ○○가 만드는 작품에는 어떤 재료가 필요하니?
   - ○○는 무엇을 그리고 있니?

- ○○는 무엇을 만들고 있니?

2. 유아가 작품에 자신의 생각을 자유롭게 표현할 수 있도록 한다.
3. 작품을 완성한 후 친구들 앞에서 자신의 작품을 소개한다.
   - ○○는 무슨 작품을 만들었니?
   - ○○가 만든 작품의 제목을 말해 보렴.

[마무리]

1. 활동을 마무리하고 평가한다.
   - ○○는 무엇을 표현했니?
   - 작품을 그리거나 만들면서 어떤 기분이 들었니?

확장활동

1. 유아들이 만든 작품을 전시하는 활동으로 연계한다.

5-6. 수·조작영역

빨 수 있는 것과 없는 것

활동목표

1. 일상생활에서 빨래를 할 수 있는 것과 없는 것을 분류한다.

활동자료

『도깨비를 빨아 버린 우리 엄마』 그림책, 활동지, 연필, 색연필

활동방법

[도입]

1. 『도깨비를 빨아 버린 우리 엄마』 그림책에서 엄마가 빨래를 해서 빨랫줄에 널려 있는 것들을 보며 이야기를 나눈다.
   - 엄마가 어떤 것을 빨았는지 살펴볼까?
2. 일상생활에서 빨 수 있는 것을 알아본다.
   - 집에서는 빨래하는 것에는 어떤 것들이 있니?

[전개]

1. 그림책 장면을 보며 일상생활에서 빨 수 있는 것과 빨 수 없는 것을 분류한다.
2. 활동지에 빨 수 있는 것과 빨 수 없는 것을 분류하여 적어 본다.

3. 빨랫줄로 만들어진 도형의 이름을 알아보고, 이름을 적는다.

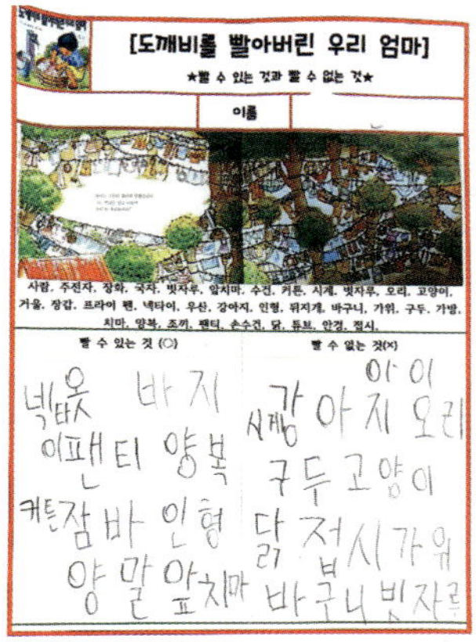

[마무리]

1. 활동을 마무리하고 평가한다.
   - 빨랫줄로 어떤 도형을 만들었니?
   - 활동하면서 어려운 점은 없었니?

5-7. 미술영역

빨랫줄에 작품을 전시해요

활동목표

1. 그림책 읽기를 즐기고 상상하는 즐거움을 가진다.
2. 다양한 미술 재료로 자신을 표현할 수 있다.
3. 내가 만든 작품을 가족과 함께 나눌 수 있도록 전시해 보는 경험을 한다.
4. 우리 반 친구들의 작품에 관심을 가지고 감상한다.

활동자료

『도깨비를 빨아 버린 우리 엄마』 그림책, 빨랫줄, 빨래집게

활동방법

[도입]

1. 『도깨비를 빨아 버린 우리 엄마』 그림책에서 빨랫줄이 나오는 장면을 회상하며 나와 친구들의 작품을 전시할 수 있는 방법에 대해 생각해 본다.
   - 그림책에서 엄마는 빨래를 한 후 빨래를 말리기 위해 어떻게 했니?
   - 빨랫줄을 어떻게 만들었는지 기억하니?

[전개]

1. 나와 우리 반 친구들의 작품을 전시할 수 있도록 빨랫줄을 활용하여 교실에 작품전시 공간을 만든다.

- 어디쯤에 빨랫줄을 만들었으면 좋겠니?
- 우리가 다닐 때 빨랫줄에 걸려 넘어지지 않으려면 어느 정도의 높이에 빨랫줄을 걸어야 하니?

2. 빨랫줄에 자신의 작품을 건다.
   - ○○은 어디에 작품을 걸어 볼래?
   - ○○의 작품은 어디에 걸면 좋을까?
3. 빨랫줄에 걸린 작품을 감상한다.
   - ○○의 작품은 무엇을 표현한 것 같니?
   - ○○의 작품을 보면 무엇이 생각나니?
4. 빨랫줄로 만들어진 도형의 이름을 알아보고 이름을 적는다.

[마무리]

1. 활동을 마무리하고 평가한다.
   - 빨랫줄에 작품을 전시해 보니 어땠니? 어려운 점은 없었니?
   - 내가 만든 작품이 잘 보이게 하려면 어떻게 해야 할까?
2. 친구들의 작품을 감상한 느낌을 나눈다.
   - 친구들의 작품을 감상해 보니 어떤 기분이 들었니?

확장활동

1. 입체적으로 만든 작품은 어떻게 전시할지 유아들과 의견을 나눈다.

5절 플러스 활동

빨랫감이 되었어요

빨랫줄로 나를 만들어요

생각 모으기

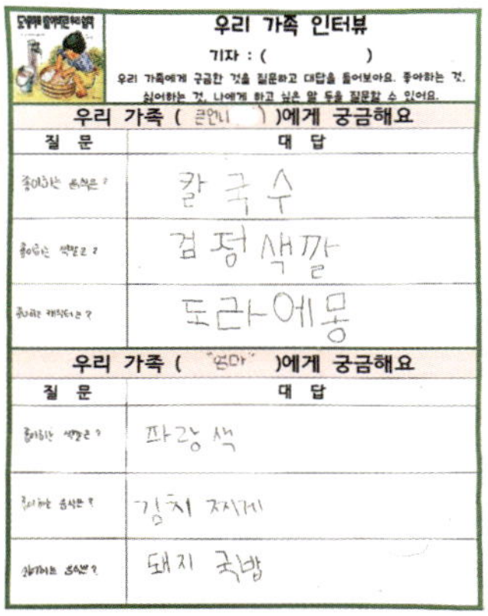

가족 인터뷰 / 내가 만든 표지 꾸미기 / 인상 깊은 장면 그리기

우드락 판화

아빠와 함께 피자놀이

4. 6월 그림책 놀이활동: 『어슬렁어슬렁 동네 관찰기』

『어슬렁어슬렁 동네 관찰기』 이해정 글 · 그림 / 웅진주니어 / 2012	
주제	우리 동네
목표	1. 그림책을 통해서 동네의 다양한 장소에 관심을 가지고 살펴볼 수 있다. 2. 우리 동네의 다양한 직업, 가게, 공공기관, 시설을 알아보고 특성에 대해서 알아본다. 3. 이웃과 함께할 때 지녀야 할 예절과 태도를 알고 함께 사는 이웃이 되기 위해 노력할 수 있다.
생각 모으기	어슬렁어슬렁, 동네, 관찰, 붉은, 벽돌집, 아파트, 몇 채, 대부분, 작은 집, 오밀조밀, 산동네, 한강, 훤히, 대문, 철 대문, 쇠창살, 사나운, 콩닥콩닥, 틈, 텔레비전 소리, 아기 울음소리, 강아지, 눈에 띄다, 전기, 전봇대, 삼거리, 할머니, 돗자리, 채소, 음식, 낮잠, 꽃무늬, 왈왈, 따따따, 졸졸, 보글보글, 꾸룩 꾸루룩, 딱딱딱, 뻥이요, 탈탈탈, 옥수수, 학교, 재미있는, 문구점, 간판, 오락기, 잔뜩, 순대, 떡볶이, 어묵, 2000원, 아침, 새벽, 도깨비시장, 골목 시장, 싱싱, 값, 싸다, 재활용, 재소 가게 아주머니, 파라솔, 마이크, 세탁소, 골목길, 건물, 높다, 사람, 많다, 외국인, 넓은 공터, 운동, 표정, 몸놀림, 우스꽝스러움, 놀이터, 나무, 시멘트, 하루 종일, 스케치북, 꽉 차다, 골목 지도

『어슬렁어슬렁 동네 관찰기』 그림책 놀이활동을 시작하기 전

어슬렁어슬렁 동네를 돌아본 경험이 있나요? 그림책 작가는 이사 온 동네를 어슬렁어슬렁 돌아다니며 동네 관찰기를 그려 내고 있습니다. 관찰기를 보다 보면 우리 동네는 어떤 모습일지 작가처럼 우리 동네를 자세히 관찰하고 싶은 마음이 생깁니다. 아파트가 익숙한 아이들에게 『어슬렁어슬렁 동네 관찰기』 골목길 탐색은 새로운 놀이가 됩니다. 굳게 닫혀 있는 다양한 문, 문틈 사이로 보이는 우리의 이웃, 동네 강아지, 꽃무늬 옷을 입고 삼거리에 모여 있는 할머니들, 골목에서 들리는 다양한 소리, 동네 시장에서 맛볼 수 있는 먹거리, 온몸으로 전기를 뿜어내는 전봇대! 우리 생활 속에 자리 잡고 있는 평범한 소재가 이리 재미있을 수가 없어요. 어린 영유아들의 눈높이에서 바라본 우리 동네는 어떤 모습일까요? '나'에게만 관심이 집중되어 있던 아이들이 유아기에 접어들면 '가족', '친구', '우리 동네 사람들'까지 관심이 넓어집니다. 아이들은 작가의 세심한 관찰로 완성된 동네 관찰 그림책을 통해 우리 동네에 관심을 가지고, 그림책 놀이활동을 하며 우리 동네의 다양한 기관, 이웃, 함께하는 이웃이 되기 위한 우리의 노력까지 경험하고자 합니다.

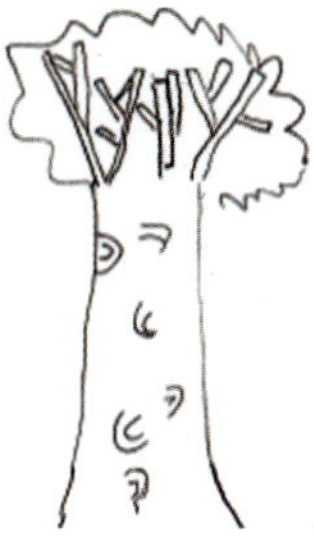

<table>
<tr><th colspan="2">주</th><th>1주</th><th>2주</th><th>3주</th><th>4주</th></tr>
<tr><th colspan="2">소주제</th><th>동네 관찰하기</th><th>우리 동네 기관들</th><th>우리 동네 사람들</th><th>함께하는 이웃</th></tr>
<tr><td rowspan="8">자유놀이</td><td>쌓기영역</td><td>동네 건물을 쌓아요</td><td>동네 구성하기</td><td>우리 동네 시장
직업 체험관</td><td>시장놀이 준비하기</td></tr>
<tr><td>역할영역</td><td>우리 동네 관광하기</td><td>우리 동네 경찰서
우리 동네 마트</td><td>가게 주인이 돼요
가게 손님이 돼요</td><td>시장놀이를 해요</td></tr>
<tr><td>미술영역</td><td>우리 동네 지도 그리기
입체로 우리 집 그리기</td><td>우리 동네 간판 꾸미기</td><td>동네 사람들 스케치</td><td>시장놀이 필요물품 준비
(지갑, 가방, 간판)</td></tr>
<tr><td>언어영역</td><td>〈읽기, 쓰기〉
우리 동네 관찰일지
〈듣기, 말하기〉
우리 동네 사람들 인터뷰</td><td>〈읽기, 쓰기〉
우리 동네 기관 간판
〈듣기, 말하기〉
우리 동네 기관에서 나는
소리 모으기</td><td>〈읽기, 쓰기〉
직업 카드 만들기
감사편지를 써요
〈듣기, 말하기〉
이웃 어른들께
감사함을 표현해요</td><td>〈읽기, 쓰기〉
시장놀이 초대장 만들기
〈듣기, 말하기〉
시장 놀이에 오세요
(동영상 광고 촬영)</td></tr>
<tr><td>수 · 조작영역</td><td>〈수〉
집 주소 조사하기
〈조작〉
도형으로 만드는 우리 동네
: 라이트테이블 활용</td><td>〈수〉
얼마일까?
〈조작〉
공공기관 마크 퍼즐</td><td>〈수〉
직업 조사하기
〈조작〉
그래프 만들기</td><td>〈수〉
가격을 정해요
〈조작〉
젓가락으로 콩 옮기기</td></tr>
<tr><td>과학영역</td><td>그림책 탐색
우리 동네 지도를 탐색해요</td><td>우리 동네 문 관찰
동네에서 들을 수 있는
소리를 녹음해요</td><td>어린이집에
방문하는 사람들</td><td>우리 동네 특산물</td></tr>
<tr><td>음률영역</td><td>〈음률〉
「장난감 기차」
〈동작〉
칙칙폭폭: 동네를 구경해요</td><td>〈음률〉
「우체부 아저씨」
〈동작〉
나는 누구일까요?</td><td>〈음률〉
동네에서 들리는 소리를
연주해요
〈동작〉
○○ 직업을 표현해요</td><td>〈음률〉
시장놀이에 어울리는
음악 감상하기
〈동작〉
뻥튀기가 되어 보아요</td></tr>
<tr><td>신체영역</td><td>몇 걸음이면 갈 수 있을까?</td><td>우리 동네 놀이터</td><td>배달 가요: 수건돌리기</td><td>줄다리기</td></tr>
<tr><td colspan="2" rowspan="7">대 · 소집단
활동

(이야기 나누기
동화 · 동시
미술
음률
신체 · 게임
요리 · 과학)</td><td>〈이야기 나누기〉
우리 동네를 돌아보고
생각 모으기
우리 동네와 다른 동네
우리 동네와 그림책의 동네</td><td>〈이야기 나누기〉
우리 동네 공공기관
우리 동네 생활기관
기관의 고마운 분들</td><td>〈이야기 나누기〉
우리 동네의 이웃들
이웃을 배려하는 방법
내가 할 수 있는 일</td><td>〈이야기 나누기〉
함께 만드는
깨끗한 우리 동네
함께 준비하는 시장놀이
시장놀이를 마치고</td></tr>
<tr><td>〈미술〉
협동작품: 우리 동네 벽화</td><td>〈미술〉
재활용품을 이용한
우리 동네 꾸미기</td><td>〈미술〉
층간소음 캠페인 포스터</td><td>〈미술〉
시장놀이 포스터, 초대장</td></tr>
<tr><td colspan="4">〈관련 그림책〉『우리 동네 슈퍼맨』, 『우리 동네 한 바퀴』, 『우리 동네에 들꽃이 피었어요』, 『여보세요?』, 『꿈을 다리는 우리 동네 세탁소』, 『북적북적 우리 동네가 좋아』, 『아름다운 우리 동네를 찾아 주세요』, 『우리 동네 왕팔뚝 아저씨』</td></tr>
<tr><td colspan="4">〈과학〉 인공위성으로 우리 동네 찾아보기, 소음 측정하기, 아파트 설계</td></tr>
<tr><td colspan="4">〈요리〉 우리 동네에 있는 가게 음식들(샌드위치, 분식집, 과일 주스)</td></tr>
<tr><td colspan="4">〈사회관계〉 분리수거를 하는 이유, 이웃을 배려하는 방법</td></tr>
<tr><td colspan="4">〈가정연계〉 이웃을 배려하는 방법 실천하기, 층간소음 포스터 붙이기(현관 앞)</td></tr>
</table>

6월 그림책 놀이활동 한눈에 보기(어슬렁어슬렁 동네 관찰기)

그림책 놀이활동 시작

- 산책길에 보게 된 우리 동네의 여러 가지 간판 모양에 관심을 가지고 다양한 질문을 하기 시작함

교사 지원

- 환경: 우리 동네를 관찰하기 위해 교실, 실외에서 놀이활동을 진행
- 자료: 그림책 놀이활동을 위한 자료 제공(녹음기, 사진 자료 달력, 지도 등)

그림책 놀이활동 흐름

- 그림책에서 관찰한 것과 실제 우리 동네를 비교하고 같은 점과 차이점에 관심을 가짐
- 우리 동네의 경제활동을 연계하여 시장놀이를 계획, 실행하여 놀이

* 놀이 흐름도

놀이활동 시작

우리 동네를 산책하며 여러 가게, 간판 등에 관심을 가지기 시작.

"여긴 ㅇㅇ이야."

"부동산이 많아."

"어! 내가 좋아하는 통닭 파는 곳이네."

교사 지원

『어슬렁어슬렁 동네 관찰기』 그림책 소개

교사 지원

가정연계로 '내가 먹은 간식 가격 조사해 보기' 활동지 제공

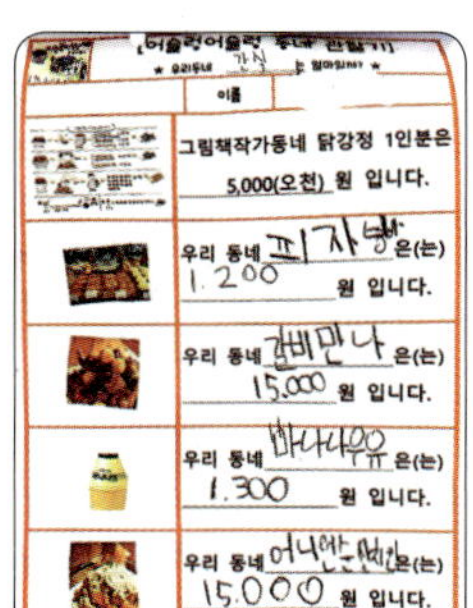

놀이활동 흐름

그림책 장면에 흥미를 보이는 유아들.

"순대 1인분은 얼마일까요?"

"우리 동네 순대는 3000원이야."

"닭강정 맛있겠다."

"닭강정은 얼마일까요?"

교사 지원

시장놀이를 위한 자료 지원
간판 디자인 활동,
안내문 작성 방법 안내

놀이활동 확장

간식 가격 조사 활동은 사고파는 활동에 흥미를 보이며, 시장놀이로 확장해 간다.
"우리는 닭강정 얼마에 팔까?"
"난 옷가게 할 거야."

6-1. 미술영역

입체로 우리 집 그리기

활동목표

1. 다양한 위치와 방향에서 집을 관찰해 본다.
2. 여러 방향에서 본 집의 차이점을 비교해 본다.
3. 위치와 방향에 따른 집의 모습을 여러 가지 방법으로 나타내 본다.

활동자료

활동지, 연필, 지우개

활동방법

[도입]

1. 그림책에 나오는 집을 다양한 위치, 방향에서 관찰한다.
    - 앞에서 볼 때의 집 모양은 어떠니?
    - 위에서 볼 때의 집 모양은 어떠니?
    - 왜 다르게 보일까?
2. 집에 나타난 다양한 입체도형을 알아본다.
    - 정사각형을 입체적으로 보면 어떠니?
    - 원 모양을 입체적으로 보면 어떠니?
3. 우리 집을 입체적으로 그리는 방법에 대해 알아본다.

[전개]

1. 입체로 우리 집을 그려 본다.
   - 앞에서 볼 때 ○○집은 어떤 모양이었니?
   - 위에서 볼 때 집은 어떤 모양이었니?
   - 오른쪽에서 볼 때 집은 어떤 모양이었니?

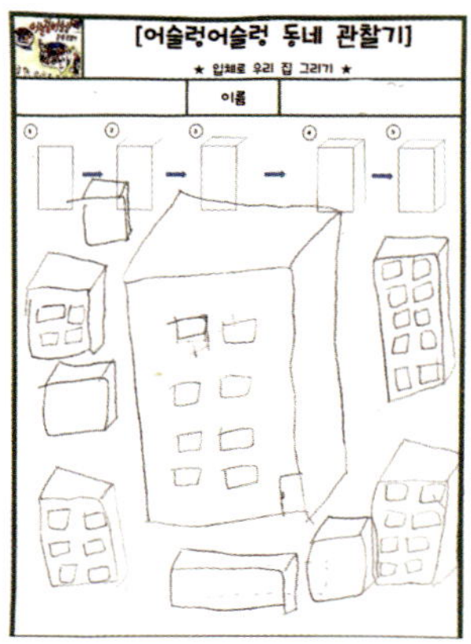

[마무리]

1. '입체로 우리 집 그리기' 활동을 마무리하고 평가한다.
2. 평면으로 그린 집과 입체로 그린 집을 비교해 본다.

확장활동

1. 입체로 그린 우리 집에 나타난 입체도형 이름 알아보기

6-2. 미술영역

동네 사람들 스케치

활동목표

1. 우리 동네를 아끼고 사랑하는 마음을 갖는다.
2. 우리 동네 사람들의 모습을 관찰하고 표현한다.
3. 미술활동으로 자신의 생각과 느낌을 표현한다.

활동자료

클립보드, 도화지, 색연필, 사인펜, 크레파스

활동방법

[도입]

1. 동네 사람들 모습이 담긴 사진을 감상한다.
   - 어떤 사진인 것 같니?
   - 사람들의 모습이 어떤 것 같니?
2. 동네 사람들을 본 경험과 느낌에 대해 이야기 나눈다.
   - 우리 동네 사람들의 모습을 떠올려 볼까?
   - 우리 동네 사람들의 가장 기억에 남았던 모습이 있니?
   - 우리 동네 사람들이 모여 있는 모습을 본 적 있니?

3. ‘동네 사람들 스케치’ 활동 소개 후, 미술도구를 준비해 원 외부로 나간다.
   - 우리가 직접 동네 사람들을 관찰하고 그려 보는 건 어떨까?
   - 어떤 재료가 필요할까?
   - 원 밖으로 나갔을 때 지켜야 할 약속은 무엇이 있을까?

[전개]

1. 동네 사람들의 모습을 관찰한다.
   - 지나가는 사람들의 모습이나 내가 좋아하는 우리 동네 사람들의 모습을 관찰한다.
2. ‘동네 사람들 스케치’ 활동을 한다.

[마무리]

1. 활동을 마무리하고 평가한다.
   - 사람들의 모습을 직접 보고 그린 기분이 어땠니?
   - 어떤 점이 가장 기억에 남았니?
2. 나의 그림을 전시하고 친구들의 그림을 감상한다.

6-3. 언어영역

우리 동네 관찰일지

활동목표

1. 우리 동네에 대해 알아본다.
2. 우리 동네에 대한 자신의 생각, 경험을 글로 표현한다.
3. 탐색, 관찰 등의 방법을 활용해 우리 동네 탐구과정에 관심을 갖고 참여한다.

활동자료

관찰일지 활동지, 연필, 지우개

활동방법

[도입]

1. 우리 동네를 알아본 느낌, 생각을 이야기 나누어 본다.
   - 우리 동네에 있는 기관, 직업, 사람들을 관찰해 본 것을 떠올려 보자.
   - 우리 동네를 관찰하고 알아보고 나니 어떤 생각과 느낌이 들었니?
   - 내가 관찰한 우리 동네 중 가장 기억에 남았던 것은 무엇이니?
2. 관찰일지에 대해 이야기 나누어 본다.
   - 관찰일지란 무엇일까?
   - 관찰일지를 쓰면 어떤 점이 좋을까?
   - 관찰일지에 어떤 것들을 적어야 할까?

3. 활동을 소개하고 관찰일지 작성 방법에 대해 알아본다.
   - 우리 동네의 다양한 관찰 내용을 일지에 써 보자.
   - 가장 먼저 써야 할 것은 무엇일까?

[전개]

1. '우리 동네 관찰일지' 활동을 해 본다.

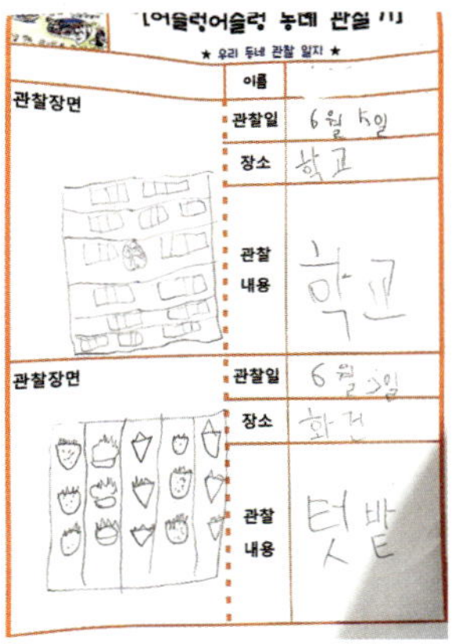

[마무리]

1. 활동을 마무리하고 평가한다.
   - 우리 동네에 대해 관찰일지를 써 보니 어떤 기분과 생각이 들었니?
   - 어떤 점이 즐거웠고 힘들었니?
   - 다음에는 어떤 주제로 관찰일지를 써 보고 싶니?

확장활동

1. 6월 동안 관찰일지 작성 일과를 포함하고 해 보기

6-4. 언어영역

우리 동네 사람들 인터뷰

활동목표

1. 다른 사람의 이야기를 듣고 궁금한 것에 대해 질문한다.
2. 인터뷰 규칙에 따라 차례를 지켜 말한다.
3. 우리 동네를 위해 일하시는 분들께 감사한 마음을 가진다.

활동자료

종이, 연필

활동방법

[도입]

1. 동네를 돌아보기 전에 인터뷰하고 싶은 분들을 생각해 본다.
    - 우리 동네에서 어떤 분을 인터뷰해 보고 싶니?
    - 왜 ㅇㅇ분의 인터뷰를 하고 싶니?
2. 인터뷰할 질문 목록을 만들어 본다.
    - 어떻게 이 일을 하시게 되셨나요?
    - 어떻게 우리 동네에서 일하시게 되셨어요?
    - 일하시면서 가장 기쁠 때, 가장 힘들 때는 언제인가요?

3. 인터뷰를 할 때 지켜야 할 약속에 대해 알아본다.
   - 인터뷰 전에 꼭 인사를 해요.
   - 질문을 할 때는 정중하게 해요.
   - 인터뷰에 응해 주셔서 감사하다는 말씀을 전해요.

[전개]

1. 동네 사람들에게 인터뷰를 한다.
   - 인터뷰 규칙에 따라 차례를 지켜 말한다.
   - 말하는 이의 말을 주의 깊게 듣는다.

[마무리]

1. 인터뷰 활동을 평가해 본다.
   - 인터뷰를 해 보니 어떤 기분이 들었니?
   - 어떤 점이 어렵고 힘들었니?

6-5. 과학영역

동네에서 들을 수 있는 소리를 녹음해요

활동목표

1. 『어슬렁어슬렁 동네 관찰기』 그림책을 통해 주변의 소리에 관심을 가진다.
2. 우리 동네에서 들리는 소리에 주의를 기울이고 녹음해 보며 주의를 기울이면 다양한 소리를 들을 수 있음을 안다.

활동자료

『어슬렁어슬렁 동네 관찰기』 그림책, 녹음기, 교사가 어린이집 주변 등원 길과 하원 길에 녹음한 소리

활동방법

[도입]

1. 『어슬렁어슬렁 동네 관찰기』 그림책에 나오는 소리를 알아본다.
    - 그림책에서 어떤 소리가 나왔는지 기억하니?
    - '삭삭삭'은 무엇에서 들을 수 있는 소리였니?
    - '월월월'은 무엇에서 들을 수 있는 소리였니?
2. 교사가 녹음한 어린이집 주변에서 들을 수 있는 소리를 들어 보며 어디에서 들을 수 있는 소리인지 알아본다.
    - 이 소리는 어디에서 들을 수 있을까?

[전개]

1. 어린이집 등원 길이나 하원 길에 들리는 소리를 녹음한다.
   - 우리 동네에서 어떤 소리를 들을 수 있었니?
2. 유아들이 녹음한 소리를 들으며 무엇의 소리인지 알아본다.
   - ㅇㅇ가 녹음해 온 소리는 무엇에서 들을 수 있는 소리 같니?
3. 유아들이 녹음한 소리를 어디에서 들을 수 있는지 알아본다.
   - ㅇㅇ가 녹음해 온 소리는 어디에서 들을 수 있었니?
4. 우리 동네에서 들을 수 있는 소리이지만 주의를 기울일 때와 기울이지 않을 때 어떻게 다른지 알아본다.
   - ㅇㅇ가 녹음해 온 소리를 들어 본 친구 있니? 언제 들어 보았니? 어디에서 들어 보았니? 만약, 들을 수 없었다면 왜 들을 수 없었을까?

[마무리]

1. 활동을 마무리하고 평가한다.
   - 우리 동네에서 들을 수 있는 소리에는 어떤 것이 있었니?
   - 주의를 기울일 때 들을 수 있는 소리와 주의를 기울이지 않아도 들을 수 있는 소리에는 어떤 것이 있었니?
2. 유아들이 녹음해 온 소리를 과학영역에 두고 유아들이 자유롭게 들으며 주의를 기울일 수 있도록 한다.

6-6. 이야기 나누기

함께 준비하는 시장놀이

활동목표

1. 시장놀이를 계획하는 과정에서 나와 친구의 의견에 차이가 있음을 안다.
2. 시장놀이에 필요한 물건에 대해 안다.
3. 친구와 협동하며 시장놀이를 준비할 수 있다.
4. 시장놀이까지의 기간을 체크하고 달력을 보는 방법에 대해 안다.

활동자료

시장의 모습이 나오는 영상, 달력, 사인펜

활동방법

[도입]

1. 시장의 모습을 떠올리며 이야기 나눈다.
   - 시장에 어떤 가게들이 있었니?
   - 시장에 어떤 사람들이 있었니?
2. 시장놀이에 필요한 물건과 역할에 대해 이야기 나눈다.
   - 우리가 시장놀이를 할 때 어떤 가게들을 열면 좋을까?
   - ㅇㅇ가게를 열기 위해 필요한 준비물은 무엇이 있을까?
   - 우리가 시장놀이를 할 때 어떤 사람들이 있어야 할까?

3. 각 역할에 맞는 모습을 생각해 본다.
   - 손님은 물건을 살 때 잊지 말아야 할 것이 무엇일까?
   - 상인은 손님에게 물건을 팔기 위해 어떤 말을 많이 할까?

[전개]

1. 시장놀이 실행 과정을 정리해 본다.
   ① 교실의 달력에 남은 기간을 표시한다.
   ② 준비물이 구비되면 체크해 준다.
   ③ 남은 기간과 준비물을 상기시켜 준다.

[마무리]

1. 시장놀이 활동에 대해 평가해 본다.
   - 시장놀이를 하면서 어떤 점이 가장 기억에 남았니?
   - 어떤 점이 즐거웠니?
   - 어떤 점이 아쉬웠니?

6-7. 수·조작영역

얼마일까?

활동목표

1. 『어슬렁어슬렁 동네 관찰기』 그림책 읽기를 즐기고 관찰하는 즐거움을 가진다.
2. 물건 가격을 조사하는 과정을 통해 수의 다양한 의미를 알 수 있다.
3. 물건 가격을 조사하는 과정을 통해 물건의 가치를 알 수 있다.

활동자료

시장에서 물건 가격을 조사한 자료, 활동지, 연필, 색연필

활동방법

[도입]

1. 『어슬렁어슬렁 동네 관찰기』 그림책에서 나온 가격표를 보며, 물건값에 대해 알아본다.
    - 그림책에서는 순대 몇 개에 얼마라고 했니?
    - 닭강정은 몇 개에 얼마였니?
2. 시장 또는 마트에서 물건의 가격을 조사한다.

[전개]

1. 물건 가격을 조사한 자료를 보며 물건의 가격을 알아본다.
    - ○○는 어떤 물건의 가격을 조사해 왔니?
    - ○○가 조사한 물건의 가격은 얼마였니?

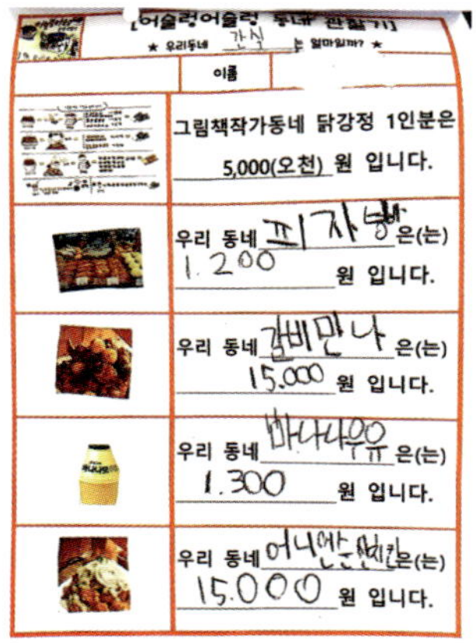

2. 활동지를 보며 조사한 내용을 적는 방법을 알아본다.
    - 그림책에서는 닭강정 1인분은 얼마라고 적혀 있니?
3. 물건의 가격을 조사한 자료를 가지고 활동지에 적는다.

[마무리]

1. 유아들과 활동지를 비교하며 물건의 값을 비교한다.
2. 수는 물건의 값을 나타내는 의미가 있음을 안다.

6-8. 미술영역

우리 동네 간판 꾸미기

활동목표

1. 간판의 필요성과 중요성에 대해 안다.
2. 간판의 다양한 글자 모양과 표기법에 관심을 갖는다.
3. 우리 동네 간판을 다양한 방법으로 표현해 본다.

활동자료

디자인 활동지, 색연필, 사인펜, 우드락, 색종이, 크레파스, 신문지, 리본 끈, 풀, 가위, 송곳

활동방법

[도입]

1. 그림책을 감상하고 그림책에 나오는 간판을 생각해 본다.
    - 그림책에 어떤 간판들이 나왔니?
    - 어떤 가게의 간판이 가장 기억에 남았니?
2. 간판의 필요성과 중요성에 대해 이야기 나눈다.
    - 간판이 있어서 어떤 점이 편리할까?
    - 간판이 없다면 어떨 것 같니?

3. 내가 만들고 싶은 간판에 대해 이야기 나누어 본다.
   - 직접 간판을 만들어 본다면 어떤 가게의 간판을 만들고 싶니?
   - 어떻게 꾸며 보고 싶니?
4. '우리 동네 간판 꾸미기' 활동을 소개하고 방법에 대해 알아본다.

[전개]

1. 우리 동네 간판을 활동지에 디자인한다.
   - 어떤 가게의 간판을 디자인하고 싶니?

2. 디자인한 간판을 보며 '우리 동네 간판 꾸미기' 활동을 한다.
   ① 판(우드락)에 가게의 이름을 쓴다.
   ② 신문지의 글자를 스크랩하거나 다양한 재료를 사용해 간판을 꾸며 준다.
   ③ 간판의 상단에 구멍 두 개를 뚫어 준다.
   ④ 구멍에 리본 끈을 연결해 간판을 걸 수 있도록 한다.

[마무리]

1. 활동을 마무리하고 평가한다.
   - 간판을 만들면서 어떤 점이 가장 재미있었니?
   - 내가 직접 만든 간판을 보니 어떠니?
2. 내가 만든 간판을 친구들에게 소개한다.

확 장 활 동

1. 시장놀이 시 내가 만든 간판을 활용해 가게의 간판으로 사용할 수 있다.

6절 플러스활동

우리 동네 지도 그리기 / 우리 동네에서 볼 수 있는 문

5. 7월 그림책 놀이활동: 『수박 수영장』

『수박 수영장』 안녕달 글 · 그림 / 창비 / 2015	
주제	여름
목표	1. 그림책을 통해 여름 날씨에 따른 생활 변화에 관심을 가진다. 2. 여름철 기후현상에 대해 안다. 3. 여름을 시원하게 지낼 수 있는 방법을 알아본다.
생각 모으기	안녕달, 여름 햇볕, 한창, 뜨거울 때, 수박, 익다, 쩍, 수박 수영장, 개장, 휙, 읏샤. '음, 시원하다', 코코넛 수영장, 아휴, 쯤이면, 옆 동네, 수박씨, 타탁 타닥, 튜브, 고무줄놀이, 빨랫줄, 와, 보인다!, 으갸갸갸, 끼야, 석 석석석석, 아아아아, 쎅!, 뽁, 수박 폭탄, 철퍽, 얍, 악, 받아라, 철퍽철퍽, 붉고 투명한, 수박 물, 뜨거워질 즈음, 구름 장수, 구름 양산, 먹구름 샤워, 인기, 올해, 미끄럼틀, 할아버지, 이만큼, 빠른, 푹, 싹, 간다아, 퍽, 어느덧, 저 너머, 세상의 색, 문을 닫습니다, 내년, 또 열리다

『수박 수영장』 그림책 놀이활동을 시작하기 전

『수박 수영장』은 햇볕이 쨍쨍 내리쬐는 무더운 여름에 잘 익은 커다란 수박이 '쩍' 갈라지고 수박 수영장이 개장하며 이야기가 시작됩니다. 쩍, 휙, 읏샤, 타닥타악, 으갸갸갸, 끼야, 석, 석, 철퍽, 푹, 싹 등 실감 나는 의태어와 의성어는 그림책의 재미를 한층 더 이끌어 냅니다. 쩌억 벌어진 수박 속의 수박씨를 덜어 내고, 길다란 사다리를 타고 올라가 수박 수영장 속으로 풍덩! 나이, 성별을 뛰어넘어 모두가 즐겁게 어우러지는 공간입니다. 구름 장수의 구름 양산과 먹구름 샤워가 있고, 할아버지가 만들어 주는 수박 미끄럼틀이 있어요. 하루 종일 수박 수영장에서 신나게 놀다 보면 어느덧 해 질 녘이 되고 세상의 색이 지고 나면 집에 갈 시간이 됩니다. 수박 수영장은 더운 여름을 모두가 함께 즐길 수 있는 계절로 그리고 있으며, 유아들에게 재미있는 상상력과 따뜻한 감성을 심어 주는 책이에요. 무더운 여름에 즐거운 상상을 하며, 친구들, 가족과 함께 여름철에 할 수 있는 다양한 그림책 놀이, 여름 활동을 하고자 합니다.

주		1주	2주	3주	4주
소주제		여름 날씨와 생활	시원한 여름	안전한 여름	여름철 놀이
자유놀이	쌓기영역	수영장 쌓기	시원한 바닷가	휴가철 고속도로	캠핑장 구성하기
	역할영역	수박 농사를 지어요	여름 가게 놀이	여름 휴가를 떠나요	수박 수영장
	미술영역	수박 북 아트 여름 풍경 그리기	수박 무늬 디자인 콘테스트 (옷, 가방, 액세서리, 장난감)	안전판 만들기 방학계획안	수박 수영장에서 함께 놀고 싶어요 (친구 인형 만들기)
	언어영역	〈읽기, 쓰기〉 내가 만든 그림책 그림책 사전 만들기 〈듣기, 말하기〉 이전 경험 말하기	〈읽기, 쓰기〉 여름 문장 만들기 생각에 꼬리 물기 〈듣기, 말하기〉 여름철에 나는 소리	〈읽기, 쓰기〉 여름철 안전수칙 우리 집 주소, 전화번호 〈듣기, 말하기〉 멈추기, 생각하기, 도와주세요!	〈읽기, 쓰기〉 여름철 놀이 나는 상상놀이 대장 〈듣기, 말하기〉 전화놀이
	수 · 조작영역	〈수〉 수박 씨앗 수 어림하기 〈조작〉 젓가락으로 수박씨 옮기기	〈수〉 수박 카드 패턴 놀이 〈조작〉 수박 수영장 바느질	〈수〉 위, 아래, 옆에서 다르게 보여요 〈조작〉 그림책 퍼즐	〈수〉 우리 반이 좋아하는 여름 놀이 장소 〈조작〉 알록달록 수영장 : 라이트테이블 활용
	과학영역	그림책 탐색	거리에 따라 색깔이 달라요	구름 만들기	물에 뜨는 것과 가라앉는 것
	음률영역	〈음률〉 「커다란 수박」 〈동작〉 수박이 커졌어요!	〈음률〉 바다 소리 연주하기 〈동작〉 바다를 표현해요	〈음률〉 「즐거운 여름」 〈동작〉 물고기 잡기	〈음률〉 아카펠라 〈동작〉 수영해요
	신체영역	누워 있는 사다리 오르기	백업 림보	그림자놀이	튜브 통과해서 돌아오기
대 · 소집단 활동 (이야기 나누기 동화 · 동시 미술 음률 신체 · 게임 요리 · 과학)		〈이야기 나누기〉 수박밭 현장 견학 (사전 · 사후활동) 여름 날씨와 생활 협동작품: 책 속의 책 만들기 (입체 책 북 아트)	〈이야기 나누기〉 시원한 여름을 보내는 방법 시원한 여름을 위한 물건	〈이야기 나누기〉 여름철에 일어날 수 있는 일 미아 방지, 물놀이 안전수칙	〈이야기 나누기〉 여름철에 하고 싶은 놀이 내가 만약 ○○ 수영장에 간다면
		〈미술〉 협동작품: 커다란 수박밭	〈미술〉 협동작품 : 그러데이션 바다 꾸미기	〈미술〉 안전 포스터 그리기	〈미술〉 협동작품: 수박 수영장
		〈관련 그림책〉 『파도야 놀자』, 『수영장 가는 길』, 『할머니의 여름휴가』, 『여름을 주웠어』, 『스티나의 여름』, 『수박이 먹고 싶으면』, 『동그란 바다』, 『수잔네의 여름』, 『심심해서 그랬어』, 『마법의 여름, 여름 가을 겨울 봄 그리고 다시 여름』, 『여름 산 아이 플루리나』, 『나의 여름』			
		〈과학〉 습도와 온도, 아이스크림 만들기			
		〈요리〉 수박으로 만드는 요리(수박화채, 수박 김치, 수박 주스, 수박 아이스크림)			
		〈사회관계〉 여름철에 우리를 도와주시는 분들(여름철 농사하시는 분들, 여름철 시설관리자, 여름철 생활기관과 공공기관)			
		〈가정연계〉 가족과 함께할 수 있는 수박 요리			

7월 그림책 놀이활동 한눈에 보기(수박 수영장)

그림책 놀이활동 시작	교사 지원	그림책 놀이활동 흐름
• 수박밭을 다녀와서 경험을 나누는 유아들 • 『수박 수영장』 제목에 흥미를 가짐	• 환경: 교실의 모든 공간을 활용하여 수박과 관련된 놀이를 할 수 있도록 지원 • 자료: 수박 수영장 놀이를 우한 실물 · 평면 · 입체 자료를 제공	• 그림책을 통해 상상한 것을 교실 내에서 실천해 볼 수 있는 놀이를 진행 • 여름철 과일과 날씨를 알아보고 여름철 놀이를 실제로 계획하고 실행

* 놀이 흐름도

놀이활동 시작

수박밭을 다녀온 경험을 나누는 유아들.
"내 수박은 이만~ 했어."
"수박 맛있었지?"
"수박은 너무 무거워."
"수박밭에 또 가고 싶다."

교사 지원

『수박 수영장』 그림책 소개

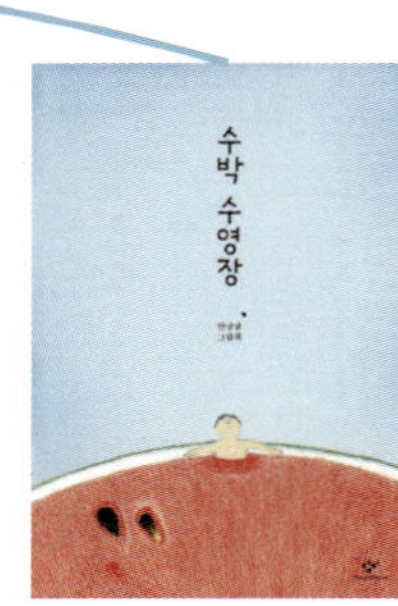

놀이활동 흐름

수박 수영장에서 여름을 즐기는 그림책 내용에 관심을 가지며 환경으로 꾸민 수박 벽화 아래 블록으로 수영장을 만든다.

놀이활동 흐름

유아들은 함께 수박 수영장을 만들고
풍선으로 수박도 만들며
우리 반 수박 수영장을 완성해 간다.

교사 지원

수박 수영장과 수박을
만들어 볼 수 있도록
자료 지원

놀이활동 확장

완성된 수박 수영장에서 여름놀이를 즐기는 유아들.

7-1. 과학영역

구름 만들기

활동목표

1. 『수박 수영장』 그림책에서 구름 관찰을 통해 구름에 관심을 가진다.
2. 구름이 어떻게 생겨나는지 알 수 있다.
3. 구름을 만들어 보는 과정을 통해 물질의 변화를 경험한다.

활동자료

『수박 수영장』 그림책, 드라이아이스, 부직포 팩, 집게, 장갑, 컵, 물, 비닐봉지

활동방법

[도입]

1. 『수박 수영장』 그림책을 탐색하며 구름 장수가 나오는 장면을 회상한다.
   - 햇볕이 쨍쨍 내리쬘 때 누가 나타났니? 사람들에게 어떤 도움을 주었니?
2. 구름을 어떻게 만들 수 있는지 이야기 나눈다.

[전개]

1. 드라이아이스를 부직포 팩에 넣어 직접 손이 닿지 않도록 준비하며, 드라이아이스를 다루기 전 주의할 점에 대해 이야기 나눈다.
   - 드라이아이스를 다룰 때 어떤 점을 조심해야 할까?
     (※ 드라이아이스를 손으로 직접 만지지 않도록 안내한다.)

2. 장갑을 끼고 드라이아이스를 비커 안에 넣고 흰 연기가 나오는 것을 관찰한다.
   - 흰 연기는 무엇일까?
   - 흰 연기가 어떻게 되고 있니?
3. 드라이아이스가 들어 있는 컵에 물을 부은 후 관찰하며, 흰 연기로 구름 양산을 만들 수 있는 방법에 대해 이야기 나눈다.
   - 물을 부으니 어떻게 되었니?

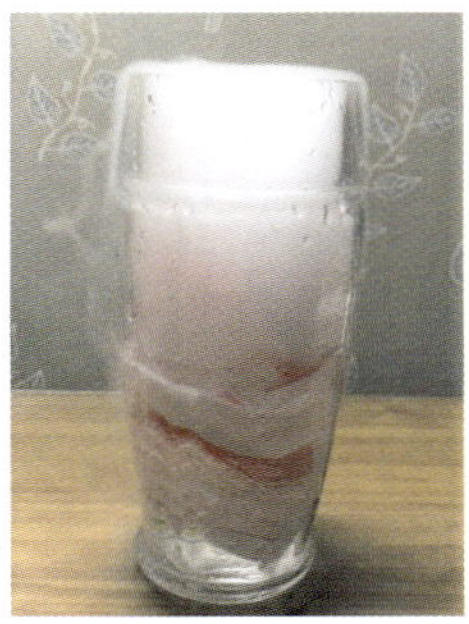

   - 그림책에 나오는 것처럼 흰 연기로 양산을 만들 수 있을까?
4. 비닐봉지에 흰 연기를 모은다.

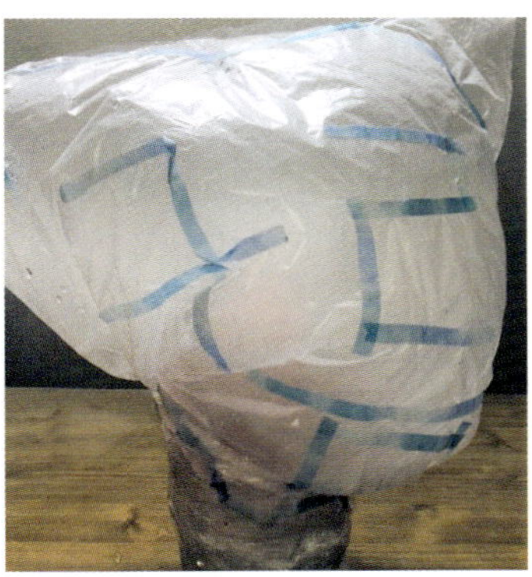

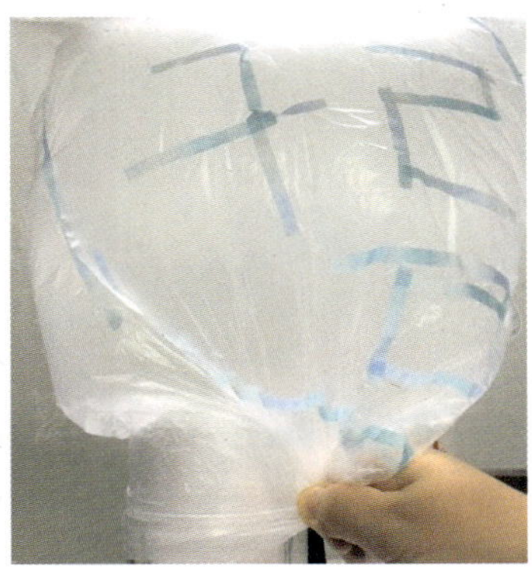

[마무리]

1. 활동을 마무리하고 평가한다.
   - 드라이아이스로 무엇을 만들 수 있었니? 드라이아이스가 혼자 있을 때와 물에 들어갔을 때 어떤 점이 달랐니? 왜 그럴까?
   - 흰 연기를 어떻게 담을 수 있었니?

7-2. 수·조작영역

수박 씨앗 수 어림하기

활동목표

1. 『수박 수영장』 그림책을 통해 상상의 즐거움을 안다.
2. 수 어림하기 활동을 통해 어림하여 세기의 장점을 알 수 있다.
3. 수 어림하기 활동을 통해 수감각을 키운다.

활동자료

『수박 수영장』 그림책, 수박씨, 어림하기 활동지, 연필, 색연필

활동방법

[도입]

1. 『수박 수영장』 그림책을 보며 수박씨가 나오는 장면을 회상한다.
   - 그림책에서 작년에는 수박씨가 너무 많아 수영하기가 어렵다고 했었던 장면 기억나니?
   - 수박씨가 얼마나 많았을까?

[전개]

1. 『수박 수영장』 그림책에서 수박씨가 많은 장면을 보며 수를 어림해 본다.
   - 수박 수영장에 수박씨가 있네? 몇 개 정도 있는 것 같니?
2. 그림책의 수박 수영장에서 수영을 하는 장면의 수박씨 수를 세어 본다.
   - 몇 개의 수박씨가 있니?
   - 수박씨를 어림했을 때와 직접 세어 봤을 때 수가 얼마만큼 차이가 나니?
3. 손으로 집은 수박씨가 몇 개쯤인지 어림해 본 후 세어 보고 활동지에 색칠하고 그만큼의 수를 적는다.
4. 수 어림하기의 장점과 단점을 안다.
   - 어림했을 때와 직접 수박씨를 세었을 때 어느 것이 더 빠르게 셀 수 있었니?
   - 어림했을 때와 직접 수박씨를 세었을 때 어느 것이 더 정확했니?

[마무리]

1. 활동을 마무리하고 어림하기 활동에 대해 평가한다.
   - 수 어림하기는 어떤 점이 좋은 것 같니?

확 장 활 동

1. 접시에 담긴 수박씨를 어림한 후, 젓가락으로 세어 본다.

7-3. 쌓기영역

수영장 쌓기

활동목표

1. 다양한 블록을 이용하여 수박 수영장을 구성해 본다.
2. 친구들과 협동하여 쌓기 놀이를 한다.

활동자료

수박 사진이나 그림, 다양한 블록

활동방법

[도입]

1. 수박 수영장을 상상해 보고 이야기 나눈다.
   - 수박 수영장은 어떤 모양으로 생겼을까?
   - 수박 수영장에 어떤 것들이 있으면 좋을까?
2. 수영장을 어떻게 구성할지 이야기 나눈다.
   - 블록을 이용하여 수박 수영장을 어떻게 만들어야 할까?
   - 다이빙 대는 무엇으로 만들면 좋을까?
   - 미끄럼틀은 어디에 만들면 좋을까?

[전개]

1. '수영장 쌓기' 활동을 한다.
   - 수박 사진, 수박 그림을 코팅해서 배치해 준다.
   - 사진이나 그림을 보며 수박 수영장을 구성해 본다.

[마무리]

1. 활동을 마무리하고 평가한다.
   - 수박 수영장을 만들어 보니 어떤 기분이 들었니?
   - 어떤 점이 가장 어려웠니?
   - 수박 수영장을 활용해서 어떤 놀이를 하면 좋을까?

확장활동

1. 수박 수영장을 활용하여 역할놀이를 해 본다.

7-4. 역할영역

수박 수영장

활동목표

1. 등장인물의 말과 행동을 상황에 따라 적절하게 표현한다.
2. 소품, 배경, 의상 등을 사용하여 협동적으로 극 놀이를 한다.
3. 친구와 즐겁게 활동한다.

활동자료

『수박 수영장』 그림책, 다양한 소품 (튜브, 밀짚모자, 물 공), 역할 머리띠

활동방법

[도입]

1. 『수박 수영장』 그림책에 대한 생각과 느낌을 이야기 나눈다.
   - 그림책에서 가장 기억에 남았던 것은 무엇이니?
   - 수박 수영장에 직접 가 본다면 어떨 것 같니?
2. '수박 수영장' 활동을 소개하고 역할을 나눈다.
   - 오늘은 '수박 수영장' 활동을 해 보자.
   - 우리 반 친구들이 그림책에 나오는 등장인물이 되어 극 놀이를 해 보자.
   - 그림책에 나오는 등장인물에는 누가 있었니?
   - 할아버지는 어떻게 하면 좋을까?

3. 극 놀이를 위한 수박 수영장을 꾸며 본다(쌓기영역 '수영장 쌓기' 활동과 연계).
   - 수박 수영장의 미끄럼틀은 무엇으로 만들 수 있을까?
   - 계단은 어디에 두면 좋을까?

[전개]

1. 수박 수영장 극놀이 활동을 한다.
2. 역할을 바꾸어 활동해 본다.
   - 어떤 역할을 해 보고 싶니?
   - 왜 그 역할을 해 보고 싶니?
   - 아이와 할아버지는 어떤 점이 다른 것 같니?

[마무리]

1. 활동을 마무리하고 평가한다.
   - 친구들이 할아버지가 되어 보니 그림책 속 할아버지와 어떤 점이 달랐니?
   - 그림책의 주인공이 되어 보니 기분이 어땠니?

7-5. 미술영역

수박 무늬 디자인 콘테스트

활동목표

1. 수박의 생김새, 무늬의 특징에 관심을 갖는다.
2. 수박 무늬를 통해 창의적으로 디자인해 볼 수 있다.
3. 미술활동에 필요한 재료와 도구에 관심을 가지고 사용한다.

활동자료

무지 가방, 양말, 티셔츠, 모자, 물감, 연필

활동방법

[도입]

1. 수박 사진을 감상하며 무늬의 생김새에 대해 이야기 나눈다.
   - 수박마다 어떤 무늬를 가지고 있니?
   - 수박의 무늬를 자세히 살펴보자. 어떤 모양이니?
   - 수박 무늬를 보고 생각나는 것이 있니?
2. 수박 무늬로 만들고 싶은 것을 이야기한다.
   - 너희가 디자이너가 된다면 수박 무늬로 어떤 것을 만들고 싶니?
   - 왜 ㅇㅇ을 만들고 싶니?

3. 활동을 소개하고 계획한다.
    - 수박 무늬 디자인 콘테스트 활동을 해 보면 어떨까?
    - 그리고 싶은 것을 그리고 그 위에 수박 무늬로 꾸며 보자.
    - 어떤 재료가 필요할까?

[전개]

1. 수박 무늬 디자인 활동을 한다.
    - ○○는 가방에 수박 무늬를 그려 줬구나.
    - 수박 무늬를 양말에 그리니까 얼룩말 발 같네.

[마무리]

1. 활동을 마무리하고 평가한다.
    - 수박 무늬로 꾸며 보니 어땠니?
2. 유아들의 수박 무늬 디자인 그림을 전시한다.

7-6. 언어영역

여름 문장 만들기

활동목표

1. 단어가 모여 문장이 이루어지는 것을 안다.
2. 여름과 관련된 다양한 물건, 음식의 이름을 읽고 쓸 수 있다.
3. 활동에 즐겁게 참여한다.

활동자료

『수박 수영장』 그림책, 종이, 연필, 지우개

활동방법

[도입]

1. '여름' 하면 생각나는 것에 대해 이야기 나눈다.
   - '여름' 하면 생각나는 것들이 있니?
   - 왜 ○○○가 생각났니?
2. '여름 문장 만들기' 활동을 소개하고 계획한다.
   - '여름 문장 만들기' 활동을 해 보자.
   - 여름에 생각나는 다양한 음식, 물건의 이름을 연결하여 문장을 만들어 보자.

[전개]

1. 여름과 관련된 단어들을 연결해서 문장을 만들어 본다.
2. 릴레이식으로 문장으로 이어서 만들어 본다.
   - 유아 1: 무더운 여름이 되었습니다.
   - 유아 2: 여름에는 비가 오랫동안 내리는 장마가 옵니다.
   - 유아 3: 장마가 올 때는 장화와 우산이 필요합니다.
3. 완성된 글을 읽고 의미에 대해 이야기 나눈다.

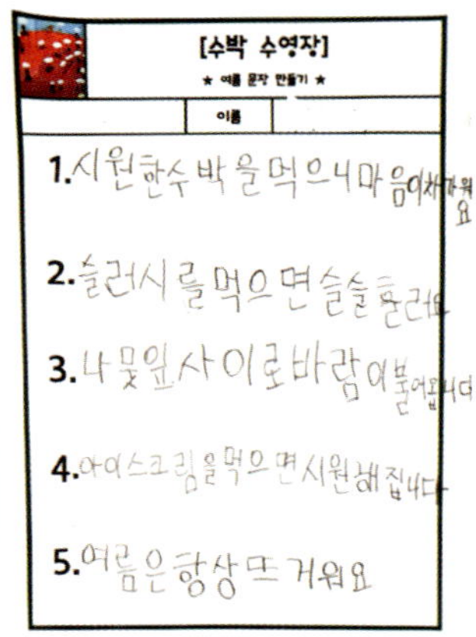

[마무리]

1. 활동을 평가하고 마무리한다.
   - 여름에 생각나는 것들의 단어를 모아 문장을 만들어 보았어. 어떤 점이 즐거웠니?
   - 다음에는 어떤 단어들을 모아 문장을 만들어 보면 좋겠니?

7-7. 음률영역

아카펠라

활동목표

1. 『수박 수영장』 그림책을 통해 소리와 몸짓을 표현하는 말을 알 수 있다.
2. 의성어와 의태어로 아카펠라를 경험해 본다.
3. 박자감각과 리듬감각을 키운다.

활동자료

노래판, 의성어 · 의태어 카드

활동방법

[도입]

1. 소리나 몸짓을 표현하는 말에 대해 소개한다.
   - 선생님이 박수를 치면 어떤 소리가 나니? 입으로 소리를 내서 표현해 볼까?
   - 방귀 소리는 어떻게 입으로 소리를 내서 표현하니?
2. 그림책을 보며 소리나 몸짓을 표현한 말에는 어떤 것이 있는지 찾아본다.
   - 그림책에서는 소리나 몸짓을 어떤 말로 표현했니?
3. 아카펠라에 대해 소개한다.
   - 반주 없이 입에서 나오는 소리만으로 노래하는 것을 '아카펠라'라고 한단다.

[전개]

1. 그림책에서 보았던 의성어 · 의태어 카드를 소개한다.
   - 그림에서 수박이 갈라지는 소리를 어떻게 표현했니? 카드를 읽어 볼까?

쩍	타닥타닥
쏙	석석
휙	석석석
뽁	썩!

철벅	철벅철벅
싹~	타닥타닥타닥
퍽	석석석석
뽁	푹

2. 지난 시간에 배운 「커다란 수박」, 「즐거운 여름」 멜로디에 의성어 · 의태어 카드로 노랫말을 정한다.
   - '커다란 수박 하나 잘 익었나 통통통~' 이 부분은 어떤 카드가 어울릴까?
3. 의성어 · 의태어 카드로 완성된 노랫말을 멜로디에 맞춰 부른다.
4. 각자 파트를 나누어 여러 의성어를 소리 내며 아카펠라를 경험한다.
   - ㅇㅇ모둠은 어떤 카드에 있는 소리를 낼까? ㅁㅁ모둠은 어떤 카드에 있는 소리를 낼까?
   - 자신의 모둠이 맡은 소리로 아카펠라를 해 보자.

[마무리]

1. 활동을 마무리하고 평가한다.
   - 그림책에 나오는 의성어와 의태어로 노랫말을 대신해 불러 보니 어땠니?
   - 우리의 목소리로만 노래를 해 보니 어땠니?

확장활동

1. 의성어 · 의태어를 몸을 두드리거나 부딪쳐 비슷한 소리를 만들어 보며 연주하는 활동으로 확장할 수 있다.

7월 플러스활동

바다를 표현해요

수박 아이스크림

누워 있는 사다리 오르기

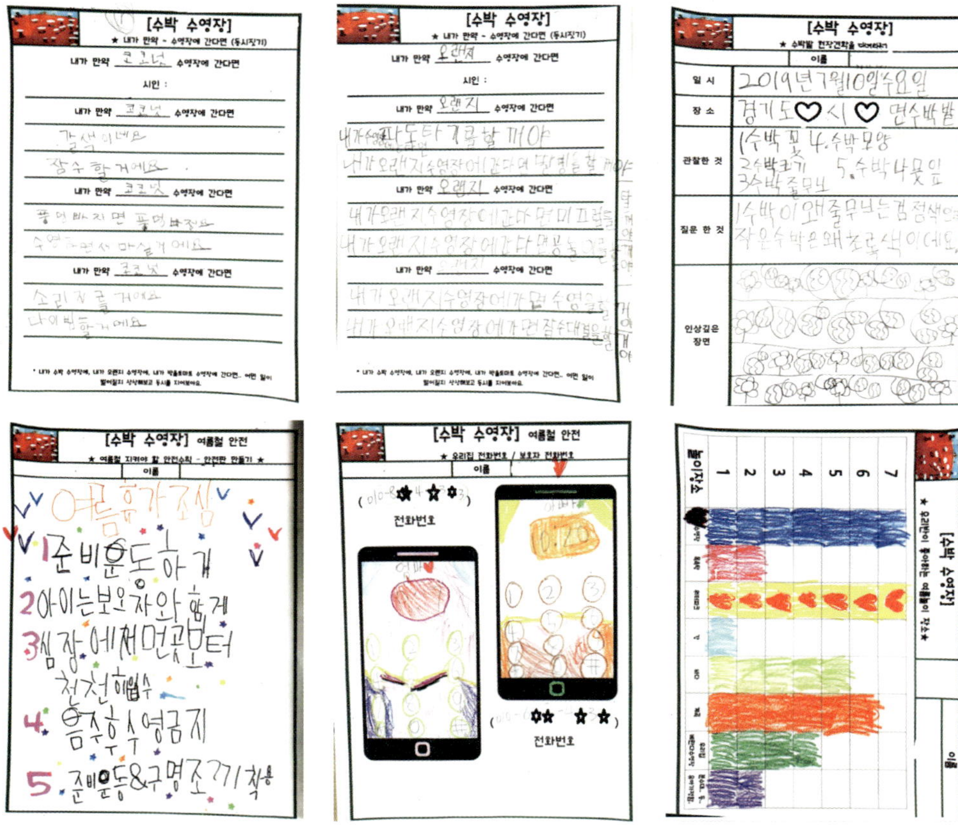

동시 짓기 / 수박밭 현장 견학 / 여름 안전수칙 / 보호자 전화번호 / 우리 반이 좋아하는 여름철 놀이

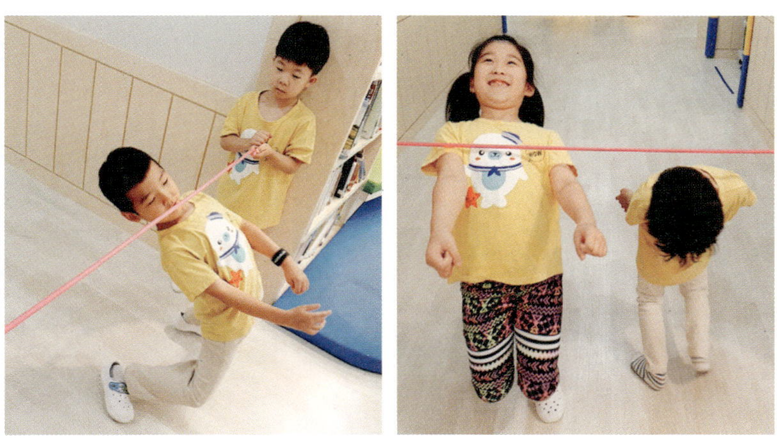

백업 림보

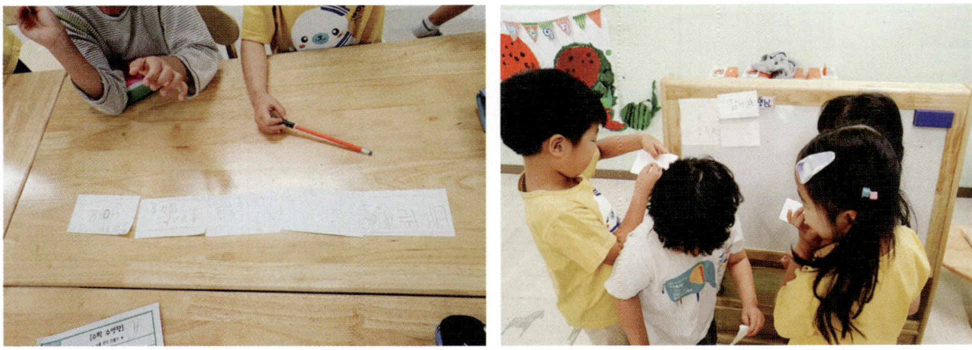

생각에 꼬리 물기

알록달록 수영장

그러데이션 바다 꾸미기

수박 수영장

6. 8월 그림책 놀이활동: 『고무신 기차』

『고무신 기차』 이춘희 글 · 박지훈 그림 / 사파리 / 2011	
주제	교통기관
목표	1. 그림책을 통해 다양한 교통기관을 알아본다. 2. 교통기관의 변천과정을 알아본다. 3. 교통질서를 지키며, 안전한 교통 생활을 한다.
생각 모으기	치~익 폭 칙칙폭폭, 기차, 강마을, 모래 쌓기, 꽁무니, 한참, 외가, 오빠, 한 짝 고무신, 고무신 기차, 마술사, 검정 고무신 기차, 앞머리, 모랫길, 기관사, 세상에서 제일 멋진, 조수, 끼익, 덜컥, 자갈밭, 걱정, 구부려서, 요렇게, 손놀림, 운전기사님, 트럭, 짜자잔, 최고, 새하얀 고무신, 숯 검댕이, 고물, 불끈, 콱, 꽈당, 울상, 싸우지 마, 화가 나다, 다 같이, 미안해, 쑥스러운 듯, 합쳐서, 부릉부릉 부르~릉~, 붕 붕 부릉~, 울퉁불퉁, 쌩쌩, 꽃고무신, 강물, 꽃신 배, 둥둥둥, 선장, 노 젓는, 고기떼, 첨벙첨벙, 버들붕어, 각시붕어, 금빛 놀, 보고 싶구나, 모래 펄

『고무신 기차』 그림책 놀이활동을 시작하기 전

오늘날 실물과 똑같은 장난감을 접하는 아이들은 예전 장난감이 없던 시절을 이해하지 못합니다. 『고무신 기차』에서는 장난감이 없던 시절 고무신이 기차, 트럭, 배가 되어 아이들을 꿈과 환상의 나라로 데려다주는 놀잇감이 되는 것을 볼 수 있습니다. 냇가에서 모래놀이를 하던 남매가 기차를 보며 상상의 나래를 펼치고 있습니다. 신고 있던 고무신을 변신시켜서 기차를 만들고, 역할놀이를 하는 모습은 놀이의 진정한 의미를 되새기게 합니다. 유아기는 사물의 가작화를 통해 기억력과 창의력을 키울 수 있는 시기입니다. 막대기가 유아에게는 말이 되기도 요술 지팡이가 되기도 하지요. 이처럼 반구조적 사물을 유아의 상상력으로 변형시키는 활동은 유아의 상상력과 창의력, 문제해결력을 키울 수 있습니다. 칙칙폭폭, 고무신 기차를 타고 상상의 세계로 떠나는 『고무신 기차』는 과거 아이들의 놀이를 현재 우리 아이 아이들에게 소개하며, 정형화되고 구조적인 놀잇감에서 잠시 벗어나 스스로 생각하고 창조하는 기쁨을 선물해 줄 것입니다.

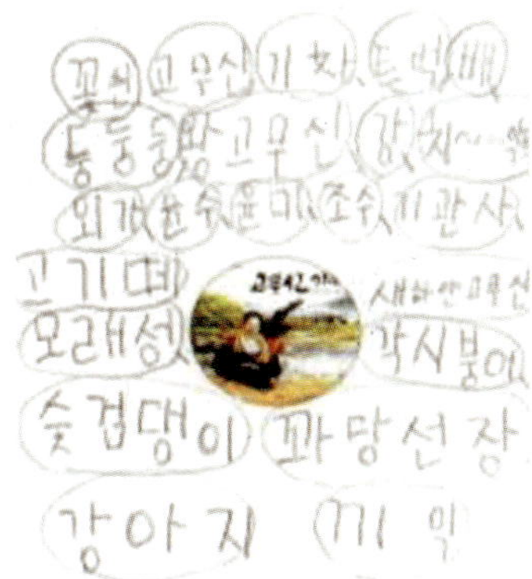

주		1주	2주	3주	4주
소주제		그림책 탐색	다양한 교통기관 (고무신의 변신)	과거, 현재, 미래의 교통기관	안전한 교통생활
자유놀이	쌓기영역	실내화 쌓기 (가로 · 세로)	도로 구성하기 쌓기나무로 만든 교통기관	주차장, 교통기관	안전교통나라 (도로, 신호등 구성하기)
	역할영역	고무신 기차놀이	여행을 떠나요 (모래성놀이, 찰흙놀이)	과거 교통나라 미래 교통나라	타임머신 타고 여행을 가요
	미술영역	내 고무신을 꾸며요 실내화 디자이너	풍경화 그리기	미래 교통기관 디자인	재활용품 교통나라
	언어영역	〈읽기, 쓰기〉 기차 끝말잇기 큰따옴표 말놀이 〈듣기, 말하기〉 기차 여행을 해 보았어요 자동차 여행을 해 보았어요	〈읽기, 쓰기〉 '고무신 기차' 오행시 짓기 〈듣기, 말하기〉 기차 풍경과 소리	〈읽기, 쓰기〉 교통기관 종류 내가 만드는 교통기관 이름 짓기 〈듣기, 말하기〉 교통기관 사다리 게임 과거(미래)로 여행을 간다면	〈읽기, 쓰기〉 교통안전수칙 안전을 위한 한마디 〈듣기, 말하기〉 교통안전 이야기 전달
	수 · 조작영역	〈수〉 바퀴는 모두 몇 개? 〈조작〉 고무신 교통기관(패턴)	〈수〉 짝꿍 찾기 신발 한 짝, 배 한 척(단위) 〈조작〉 고무신으로 만드는 교통기관	〈수〉 위, 아래, 옆에서 다르게 보여요 속도가 무엇일까? 〈조작〉 칠교로 만드는 교통기관	〈수〉 우리 반이 좋아하는 교통기관 〈조작〉 아크릴 도형으로 만드는 교통기관: 라이트테이블 활용
	과학영역	그림책 탐색	경사로에 교통기관을 굴려요	교통기관이 다니는 길	우리 동네 교통 표지판
	음률영역	〈음률〉 고무신으로 만든 소리로 연주해요 〈동작〉 칙칙폭폭 기차 천 놀이	〈음률〉 교통기관에서 들리는 소리 연주하기 〈동작〉 교통기관을 표현해요	〈음률〉 「로켓」 〈동작〉 미래교통기관	〈음률〉 「안전한 세상」 〈동작〉 교통 표지판을 표현해요
	신체영역	멀리뛰기	어느 팀의 교통기관이 빠를까?	높이 더 높이 나는 로켓	미션: '교통 표지판을 지켜라' 릴레이 달리기
대 · 소집단 활동 (이야기 나누기 동화 · 동시 미술 음률 신체 · 게임 요리 · 과학)		〈이야기 나누기〉 고무신 기차 생각 모으기 교통기관 주제망 구성하기	〈이야기 나누기〉 다양한 교통기관 알기 기차에서 일하시는 분들	〈이야기 나누기〉 과거 교통기관/현재 교통기관 미래 교통기관: 친환경교통기관	〈이야기 나누기〉 안전한 교통기관 교통안전 캠페인
		〈미술〉 협동작품: 고무신 기차	〈미술〉 협동작품 : 세상에서 가장 큰 교통나라	〈미술〉 미래 교통기관 발명품	〈미술〉 안전 피켓 그리기
		〈관련 그림책〉『국시꼬랭이』, 『책보』, 『풀싸움』, 『아카시아 파마』, 『똥 떡』, 『꼴 따먹기』, 『쌈닭』, 『돼지 오줌보 축구』, 『눈다래끼 팔아요』, 『엄마 손은 약손』, 『할머니 제삿날』			
		〈과학〉 교통기관이 다니는 다양한 길(아스팔트, 자갈길, 모랫길, 흙길, 철로, 모노레일, 강물, 바다, 하늘)			
		〈요리〉 추억의 먹거리로 만드는 교통기관: 뽑기(자동차, 배, 비행기), 뻥튀기를 오려서 교통기관을 만들어요			
		〈사회관계〉 민규와 윤수는 왜 싸웠을까?(사건, 원인, 해결방법) 노인정 할머니, 할아버지께 듣는 옛날 교통기관, 교통기관을 움직이는 고마운 분들(기사, 기관사, 비행기 조종사, 항해사 등)			
		〈가정연계〉 부모님이 운전할 수 있는 교통기관 또는 경험해 본 교통기관 조사하기			

8월 그림책 놀이활동 한눈에 보기(고무신 기차)

그림책 놀이활동 시작

- 여름 방학을 지내고 온 유아들이 휴가 동안 타 본 교통기관에 대해 이야기를 나누며 흥미를 가짐

교사 지원

- 환경: 교실과 실외에서 기차놀이를 실행할 수 있도록 허용 · 격려
- 자료: 적목 블록, 고무신, 재활용 실내화, 기차길 도구

그림책 놀이활동 흐름

- 고무신으로 기차를 만들고 다양한 영역에서 놀이를 진행
- 우리 주변의 재활용품으로 교통기관을 재구성하여 놀이를 확장

* 놀이 흐름도

놀이활동 시작

여름 방학을 지내고 온 유아들이 휴가 동안 타 본 교통기관에 대해 관심을 보임.

교사 지원

『고무신 기차』 그림책 소개

놀이활동 흐름 1

그림책을 접한 후 적목 블록으로 다양한 교통기관을 만들어 보는 유아들.

교사 지원

기관차를 만들 수 있는 재료와 고무신 제공

놀이활동 흐름 2

그림책과 같이 고무신으로 교통기관을 만들며 신기해하는 유아들.

놀이활동 확장

고무신에 대한 관심이 유아 자신의 실내화에 옮겨가 실내화를 활용한 놀이로 확장.

우리 주변의 재활용품으로 교통기관을 재구성하여 놀이를 확장.

8-1. 쌓기영역

실내화 쌓기(가로 · 세로)

활동목표

1. 가로 · 세로 모양을 인식하고 차이점을 비교해 본다.
2. 실내화를 사용하여 가로 · 세로 모양을 구성해 본다.
3. 친구와 협동하여 쌓기 활동을 할 수 있다.

활동자료

실내화, 블록

활동방법

[도입]

1. 집에서 가져온 실내화를 모은다. (가정 협조)
2. 가로 · 세로 모양을 알고 우리 교실에 있는 가로 · 세로 모양을 찾아본다.
   - 무엇을 가로 · 세로라고 하는지 알고 있니?
   - 우리 교실에 가로 · 세로로 있는 물건이 있는지 찾아볼까?
3. 활동을 소개하고 활동의 결과를 예측해 본다.
   - 블록과 실내화를 이용해서 가로 · 세로로 쌓아 보면 어떨까?
   - 블록으로 쌓아 본 것과 실내화를 쌓아 본 것은 어떤 점이 다를 것 같니?

[전개]

1. 블록을 이용해 가로 · 세로로 쌓아 본다.
   - 가로로 쌓은 블록과 세로로 쌓은 블록의 다른 점은 무엇이니?
2. 실내화를 가로 · 세로로 쌓아 본다.
   - 실내화를 가로로 쌓은 것과 세로로 쌓은 것의 다른 점은 무엇이니?
3. 실내화 쌓기 게임을 개인별 · 팀별로 해 본다.

[마무리]

1. 활동을 마무리하고 평가한다.
   - 블록을 쌓을 때와 실내화를 쌓을 때 어떤 점이 달랐니?
   - 평평하지 않은 물건을 쌓았을 때 어려운 점은 무엇이었니?
   - 평평하지 않은 물건을 잘 쌓을 수 있는 방법이 있을까?

확장활동

1. 울퉁불퉁한 물건을 가로 또는 세로로 쌓아 보기
2. 평평한 물건을 가로 또는 세로로 쌓아 보기

♣ 연계활동 - 수 '도형의 기초개념 알아보기' 활동 연계

블록을 이용해 가로 또는 세로로 쌓아 보고 입체 모양의 이름과 구조 알기

8-2. 쌓기영역

쌓기나무로 만든 교통기관

활동목표

1. 쌓기나무를 이용해 다양한 교통기관을 구성한다.
2. 입체도형의 경험을 통해 특성을 인식한다.
3. 친구와 협동하여 쌓기 활동을 할 수 있다.

활동자료

쌓기나무블록, 사진기, 이름표, 네임펜

활동방법

[도입]

1. 그림책에 나오는 교통기관을 회상하며, 각 교통기관의 특징에 대해 이야기 나눈다.
    - 그림책에 어떤 교통기관들이 나왔었니?
    - 기차, 트럭, 배는 각각 어떤 모양이니?
    - 트럭과 기차는 바퀴가 있지만 배는 바퀴가 없구나.
2. 활동을 소개하고 계획한다.
    - 교통기관을 쌓기나무로 만들어 보면 어떨까?
    - 기차를 어떻게 연결해 주면 좋을까?
    - 트럭의 바퀴는 어떻게 만들면 좋을까?

[전개]

1. 쌓기나무로 만든 교통기관 활동을 한다.
2. 완성된 교통기관의 사진을 찍고 교통기관 이름을 적어 준다.
3. 사진을 전시한다.

[마무리]

1. 활동을 마무리하고 평가한다.
    - 쌓기나무를 이용해 교통기관을 만들어 보니 어땠니?
    - 쌓기나무를 이용해 만들었을 때 어려웠던 점은 무엇이니?
2. 전시한 사진을 감상한다.

8-3. 미술영역

실내화 디자이너

활동목표

1. 다양한 미술 재료를 이용해 실내화를 꾸며 본다.
2. 실내화 재사용을 통해 물건의 소중함을 안다.
3. 미술활동에 즐겁게 참여한다.

활동자료

단색 실내화, 매직펜, 리본, 뽕뽕이, 빨대, 단추, 접착제(글루건)

활동방법

[도입]

1. 작아져서 못 신는 실내화를 준비한다. (가정연계)
2. 작아진 실내화를 어떻게 활용하면 좋을지 이야기 나눈다.
   - 작아져서 못 신는 실내화를 어떻게 하면 좋을까?
3. 실내화 디자이너 활동을 소개한다.
   - 우리가 실내화를 멋지게 디자인해 보면 어떨까?
4. 실내화를 어떻게 디자인할지 구상하고 무늬의 종류를 알아본다.
   - 내 실내화를 어떻게 꾸며 주고 싶니?
   - 다양한 무늬 중 어떤 무늬를 그리고 싶니?

[전개]

1. 실내화 디자이너 활동을 한다.

〈활동방법〉

① 지그재그, 체크, 땡땡이, 줄무늬 등의 무늬를 그린다.

② 다양한 재료를 이용해 실내화를 자유롭게 꾸며 본다.

[마무리]

1. 활동을 마무리하고 평가한다.
   - 실내화 디자인 활동에서 가장 즐거웠던 점은 무엇이니?
   - 신을 수 없게 된 실내화를 활용해 보니 어땠니?

2. 내가 만든 실내화를 전시한다.

8-4. 언어영역

기차 끝말잇기

활동목표

1. 끝말잇기의 규칙을 알고 끝음절과 첫음절이 서로 같은 단어를 찾는다.
2. 다양한 단어를 쓰고 읽을 수 있다.
3. 친구와 협동하며 놀이하는 기쁨을 알고 공동체를 경험한다.

활동자료

기차 끝말잇기 판, 기차 모양의 종이, 바구니, 연필 또는 사인펜

활동방법

[도입]

1. 끝말잇기를 알고 있는지, 해 본 경험이 있는지 이야기 나눈다.
    - 끝말잇기를 해 본 적이 있니? 또는 알고 있니?
2. 활동을 소개하고 방법에 대해 알아본다.
    - 기차 끝말잇기 활동을 해 보자.
    - 기차가 연결되어 다니는 것처럼 단어의 끝나는 말로 시작되는 단어로 연결시키는 거야.

[전개]

1. 기차 끝말잇기 활동을 한다.

〈활동방법〉

① 기차 모양의 종이를 여러 장 준비해 바구니에 넣고 준비한다.

② '기차'를 첫 단어로 적고 시작한다.

③ 기차의 끝말인 차로 시작되는 단어를 적는다.

④ 같은 방식으로 끝말잇기로 기차를 연결해 간다.

2. 시작 단어를 바꿔 끝말잇기를 해 본다.

[마무리]

1. 활동을 마무리하고 평가한다.

- 끝말잇기를 해 보니 어떤 기분이 들었니?
- 끝말잇기를 하면서 어려운 점은 무엇이었니?

8-5. 언어영역

큰따옴표 말놀이

활동목표

1. 큰따옴표 문장부호에 관심을 갖고 의미를 안다.
2. 나의 생각과 말을 글로 나타내고, 글을 읽을 수 있다.
3. 활동에 즐겁게 참여한다.

활동자료

큰따옴표 말놀이 활동지, 연필, 지우개

활동방법

[도입]

1. 그림책의 큰따옴표(“ ”) 안에 적힌 대화를 읽어 본다.
2. 큰따옴표의 의미, 표기법, 사용방법에 대해 이야기한다.
   - 큰따옴표는 어떤 때에 사용할까?
   - 큰따옴표를 왜 사용해야 할까?
   - 만약, 그림책의 큰따옴표 표시가 없이 대화를 한다면 어떨까?
3. 활동을 소개하고 계획한다.
   - 큰따옴표 안에 오빠와 동생의 대화를 채워 줄 수 있겠니?

[전개]

1. '큰따옴표 말놀이' 활동을 한다.

〈활동방법〉

① 그림책 속 큰따옴표 안의 대화를 지우고 활동지로 제시한다.

② 등장인물들의 대화 내용을 상상해 본다.

③ 나만의 대화를 완성해 본다.

2. 내가 쓴 대화를 실감 나게 읽어 본다.

[마무리]

1. 활동을 마무리하고 평가한다.
   - 내가 지어 본 대화를 읽었을 때 기분이 어땠니?
   - 활동을 하면서 어려운 점이 있었니?

8-6. 수·조작영역

바퀴는 모두 몇 개?

활동목표

1. 『고무신 기차』 그림책을 통해 교통기관에 관심을 갖는다.
2. 교통기관 바퀴 수 세기를 통해 기초적인 연산을 할 수 있다.
3. 평면 그림과 입체 물체 간의 관계를 알 수 있다.

활동자료

『고무신 기차』 그림책, 트럭 그림 자료, 트럭 모형, 활동지, 연필, 지우개

활동방법

[도입]

1. 『고무신 기차』 그림책을 보며 교통기관에는 있지만 고무신 트럭에는 없는 것을 퀴즈를 통해 알아본다.
   - 트럭에는 있지만 고무신 트럭에는 없는 것은 무엇일까?
   - 고무신 트럭에는 몇 개의 바퀴가 필요할까?
2. 교통기관 그림 자료를 보며 바퀴의 수를 세어 본다.
   - 이 그림에 있는 트럭에는 모두 몇 개의 바퀴가 있니?
3. 트럭 모형을 보며 바퀴의 수를 세어 본다.
   - 트럭에는 모두 몇 개의 바퀴가 있을까? 그림 속 트럭의 바퀴가 왜 모두 보이지 않을까? 보이지 않는 바퀴는 어디에 있을까?

[전개]

1. 활동지의 그림 자료에서 보이지 않는 바퀴의 수를 유추해 본다.
2. 활동지의 그림 자료 속 트럭에는 몇 개의 바퀴가 있는지 세어 보고, 바퀴 수만큼 숫자를 적는다.
3. 완성한 활동지를 가지고 친구와 서로가 생각한 바퀴의 수를 알아보고 자신의 생각과 비교해 본다.
4. 왜 그렇게 생각했는지 이야기 나눈다.

[마무리]

1. 활동을 마무리하고 평가한다.
   - 그림 자료에서 보이는 바퀴는 모두 몇 개였니?
   - 왜 그렇게 생각했니?
   - 다른 생각을 가진 친구가 있니? 왜 그렇게 생각했니?
   - 활동을 하면서 어려웠던 점은 무엇이니?

유·의·점

평면 그림에는 전체 바퀴 수의 그림이 나오지 않습니다. 뒤쪽에 있는 바퀴를 셀 수 없는 유아를 위해 자동차 장난감을 준비해 주세요.

8-7. 음률영역

고무신으로 만든 소리로 연주해요

활동목표

1. 고무신으로 다양한 소리를 내 본다.
2. 다양한 소리가 모이면 음악이 될 수 있음을 경험해 본다.
3. 박자감각과 리듬감각을 키운다.

활동자료

노래판, 고무신 한 켤레(유아 당)

활동방법

[도입]

1. 고무신으로 어떤 소리를 낼 수 있을지 이야기한다.
   - 우리가 들고 있는 고무신으로 어떤 소리를 낼 수 있을까?
   - 고무신으로 바닥을 치면 어떤 소리가 나니?
   - 고무신을 서로 부딪치면 어떤 소리가 나니?
2. 다양한 소리가 모여 음악이 될 수 있음을 알려 준다.
   - 고무신으로 낼 수 있는 소리에는 어떤 것이 있었니?

[전개]

1. 같은 소리를 내는 유아들을 모아 모둠을 만든다.
   - 첫 번째 모둠은 고무신으로 어떤 소리를 냈지?
   - 두 번째 모둠은 고무신으로 어떤 소리를 낼 수 있니?

2. 노래판을 보며 어떤 부분에 어떤 모둠의 소리가 어울릴지 이야기 나누며, 표기한다.
   - 첫 번째 소절에는 어떤 소리가 어울릴까?
   - 다 같이 연주할 수 있는 소절은 어디로 하면 좋을까?
3. 노래를 부르며 박자와 리듬을 살려 자신이 연주할 부분에 맞춰 연주한다.

[마무리]

1. 활동을 마무리하고 평가한다.
   - 고무신으로 연주를 해 보니 어땠니?
   - 내 맘대로 소리를 낼 때와 노래에 맞춰 소리를 낼 때 어떤 점이 달랐니?

확장활동

1. 다양한 물건으로 난타 연주를 경험해 본다.

8-8. 수·조작영역

속도가 무엇일까?

활동목표

1. 『고무신 기차』 그림책을 통해 교통기관의 속도에 관심을 가진다.
2. 교통기관의 속도를 활용하여 순서 짓기를 할 수 있다.
3. 숫자의 다양한 쓰임을 알 수 있다.

활동자료

『고무신 기차』 그림책, 어린이집 주변 속도 교통 표지판, 과속단속 카메라 사진 자료, 속도 표지판

활동방법

[도입]

1. 『고무신 기차』 그림책 속 교통기관에 대해 알아본다.
   - 그림책에서는 어떤 교통기관이 있었니?
2. 교통기관을 이용하는 이유에 대해 알아본다.
   - 왜 교통기관을 이용하는 걸까? (먼 거리를 빨리 가기 위해)
3. 속도의 개념을 알아본다.
   - 어떤 교통기관이 가장 빨랐니? 어떤 교통기관이 가장 느렸니?
   - '빠르다/느리다'라는 말을 '속도'라고 한단다.

[전개]

1. 유아가 접하는 속도 관련 교통 표지판과 속도를 나타내는 계기판을 알아본다.
   - 이 교통 표지판은 어떤 뜻일까?
   - 교통기관을 이용할 때 어떻게 하라는 것일까?
   - 사진과 똑같이 생긴 것을 본 적 있니?
   - 이 사진은 무슨 뜻일까?

2. 속도를 나타내는 교통 표지판을 보며 빠른 속도와 느린 속도를 알아본다.
   - 이 그림에서 가장 빠른 것은 어떤 것일까? 가장 느린 것은 어떤 것일까?
   - 속도를 나타낼 때 숫자를 사용하는 이유는 무엇일까?
3. 속도 표지판으로 순서 짓기를 한다.
   - 속도 표지판으로 가장 빠른 속도에서 느린 속도 순서로 놓아 볼까?

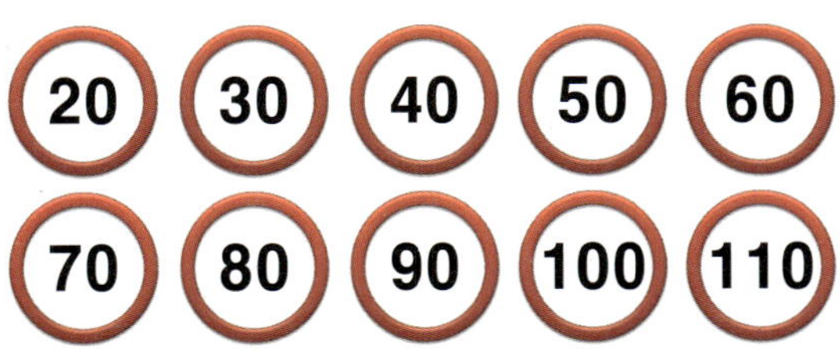

[마무리]

1. 활동을 마무리하고 평가한다.
   - '빠르다'와 '느리다'를 나타내는 말이 무엇이었니?
   - 속도는 어떻게 나타냈니?
   - 속도 교통 표지판을 보면 어떻게 해야 할까?
   - 활동할 때 어려운 점은 없었니? 더 알고 싶은 것은 없니?

8-9. 신체영역

높이 더 높이 나는 로켓

활동목표

1. 『고무신 기차』 그림책을 통해 교통기관에 관심을 가진다.
2. 높이뛰기 활동으로 신체 움직임 조절 능력을 키운다.
3. 신체운동에 자발적으로 참여한다.

활동자료

『고무신 기차』 그림책, 로켓 그림 자료 또는 영상 자료, 5cm 백업, 상자블록

활동방법

[도입]

1. 『고무신 기차』 그림책을 보며 다양한 교통기관에 대해 이야기 나눈다.
   - 그림책에서 고무신으로 어떤 교통기관을 만들었지?
   - 그림책에는 나오지 않았지만 우리가 아는 교통기관은 또 어떤 것이 있을까?
   - 높이 날 수 있는 교통기관에는 어떤 것이 있을까?
   - 우주로 갈 수 있는 교통기관이 있을까? 무엇이라고 부르니?

[전개]

1. 로켓이 되어 높이뛰기를 한다.
   - 로켓이 되면 얼마만큼 높이 뛸 수 있을까?
   - 높이 더 높이 뛰어 보자.
2. 백업으로 높이뛰기대를 만들어 높이뛰기를 한다.

〈높이뛰기 지원 방법〉

① 종이상자블록으로 높이를 조절해서 활동한다.

② 처음엔 종이상자블록 두 장 정도로 낮게 시작하고, 두세 번 반복하여 높이에 익숙해지도록 한다.

③ 높이를 올리면 높이뛰기에 실패하는 경우가 많으므로 교사가 백업을 직접 잡고 유아의 신체능력에 맞게 조절하며 활동한다.

[마무리]

1. 활동을 마무리하고 평가한다.
   - ○○로켓은 얼마만큼 날 수 있었니?
   - 높이뛰기를 하며 어려운 점은 없었니?
   - 어떻게 하면 ○○로켓이 더 높이 뛸 수 있을까?

8절 플러스 활동

오행시 짓기

도로 구성하기

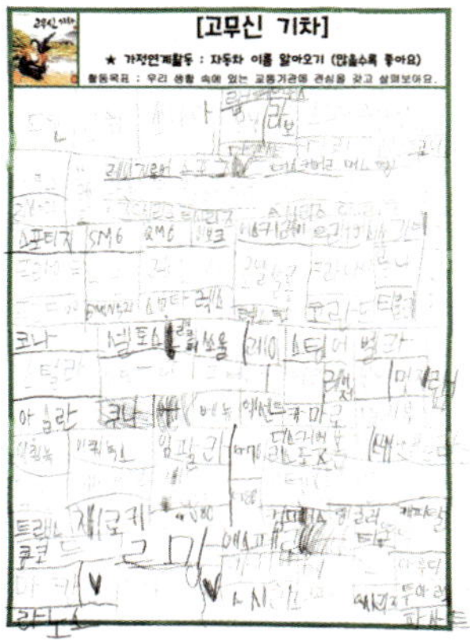
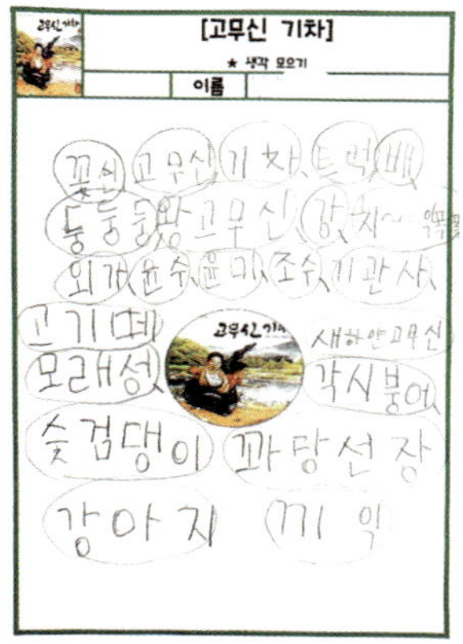
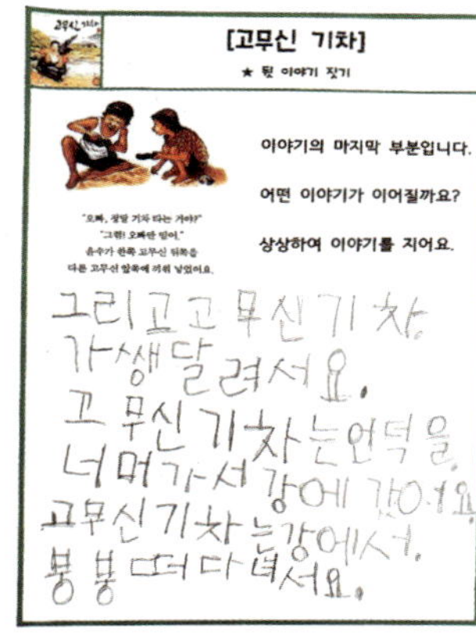
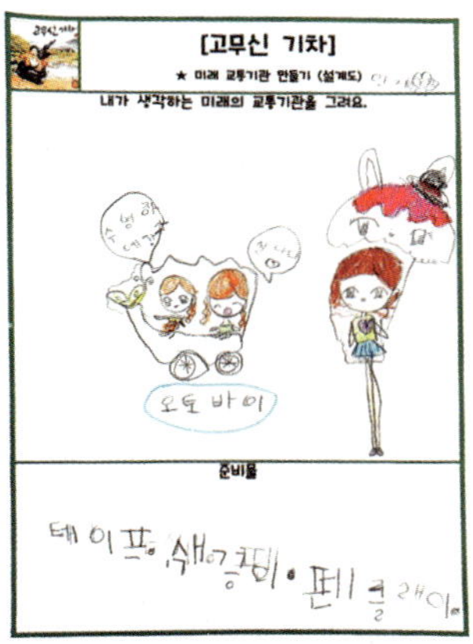
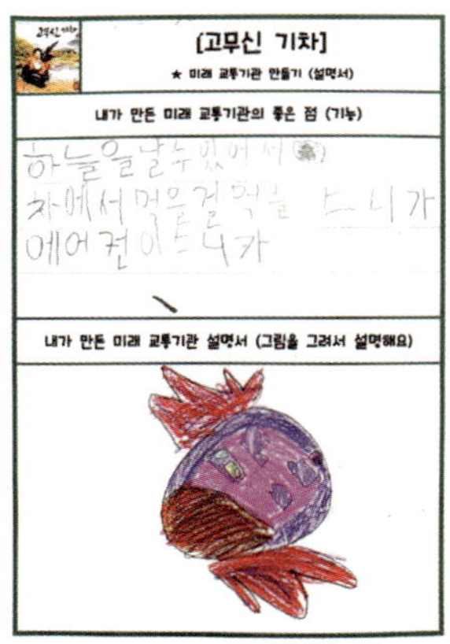
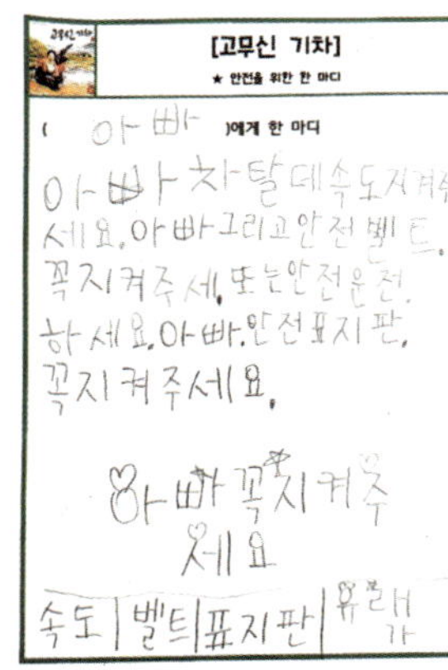

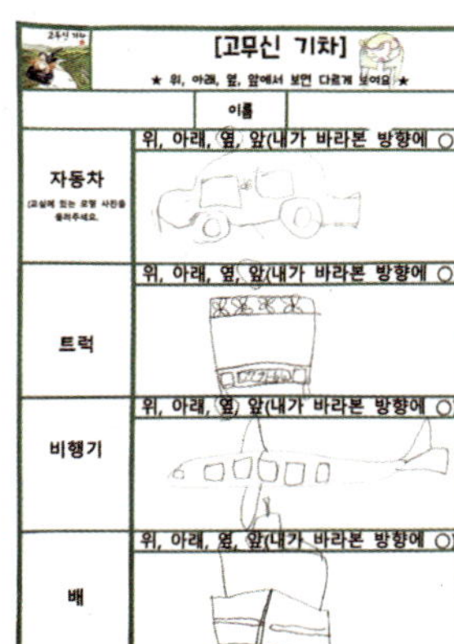

자동차 이름 알아 오기 / 생각 모으기 / 뒷이야기 짓기 / 미래교통기관 디자인 /
안전을 위한 한마디 / 안전책 만들기 / 위, 아래, 옆, 앞에서 본 교통기관

찰흙으로 미래 교통기관 만들기

고무신 교통기관

고무신으로 만드는 교통기관

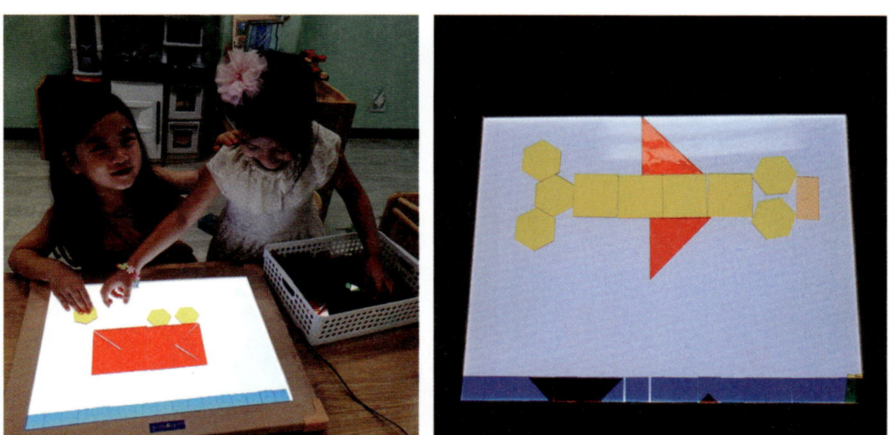

도형으로 만드는 교통기관

7. 9월 그림책 놀이활동: 『시리동동 거미동동』

『시리동동 거미동동』 제주도 꼬리따기 노래 · 권윤덕 고쳐 쓰고 그림 / 창작과 비평사 / 2003	
주제	우리나라
목표	1. 우리나라에 관심을 가지고 제주도를 배경으로 하는 그림책을 탐색해 본다. 2. 제주도에 대해서 알아보고 우리나라의 다른 지역의 생활에 대해서 알아본다. 3. 우리나라의 예술과 문화에 관심을 가지고 자긍심을 가진다.
생각 모으기	제주도, 꼬리따기, 노래, 산, 돌, 바위, 시리동동, 거미동동, 옛날 집, 전통 집, 기와, 벽돌집, 처마, 장독대, 왕거미, 거미줄, 하얗다, 토끼, 하얗다, 큰 토끼, 난다, 까마귀, 꽃, 하늘, 길, 친구, 돌담길, 검다, 크다, 작다, 방파제, 돌하르방, 돌담집, 바다, 억새풀, 바람, 초가집, 바위, 높다, 푸르다, 해녀, 망태, 물질, 물고기, 해조류, 조개류, 깊다, 엄마, 마음, 물안경, 고무신, 대문, 빨래

『시리동동 거미동동』 그림책 놀이활동을 시작하기 전

『시리동동 거미동동』은 '우리 시 그림책 시리즈' 제1권입니다. 시와 그림이 만난 새로운 형식의 그림책으로 우리 시 고유의 정서, 가락이 재미있는 삽화와 함께 표현되어 있습니다. 『시리등동 거미동동』은 제주도 특유의 꼬리따기 노래를 재해석하여 나타낸 것으로 아름다운 제주도 풍경을 바탕으로 해녀인 엄마를 기다리는 아이의 모습이 그려져 있습니다. 표지에서부터 제주도 돌담길과 자연과 벗 삼아 엄마를 기다리는 소녀의 모습이 나옵니다. 제주도의 산, 돌, 거미줄, 토끼, 까마귀, 바위, 하늘, 바다, 엄마로 연결되는 꼬리따기 노래는 하나의 이야기이기도 하면서 노래이기도 하고, 하나의 풍경처럼 느껴지기도 해요. 바다의 색깔과 하늘의 색깔이 시시각각으로 바뀌고, 노을 진 하늘의 색깔이 때로는 강렬하게 때로는 따스하게 아이들의 마음을 감싸 주고 있습니다. 제주도의 여러 풍경과 함께 재미있게 보여 주는 『시리동동 거미동동』 그림책을 통해서 우리나라의 가장 아래쪽에 위치한 제주도에 대해 알아보고, 우리나라 여러 지역의 생활과 문화까지 관심을 넓혀서 살펴보고자 합니다.

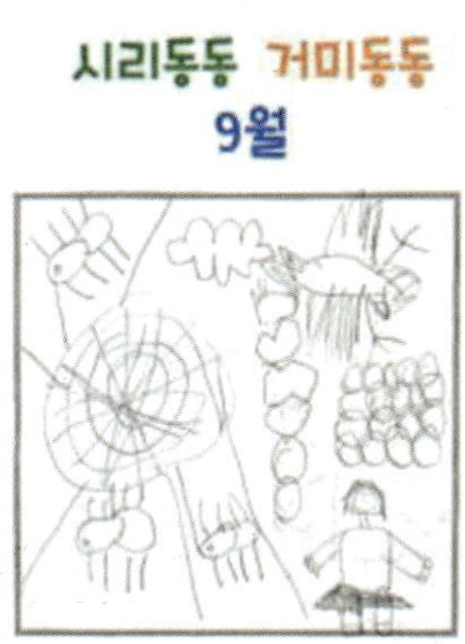

주		1주	2주	3주	4주
소주제		그림책 탐색	제주도 알아보기	우리나라의 지역 · 생활	우리나라 예술과 문화
자유놀이	쌓기영역	제주도 담장을 쌓아요	돌담길을 만들어요	꼬불꼬불 돌담길	탈춤 공연장을 만들어요
자유놀이	역할영역	찰흙 인형 놀이	제주도 해녀 놀이	한복 패션쇼	탈춤을 추어요
자유놀이	미술영역	돌담길 콜라주	제주도 집 그리기	전통 문양 만들기 (종이접기, 꾸미기)	북청 사자를 만들어요 전통 탈 만들기
자유놀이	언어영역	〈읽기, 쓰기〉 『시리동동 거미동동』 이야기 지도 〈듣기, 말하기〉 그림 보고 이야기 꾸미기	〈읽기, 쓰기〉 제주도 책 만들기 〈듣기, 말하기〉 제주도 방언 해 보기 제주도 풍경을 보고 말해요	〈읽기, 쓰기〉 우리나라 지역 이름 〈듣기, 말하기〉 지역마다 말이 달라요	〈읽기, 쓰기〉 우리나라 시조 〈듣기, 말하기〉 옛날이야기 듣기
자유놀이	수 · 조작영역	〈수〉 이어지는 수 〈조작〉 지도를 그려요	〈수〉 돌담 바람 구멍 〈조작〉 공기놀이	〈수〉 제주 지역 특산품 분류 〈조작〉 실뜨기	〈수〉 윷놀이 〈조작〉 조각보 바느질
자유놀이	과학영역	날씨 기록 다양한 거미줄	제주도 화산 (화산 폭발로 섬이 만들어졌어요)	우리나라 지도	어떤 제기가 더 빨리 떨어질까?
자유놀이	음률영역	〈음률〉 꼬리따기 노래 〈동작〉 동시에 맞춰 동작 만들기	〈음률〉 「해녀의 노래」 〈동작〉 강강술래	〈음률〉 농악 〈동작〉 소고 춤	〈음률〉 전통공연 음악 감상 〈동작〉 부채춤
자유놀이	신체영역	거미줄에 걸리면 안 돼요	꼬리잡기	사방치기	제기차기
대 · 소집단 활동 (이야기 나누기 동화 · 동시 미술 음률 신체 · 게임 요리 · 과학)		〈이야기 나누기〉 시리동동 거미동동 내가 지은 이야기책	〈이야기 나누기〉 제주도를 알아보아요 (자연, 생활, 관광지, 문화유산)	〈이야기 나누기〉 우리나라는 팔도강산 우리나라의 전통놀이	〈이야기 나누기〉 우리나라의 예술 공연
		〈미술〉 시화집을 꾸며요	〈미술〉 돌하르방 판화 찍기	〈미술〉 우리나라 지도 꾸미기	〈미술〉 우리 반이 만든 조각보
		〈관련 그림책〉『내 동생』, 『넉 점 반』, 『어처구니 이야기』, 『가시내』, 『창덕궁』, 『쪽빛을 찾아서』, 『책보』, 『콩중이 팥중이』, 『사물놀이 이야기』			
		〈과학〉 화산실험, 우리나라 지형(서쪽은 낮아요, 동쪽은 높아요)			
		〈요리〉 송편 만들기			
		〈사회관계〉 우리 지역의 모습과 제주도의 모습(차이점, 같은 점), 다르지만 같이 살아가는 방법(토론하기)			
		〈가정연계〉 우리 아빠, 우리 엄마에게 옛날이야기 듣기			

9월 그림책 놀이활동 한눈에 보기(시리동동 거미동동)

그림책 놀이활동 시작

- 숲체험을 다녀온 유아들이 실외놀이에서 거미집을 만들며 말놀이를 함

교사 지원

- 환경: 교실 내, 교실 밖의 유희실에서 그림책 놀이활동 실시
- 자료: 그림책 관련 영상 자료, 거미줄놀이 재료, 신문지, 우리나라 전통 문화 책 등의 재활용품

그림책 놀이활동 흐름

- 꼬리따기 노래로 말놀이를 하며 우리나라의 지역에 관심을 가짐: 말놀이 변형놀이
- 제주도와 관련된 놀이에 이어서 우리나라 전통 예술과 문화 관련 놀이로 확장

* 놀이 흐름도

놀이활동 시작

원 뒷산에 숲체험을 다녀온 후 실외놀이에서 거미집을 만들며 말놀이를 하는 유아들.

"원숭이 엉덩이는 빨개~ 빨가면 내 입술~ 입술은 두 개야. 두 개면 짝궁! 짝꿍은 좋아. 좋은 건 거미!"

"거미가 좋아? 하하하~ 거미 다리는 여덟 개!"

교사 지원

『시리동동 거미동동』 그림책 소개

교사 지원

그림책 내용을 활용하여 유아들이 즐길 수 있는 자료 지원

놀이활동 흐름

그림책 장면을 실연하는 유아들. 블록으로 돌담길을 만들고, 그림책을 보며 꼬리따기 놀이도 하고 거미집도 만든다.

교사 지원
유아들의 거미줄에 대한 관심이 커지자 교실 공간을 활용할 수 있도록 지원

놀이활동 확장

교실 공간에 만드는 거미줄은 점점 더 복잡해지고 이를 활용한 유아의 신체활동으로 전이되며 놀이 확장.
제주도 관련 놀이뿐만 아니라 우리나라 전통 문화의 놀이로 확장.

9-1. 언어영역

제주도 책 만들기

활동목표

1. 『시리동동 거미동동』 그림책을 통해 제주도에 대해서 관심을 가져 본다.
2. 제주도의 자연과 생활 등에 대해서 알아보고 책으로 만드는 경험을 해 본다.

활동자료

『시리동동 거미동동』 그림책, 종이, 참고 자료, 펜

활동방법

[도입]

1. 『시리동동 거미동동』 그림책에서 제주도에 대해서 알 수 있는 것은?
   - 산이 있어요, 돌이 많아요, 집 모양이 달라요, 아파트가 아니에요, 돌담길이 있어요, 바다가 있어요, 검은 돌이 있어요, 해녀가 있어요.
2. 알아본 제주도의 특징을 가지고 책을 만들어 보자.

[전개]

1. '제주도 책 만들기' 활동을 한다.

〈책 만드는 방법〉

① 제목을 짓고 표지 그림을 그린다.

② 제주도의 자연, 생활, 관광지, 문화유산 등을 간단하게 한 문장으로 적는다.

③ 내용과 관련된 그림이나 사진을 붙인다.

[마무리]

1. 제주도에 대해 알아본 것을 회상한다.
    - 제주도에 대해서 무엇을 알아보았니?
    - 어떤 것을 알게 되었어?
    - 궁금한 점은 어떤 것이 있었어?
2. 만든 책을 친구들에게 소개한다.
3. 느낌을 나누어 본다.
    - 책을 만들어 본 느낌이 어땠어?
    - 음에는 어떤 내용을 더 알아보고 싶어?

9-2. 언어영역

『시리동동 거미동동』 이야기 지도

활동목표

1. 그림책의 내용에 관심을 가지고 이야기를 듣는다.
2. 그림책의 이야기를 지도로 나타내는 경험을 해 본다.

활동자료

『시리동동 거미동동』 그림책 그림 자료, 색종이, 매직, 색연필, 가위, 풀

활동방법

[도입]

1. 그림책 내용을 회상해 본다.
   - 어떤 내용이었어?
   - 누가 나왔지?
   - 어떤 일이 일어났어?
2. 순서에 따라서 회상해 본다.
   - 제일 처음에 있었던 일부터 기억해 볼까?

[전개]

1. 이야기 지도를 소개한다.
    - 이야기를 한눈에 볼 수 있도록 한 것을 이야기 지도라고 해.
2. 이야기 순서에 따라 종이에 지도를 만들어 본다.

[마무리]

1. 이야기 지도를 만들어 본 느낌을 나누어 본다.
2. 친구의 이야기 지도를 본 느낌을 말해 본다.

9-3. 음률영역

꼬리따기 노래

활동목표

1. 『시리동동 거미동동』 그림책을 통해 이야기 연계하기를 알 수 있다.
2. 꼬리따기 노래를 통해 우리 시의 재미를 느낄 수 있다.

활동자료

『시리동동 거미동동』 그림책, 동시판, 팬, 색도화지

활동방법

[도입]

1. 『시리동동 거미동동』 그림책 표지를 보며 어떤 이야기가 나올지 추측해 본다.
   - 그림책 표지에 무엇이 보이니?
   - 아이, 거미, 거미줄, 토끼, 까마귀가 무엇을 하게 될까?
2. 그림책을 보며 '꼬리따기 노래'에 대해 알아본다.
   - 왕거미 거미줄은 하얘~ 하얀 건 뭘까?
   - 토끼는 날까? 나는 것은 뭘까?
   - 이렇게 이어지는 노래를 '꼬리따기 노래'라고 한단다.

[전개]

1. 동시판을 보며 노랫가락을 붙여 본다.
   - "원숭이 엉덩이는 빨개~ 빨가면 사과~ 사과는 맛있어~"♬ 가락에 맞춰 「시리동동 거미동동」 꼬리따기 노래를 해 보자.
2. 『시리동동 거미동동』 그림책을 보며 꼬리따기 노래를 한다.
   - 이번엔 그림책을 보면서 꼬리따기 노래를 해 볼까?
   - 동시판을 보며 부르는 노래와 그림책을 보며 부르는 노래는 어떤 점이 다른 것 같니?
3. 색도화지와 펜을 준비해서 가사를 개사해서 노래해 본다.
   - 꼬리따기 노래를 우리가 직접 만들면 가장 먼저 무엇부터 시작할까? (예시: 선생님부터 시작해서 우리 원 구성원의 특징으로 꼬리따기 노래를 만든다.)

[마무리]

1. 활동을 마무리하고 평가한다.
   - 「시리동동 거미동동」 꼬리따기 노래를 불러 보니 어떤 생각이 들었니?
   - 꼬리따기 노래를 만들어 보니 어떤 기분이 들었니?

9-4. 수·조작영역

제주 지역 특산품 분류

활동목표

1. 『시리동동 거미동동』 그림책을 통해 제주도 환경에 관심을 가진다.
2. 제주도 특산품을 활용하여 분류 개념을 알 수 있다.

활동자료

『시리동동 거미동동』 그림책, 활동지, 제주 특산품 사진 자료, 가위, 풀, 색연필

활동방법

[도입]

1. 『시리동동 거미동동』 그림책에서 제주도에서 볼 수 있는 것을 알아본다.
    - 아이가 살고 있는 제주에서만 볼 수 있는 것은 어떤 것이 있을까?
    - 그 지역에서 만들어지고, 잡을 수 있고, 키울 수 있는 것을 특산품이라고 한단다.
2. 제주의 특산품을 알아본다.
    - 제주도에 다녀온 경험이 있니?
    - 제주도에서 어떤 것을 보고, 먹고, 사 왔니?

[전개]

1. 제주 특산품 중 자연에서 얻은 특산품과 가공품을 분류해 본다.
    - 벤다이어그램 활동지 한쪽에는 있는 그대로 우리가 사용하고 먹을 수 있는 특산품을, 다른 한쪽에는 가공한 특산품으로 분류해 보자.

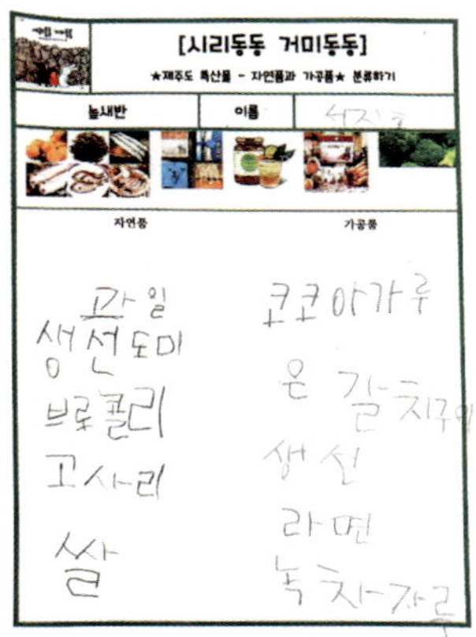

2. 제주 특산품 사진 자료를 가위로 오리고, 활동지에 붙여서 스스로 완성해 본다.

[마무리]

1. 활동을 마무리하고 자연품과 가공품 분류를 어떻게 했는지 소개해 본다.
    - ○○는 자연품과 가공품을 이렇게 분류했단다.
    - 혹시 다르게 생각하는 친구 있니?
    - 왜 그렇게 생각했니?
2. 분류 활동을 평가한다.
    - 분류해 보는 활동 중 어려운 점이 있었니?
    - 왜 어려웠는지 말해 볼까?

확장활동

1. 특산품을 분류하며 가공품의 기준을 알아본다.

9-5. 신체영역

거미줄에 걸리면 안 돼요

활동목표

1. 『시리동동 거미동동』 그림책을 통해 거미줄 생김새에 관심을 가진다.
2. 거미줄을 피하며 대근육 조절능력을 키운다.
3. 신체운동에 자발적으로 참여한다.

활동자료

『시리동동 거미동동』 그림책, 거미줄 그림과 동영상 자료, 종이 색테이프

활동방법

[도입]

1. 『시리동동 거미동동』 그림책을 보며 거미줄의 생김새를 알아본다.
   - 거미줄이 어떻게 생겼니?
2. 거미줄 그림 자료를 보며 거미줄의 생김새와 거디가 거미줄에서 어떻게 다니는지 알아본다.
   - 그림 자료와 동영상 자료에서 본 거미줄을 어떻게 생겼니?
   - 거미가 거미줄을 어떻게 만들었니?
   - 거미가 거미줄에 걸린 먹이를 어떻게 먹으러 갔니?

[전개]

1. 종이 색테이프로 주변 사물을 활용하여 거미줄을 친다.
   - 우리가 거미가 되어 거미줄을 만들어 보자.
   - 거미가 거미줄 위를 어떻게 다녔니? 우리는 거미줄 사이를 어떻게 다녀야 할까?
2. 거미줄에 걸리지 않도록 빠져나온다.

[마무리]

1. 활동을 마무리하고 평가한다.
   - ㅇㅇ는 어떻게 거미줄을 피해 다녔니?

확장활동

1. 유아 스스로 다양한 거미줄을 디자인하도록 한다.
2. 거미가 되어 거미줄에 걸린 먹이를 가지러 가는 게임 활동으로 응용한다.

9-6. 미술영역

북청 사자를 만들어요

활동목표

1. 우리나라 전통놀이인 북청 사자놀음에 흥미를 가진다.
2. 북청 사자를 유아들에게 친숙한 재료로 디자인하고 만들어 본다.
3. 북청 사자 만들기 활동을 통해 공동체 활동의 즐거움을 안다.

활동자료

북청 사자놀음 영상 자료, 북청 사자 만드는 과정 사진 자료, 아스테이지, 다양한 천, 상자, 신문지, 양면테이프, 색지, 습자지, 풀, 유성매직, 가위

활동방법

[도입]

1. 우리나라 전통놀이 북청 사자놀음 영상 자료를 보며 북청 사자에 대해 알아본다.
    - 이 영상에 보이는 큰 인형의 이름은 무엇일까?
    - 어떻게 움직이는 것 같니?
2. 영상과 사진 자료를 통해 북청 사자 만드는 과정을 알아본다.
    - 북청 사자를 어떻게 만들었니?
    - 북청 사자를 만들기 위해 필요한 재료가 무엇이었니?

3. 유아에게 친숙한 재료로 북청 사자를 만들 수 있는 방법을 이야기 나눈다.
   - 우리는 북청 사자를 어떻게 만들 수 있을까?
   - 어떤 재료로 북청 사자의 털을 표현할 수 있을까?

[전개]

1. 유아에게 친숙한 재료로 북청 사자를 만든다.

〈북청 사자 만드는 방법〉

① 유아 3~4명이 들어갈 수 있는 크기의 비닐(아스테이지)을 준비한다.
② 양면테이프를 비닐 위에 붙인 후 신문지, 습자지, 천, 털실 등으로 북청 사자의 털을 표현한다.
③ 상자를 둥글게 자르고, 털을 표현하여 북청 사자의 얼굴을 만든다.
④ 북청 사자의 꼬리를 천 또는 털실로 엮어 북청 사자 털옷에 연결한다.

[마무리]

1. 활동을 마무리하고 평가한다.
   - 오늘 우리가 만든 것이 무엇이니?
   - 어떻게 만들었지?
   - 만들고 난 기분은 어떠니?

9-7. 이야기 나누기

우리나라는 팔도강산

활동목표

1. 『시리동동 거미동동』 그림책을 통해 우리나라 지도에 관심을 가진다.
2. 우리나라는 행정구역으로 나뉘어 있음을 알 수 있다.
3. 우리나라의 다양성을 알고 사랑하는 마음을 가진다.

활동자료

우리나라 지도(행정구역과 강과 산맥), 행정구역 카드, 지역별 인사말(사투리) 카드

활동방법

[도입]

1. 어린이집 주소와 우리 집 주소를 알아본다.
   - 어린이집 주소가 기억나니?
   - 친구들의 집 주소를 말해 볼까?
   - 우리가 살고 있는 동네 주소를 알고 있니?

[전개]

1. 우리나라 지도를 소개한다.
   - 여기 있는 그림은 무엇일까? 우리나라 지도란다. 지도는 우리가 살고 있는 곳이 어디인지 알려 준단다.

2. 우리나라 지도를 보며 살고 있는 지역을 찾아본다.
   - 우리가 살고 있는 곳을 우리나라 지도에서 찾을 수 있겠니?
   - 우리가 살고 있는 ㅇㅇ시는 어디에 있을까?
3. 우리나라 지도를 보며 여행 경험을 통해 행정구역에 대해 알아본다.
   - 우리나라 지도를 보며 가 본 곳이나 아는 곳이 있니?
   - 우리가 지난봄에 다녀온 소풍 장소는 어디일까?
   - 부모님과 방학 기간에 다녀온 곳은 어디였니? 지도에서 찾아 볼 수 있겠니?
4. 유아들에게 우리나라 행정구역 카드를 제시하며 행정구역 이름을 소개하고, 지도에서 행정구역을 알아본다.
   - 우리가 살고 있는 곳은 ㅇㅇ도 ㅇㅇ시란다.
   - 우리나라에는 ㅇㅇ시 · 도가 있고, 경기도, 경상도, 전라도, 충청도, 강원도, 제주도, 서울시, 인천광역시, 부산광역시, 울산광역시, 세종시, 대구광역시, 광주광역시로 나뉘어 있단다.
   - 우리나라는 이 지도와 같이 모두 대한민국인데 왜 여러 시와 도로 나뉘어 있을까? (행정구역을 나눈 것은 지형의 영향이 크다. 산맥과 강으로 지역이 나뉘어 있음을 알아본다. 유아의 수준을 고려하여 사실보다는 유아의 생각을 이끌어 낸다.)
   - 각 지역은 어떤 점이 같고 어떤 점이 다를까? (말투와 풍습 등)

5. 다른 지역에 살지만 우리 모두 대한민국 국민임을 안다.
   - 경상도에 살고 있는 친구는 어느 나라 사람일까? 전라도에 살고 있는 친구는 어느 나라 사람일까? 제주도에 살고 있는 친구는 어느 나라 사람일까?
   - 우리 모두 우리나라 지도에 있는 곳에서 살고 있는 대한민국 국민이란다.

[마무리]

1. 활동을 마무리하고 평가한다.
   - 오늘 우리나라 지도를 보고 다양한 지역이 있음을 알아보았어. 어려운 점은 없었니? 더 알고 싶거나 말하고 싶은 것이 있니?
2. 우리나라는 다양한 지역으로 나뉘어 있지만 모두 대한민국 국민이고, 서로 돕고 살아야 함을 느껴 본다.

9월 플러스 활동

소고춤

거미집 만들기

돌담길을 만들어요

그림 보고 이야기 꾸미기

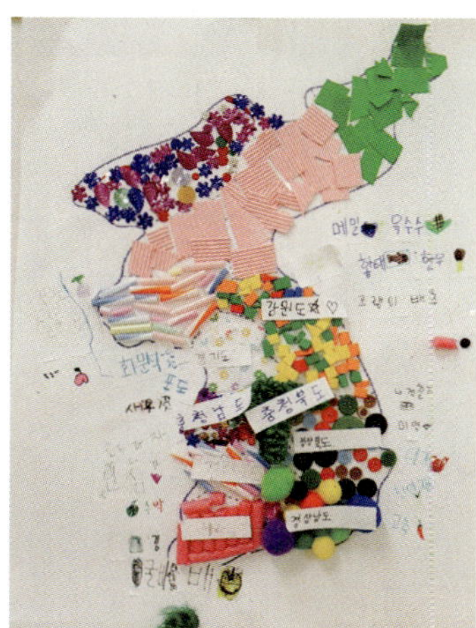

우리나라 지도 꾸미기

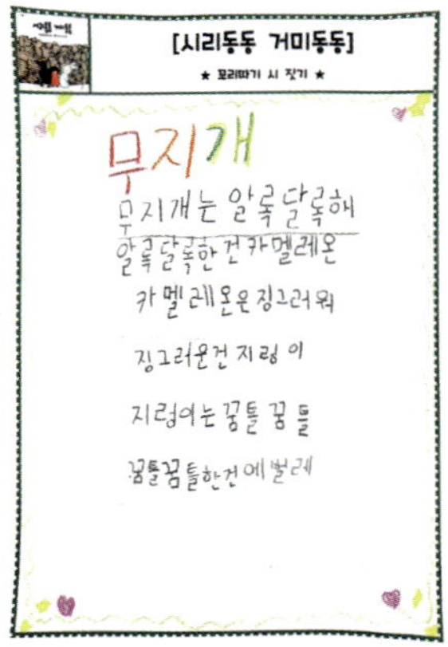

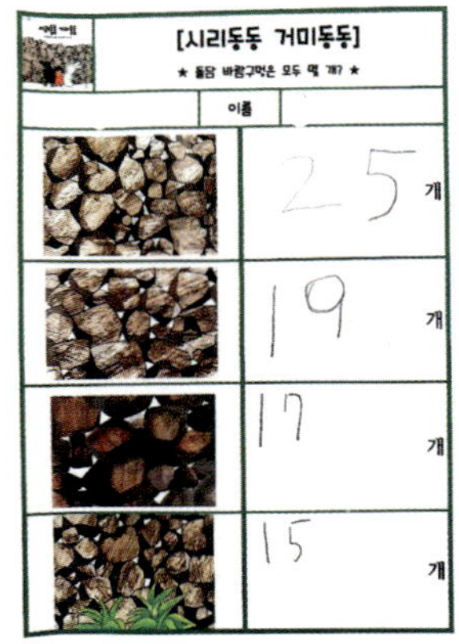

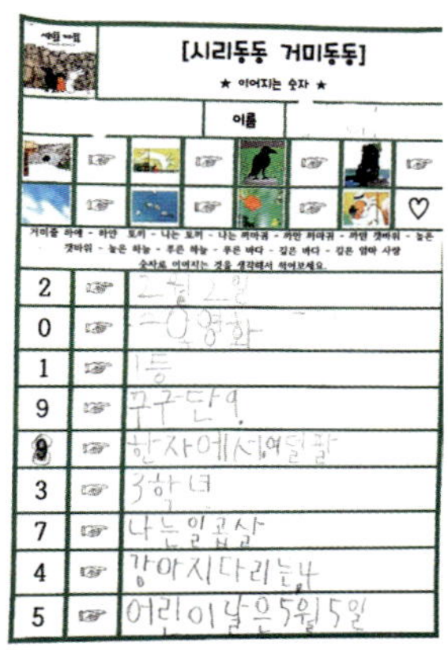

그림 보고 이야기 꾸미기 / 꼬리따기 시 짓기 / 돌담 바람구멍 / 이어지는 숫자 / 제주도 집 그리기

8. 10월 그림책 놀이활동: 『아프리카 스키 선수』

『아프리카 스키 선수』 변지현 글 · 이가혜 그림 / 키즈엠 / 2018	
주제	세계 여러 나라
목표	1. 『아프리카 스키 선수』 그림책 탐색을 통해 세계 여러 나라의 자연환경이 다름을 알고 관심을 갖는다. 2. 세계 여러 나라마다 고유한 문화가 있음을 안다. 3. 세계 여러 나라 사람들과 서로 도우며 지내는 것의 행복함을 느낀다. 4. 세계 여러 나라의 축제를 알아보고 경험한다.
생각 모으기	아프리카, 오륜기, 스키, 눈, 나무스키, 스키 선수, 학교, 요즘, 벽화 패턴, 종이접기, 히잡, 갈색 피부, 선생님, 니제르, 캐나다, 눈밭, 씽씽 달리다, 구름 위를 미끄러지다, 환상, 슬로프, 꿈, 농부, 세계 최고, 깔깔대며, 마하마네, 추운 나라, 운동, 눈이 없다, 폭신폭신, 구름처럼, 새털처럼, 어지럼, 산, 높은 곳, 모래스키, 헛꿈, 꾸지람, 휴대 전화, #맨발로 스키 타러 가는 길, #모래 언덕에서 스키 타기, #미래의 스키 선수, #올림픽을 향해, #여기는 아프리카, 어깨, 덥석, 혼이 날까, 꿈을 향한 노력, 감동, 국제 올림픽 위원회, 특별 손님, 초대, 올림픽 성화

『아프리카 스키 선수』 그림책 놀이활동을 시작하기 전

『아프리카 스키 선수』 책을 펼치면 사막 한가운데 스키 슬로프가 그려져 있습니다. 마하마네는 캐나다에서 온 선생님께 스키라는 운동을 소개받았고, 눈 덮인 산에서 미끄러져 내려오는 스키 이야기를 듣는 것이 너무 즐거워요. 마하마네는 세계 최고의 스키 선수를 꿈꾸기 시작했고, 꿈을 이루기 위해 노력했습니다. 눈이 내리지 않는 아프리카에서 스키 선수를 꿈꾸는 마하마네에게 사람들은 포기하라고 한마디씩 하였지만 결코 포기하지 않았어요. 오히려 스키 선수가 되려면 어떻게 해야 하는지 열심히 생각하고 실천했지요. 눈 위에서 스키를 타려면 새털처럼 가벼워야 하고, 어지러움도 잘 참아야 하고, 높은 곳 오르기도 잘해야 할 거라고 생각했어요. 모래사막에서 스키 연습도 열심히 했습니다. 눈이 없는 나라에서 스키 연습을 하려니 실수투성이입니다. 혼날 줄 알았던 선생님이 마하마네에게 보여 준 것은 세계 여러 나라 사람들의 응원이었어요. 아프리카 어느 한 지역에서 꿈을 꾸고 끊임없이 노력하는 마하마네의 모습이 세계인들에게 감동을 준 것처럼 우리에게도 희망과 용기를 줍니다. 더불어 『아프리카 스키 선수』 그림책을 통해 아프리카에 대해 관심을 가지게 되고, 아이들의 관심이 세계 여러 나라에까지 넓어질 거예요.

주		1주	2주	3주	4주
소주제		그림책 탐색	세계 여러 나라의 자연환경	세계 여러 나라의 생활과 교류	지구촌 축제
자유놀이	쌓기영역	스키장 쌓기 스키도구 구성하기	세계 여러 나라의 집	세계국기 도미노게임	지구촌 축제의 장 구성하기
	역할영역	올림픽 놀이	아프리카 집 놀이	세계의 맛집 놀이	가면 놀이
	미술영역	아프리카 대륙을 꾸며요	아프리카 전통 공예품 (목걸이, 팔찌, 발찌)	만국기 꾸미기	세계의 축제 (할로윈 축제 꾸미기)
	언어영역	〈읽기, 쓰기〉 초성놀이 〈듣기, 말하기〉 장면 보고 이야기 꾸미기	〈읽기, 쓰기〉 세계 여러 나라 안내책 1 (아코디언 북 아트) 〈듣기, 말하기〉 일일 기자가 되어요 1 (세계의 뉴스 말하기)	〈읽기, 쓰기〉 세계 여러 나라 안내책 2 (열기구 북 아트) 〈듣기, 말하기〉 일일 기자가 되어요 2 (세계의 관광지 말하기)	〈읽기, 쓰기〉 마하마네와 친구들에게 하고 싶은 말 〈듣기, 말하기〉 지구촌 축제를 소개합니다
	수·조작영역	〈수〉 얼마나 멀까? 〈조작〉 아프리카 대륙 퍼즐	〈수〉 여행자 게임 〈조작〉 스키 코스 만들기	〈수〉 세계 여러 나라의 화폐 〈조작〉 세계 여러 나라의 매듭	〈수〉 우리 반이 가 보고 싶은 나라 〈조작〉 세계지도 퍼즐
	과학영역	마하마네가 사는 곳은? 세계지도 탐색	나라마다 기후가 달라요 아프리카에서도 눈을 볼 수 있어요	세계 여러 나라의 글자	가벼운 것과 무거운 것 먼 곳과 가까운 곳
	음률영역	〈음률〉 「산사 크로마(Sansa Kroma)」 〈동작〉 스키 동작	〈음률〉 「Conex Palexen」 멕시코 전통노래 감상 〈동작〉 태양처럼 원을 만들어요	〈음률〉 「세계의 아침인사」 〈동작〉 파라슈트 풍선 타고 세계 여행 가요	〈음률〉 「밤부」 노래하며 리듬악기 연주하기 〈동작〉 환영의 춤
	신체영역	땅 위에서 타는 스키	세계 여러 나라로 여행을 가요	세계 여러 나라의 춤	성화 전달(릴레이 달리기)
대·소집단 활동 (이야기 나누기 동화·동시 미술 음률 신체·게임 요리·과학)		〈이야기 나누기〉 표지 보고 이야기 짓기 그림책 생각 모으기	〈이야기 나누기〉 아프리카의 자연환경 (토론) 왜 사람들은 마하마네의 꿈을 듣고 비웃었나요?	〈이야기 나누기〉 지구촌에는 다양한 삶이 있어요 세계 여러 나라에 어떻게 갈 수 있을까?	〈이야기 나누기〉 세계 여러 나라의 축제 세계 여러 나라 모두가 즐기는 축제: 올림픽
		〈미술〉 스키 만들기	〈미술〉 여행 코스 만들기	〈미술〉 세계 여러 나라의 글자로 꾸미는 세계지도	〈미술〉 대륙을 상징하는 오륜기
		〈관련 그림책〉『여러 나라 이야기』, 『여러분은 어디에 살아요?』, 『내가 세계 최고』, 『지구 마을 친구들에게』, 『누구 발일까?』, 『헬리콥터 타고 세계 여행』, 『여행 그림책』			
		〈과학〉 온난화 현상: 세계의 기상이변			
		〈요리〉 세계의 요리 만들기(스파게티, 피자)			
		〈사회관계〉 다른 나라 사람들과 교류해요, 동네 다문화가족지원센터와 교류하기			
		〈가정연계〉 부모님이 경험한 가장 아름다웠던 여행지 조사하기(우리나라, 외국 모두 조사하기)			

10월 그림책 놀이활동 한눈에 보기(아프리카 스키 선수)

그림책 놀이활동 시작	교사 지원	그림책 놀이활동 흐름
• 눈썰매뿐만 아니라 스키를 경험해 본 유아들이 있었고, 아프리카에 대해 호기심을 가지고 있음	• 환경: 교실의 영역 구분을 최소화하여 넓게 신체활동을 할 수 있도록 지원 • 자료: 자연물, 아프리카 소품, 신문지, 박스 등의 재활용품, 지도 등	• 아프리카의 자연환경과 그림책 내용에 관심을 가지고 재구성 놀이를 실행 • 세계인의 축제인 올림픽을 생각하며 지구촌 축제 놀이를 실행

* 놀이 흐름도

놀이활동 시작

"아프리카에서 어떻게 스키를 타?"

『아프리카 스키 선수』 그림책에 관심을 보인 유아들.

"아프리카에는 눈이 없어. 더워~"

"주인공은 왜 스키를 타고 싶을까?"

교사 지원

눈이 없어도 스키를 탈 수 있다는 것을 경험하도록 공간과 자료 지원

교사 지원

아프리카 그림, 사진 자료, 영상 자료 제공

놀이활동 흐름 1

그림책의 주인공처럼 눈이 없는 곳에서 스키를 타 보며, 주인공이 사는 아프리카에 관심을 보인다.

"아프리카는 어디에 있지?"

"마하마네 동네에는 아파트가 없네."

놀이활동 흐름 2

아프리카 집을 구성해 보고, 아프리카 장식품을 만들어 본다.
"아프리카는 어디에 있지?"

교사 지원

세계 여러 나라 지도와 국기 및 여행 팸플릿 자료 제공, 거리 재기 활동을 계획하여 유아들이 나라 간 거리를 가늠해 보는 경험을 지원

놀이활동 확장

아프리카 자연환경, 그림책 내용으로 재구성 놀이.
올림픽을 포함한 지구촌 축제 놀이.
"우리 나라에서 아프리카까지 이만큼 멀어."
"아빠랑 스키 올림픽 하는 거 본 적 있어."

10-1. 역할영역

아프리카 집 놀이

활동목표

1. 그림책에 나오는 아프리카 집을 관찰하고 다른 나라의 집에 대해서 관심을 가질 수 있다.
2. 다양한 도구로 아프리카 집을 지어서 역할놀이를 할 수 있다.

활동자료

(실내) 『아프리카 스키 선수』 그림책, 아프리카 전통 집, 세계 여러 나라 전통 집, 벽돌블록, 종이, 풀, 사인펜

(실외) 자연물

활동방법

[도입]

1. 그림책에 나오는 아프리카 집을 관찰하며 특징을 이야기 나눈다.
   - 그림책에 나오는 아프리카 집을 보니 모양이 어때?
   - 색깔은? 무엇으로 만들었을까?
   - 우리 집과 어떻게 다른 것 같아?
2. 세계 여러 나라의 다른 전통 집 사진을 함께 보고 역할영역 주변에 붙여 준다.
   - 아프리카 전통 집은 자연친화적인 흙으로 만들었지만 요즘의 아프리카 집은

우리 동네 집과 비슷해.

- 세계 다른 나라의 집을 살펴볼까?
- 전통 집과 요즘 집의 모습은 다른 나라들도 조금씩 다르단다.

[전개]

1. 아프리카 집을 지어 보는 경험을 가진다.
   - 아프리카 집은 무엇으로 지을까? (천, 벽돌, 의자)
   - 우리가 이야기 나눈 재료로 아프리카 집을 지어 보자.
2. 아프리카 집에서 놀이를 한다.

[마무리]

1. 활동을 마무리하고 평가한다.
   - 아프리카 집을 만들어서 놀아 본 느낌은 어땠어?
   - 다음에는 어떤 집을 지어서 놀아 볼까?

확장활동

1. 실외활동으로 주변 자연물을 활용하여 집을 지어 본다.

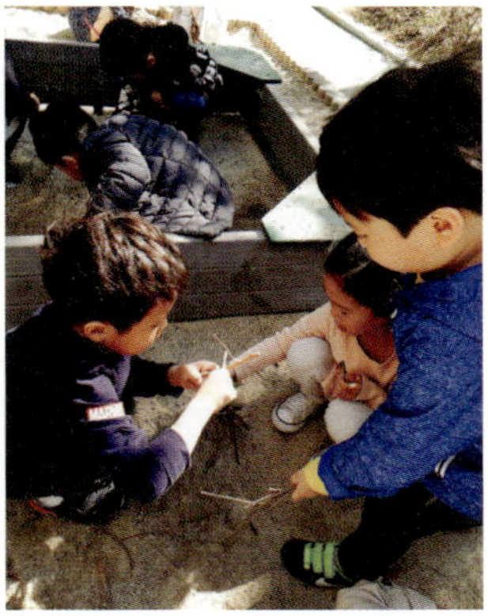

10-2. 미술영역

스키 만들기

활동목표

1. 마하마네가 사용한 스키를 직접 만들어 보며 즐거움을 느낄 수 있다.
2. 스키의 모양을 상상하여 자유롭게 꾸며 볼 수 있다.

활동자료

박스, 매직, 포장 끈

활동방법

[도입]

1. 그림책에 나오는 마하마네가 사용한 스키를 관찰해 본다.
    - 스키를 직접 본 적 있니?
    - 스키 모양이 어떻게 생겼어?
    - 어떤 무늬로 만들어져 있어?
    - 발에 끼우는 스키와 손에 든 폴대를 자세히 관찰해 볼까?
2. 우리가 스키를 만들기 위해서는 어떤 재료가 필요할까?
    - 박스, 매직, 사인펜, 끈 등

[전개]

1. 내가 사용할 스키를 직접 만들어 보는 경험을 가진다.

〈스키 만드는 방법〉

① 박스를 스키 모양대로 자른다. (교사의 도움)

② 박스로 만든 스키에 무늬를 꾸민다.

③ 구멍을 2개 내고 발을 넣을 끈을 끼운다.

[마무리]

1. 활동을 마무리한다.
   - 내가 만든 스키를 한번 신어 볼까?
   - 스키 폴대는 어떻게 만들까?
2. 활동을 평가한다.
   - 스키를 만들어 본 느낌은 어때?
   - 교실 신체영역(대근육)에 비치하여 활동해 보자.

확장활동

1. 가정연계활동: 부모님과 함께 신문지를 이용한 폴대 만들기

10-3. 언어영역

초성 놀이

활동목표

1. 그림책에 나오는 단어에 관심을 가지고 살펴본다.
2. 단어의 초성을 이용하여 단어, 문장을 만드는 경험을 해 본다.

활동자료

단어 초성 카드, 단어 카드

활동방법

[도입]

1. 자음 카드와 모음 카드를 섞어서 보여 준다.

ㄱ ㄴ ㅏ ㅅ ㅠ ㄷ ㅚ ㄹ

2. 자음과 모음 모양을 보며 이야기 나눈다.
   - 이런 것을 본 적 있니?
   - 그림책을 자세히 보면 이런 글자 모양을 볼 수 있어.

[전개]

1. 단어의 초성 카드를 보고 그림책의 단어를 만들어 본다.

ㅇ	ㅍ	ㄹ	ㅋ		ㅅ	ㅋ

- 그림책에 나오는 단어인데 무슨 단어일까?
- 첫 글자를 보고 맞추어 보는 거야.

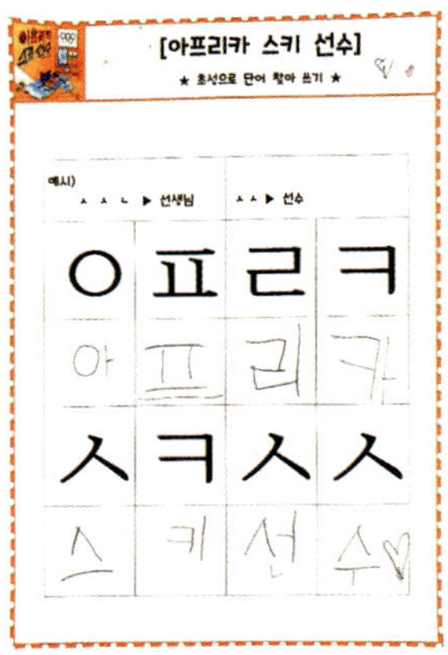

2. 단어 초성을 보고 글자를 맞추고 만들어 본다.

아	프	리	카		스	키

[마무리]

1. 초성을 이용하여 놀이해 본 느낌을 이야기 나눈다.
   - 첫 글자만 보고 알아맞히는 놀이를 해 본 기분이 어때?
   - 어려운 점은 없었어?

10-4. 언어영역

일일 기자가 되어요

활동목표

1. 그림책과 관련한 세계 여러 나라에 관심을 가져 본다.
2. 세계의 뉴스, 관광지, 축제 등을 알아보는 경험을 갖는다.
3. 자신이 알아 온 것을 친구들에게 발표해 본다.

활동자료

세계의 뉴스 스케치북 3권

표지 **일일 기자가 되어요**

세계의 뉴스, 관광지, 축제 중
한 가지를 간단히 적어요.
기자가 되어서 발표할 예정이오니
간단하게 적을 수 있도록 지도해 주세요.

활동방법

[도입]

1. 그림책에 나온 나라에 대해서 이야기해 본다.
   - 그림책의 배경이 된 나라가 어디일까?
   - 그림책의 배경이 된 나라에 대해서 알고 있는 것이 있니?

2. 기자가 하는 일이 무엇인지 알아본다.
   - 세계 여러 나라의 뉴스, 관광지, 축제 등을 알아보려고 해.
   - 이런 것을 알아보고 사람들에게 전하는 사람을 무엇이라고 할까?
   - 기자의 역할을 잘 감당하려면 어떻게 해야 할까?
   - 쉽고 정확하게 알아 오기로 하자.

[전개]

〈가정연계활동 (일일 기자가 되어요)〉

1. 스케치북에 내가 알아본 것을 적고 사진이나 그림을 그린다.
2. 매일 귀가할 때 3명의 일일 기자가 가정으로 가지고 가서 다음날 가지고 온다.
3. 원에서 친구들 앞에서 조사한 것을 발표한다.

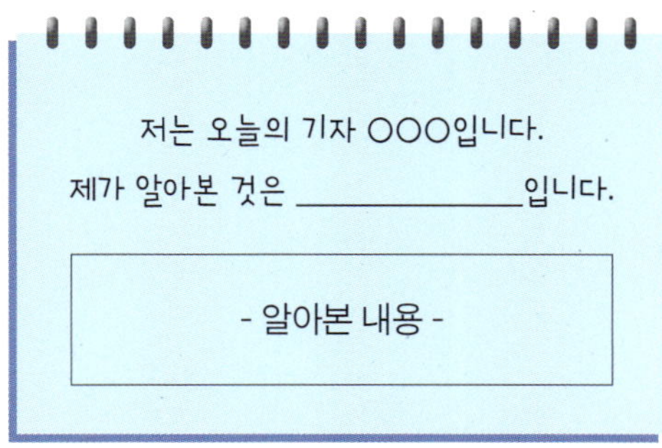

4. 귀가 시 다른 일일 기자가 스케치북을 가지고 간다.
5. 2~3주 동안 실시한다.

[마무리]

1. 일일 기자 활동을 해 본 느낌에 대해서 이야기 나눈다.
   - 누구와 함께 일일 기자 조사하기를 했어?
   - 부모님과 함께 조사하기 활동을 해 본 느낌이 어땠어?
   - 기자가 되어 내가 조사한 것을 친구들 앞에서 발표해 보니 어땠어?
   - 다음에는 어떤 발표를 해 보고 싶니?
2. '일일 기자가 되어요' 활동을 마무리하고 교실에 비치하여 열어 볼 수 있도록 한다.

10-5. 수·조작영역

얼마나 멀까?

활동목표

1. 『아프리카 스키 선수』 그림책을 통해 아프리카 대륙과 세계지도에 관심을 가진다.
2. 측정의 필요성과 거리의 개념을 이해할 수 있다.

활동자료

『아프리카 스키 선수』 그림책, 세계지도, 자, 단위블록, 포스트잇, 활동지, 연필, 색연필, 지우개

활동방법

[도입]

1. 그림책을 보며 아프리카 대륙이 어디에 있는지 알아본다.
   - 그림책 표지에 무엇이 보이니?
   - 아프리카는 어디쯤에 있는 곳일까?
2. 세계지도를 소개하고 세계지도에서 우리나라와 아프리카 대륙, 마하마네의 나라인 니제르의 위치를 확인한다.
   - 세계지도를 보면 여러 나라의 위치를 알 수 있단다.
   - 우리나라는 어디에 있는지 찾아볼까?
   - 마하마네가 사는 곳은 어디에 있는지 찾아볼까?

[전개]

1. 세계지도를 보고 나라 간 거리를 알 수 있는 방법에 대해 알아본다.
    - 아시아에 있는 우리나라와 아프리카에 있는 니제르는 얼마나 멀리 있니?
    - 얼마나 멀리 떨어져 있는지를 알아보는 것을 거리를 알아본다고 한단다.
    - 지도 위에서 우리나라와 니제르의 거리를 어떻게 알 수 있을까?

2. 나라 간의 거리를 다양한 임의 단위로 측정해서 기록한다.
    - 우리나라와 니제르와의 거리를 클립으로 재어 보고 활동지에 몇 개의 클립으로 잴 수 있었는지 적어 보자.
    - 니제르와 우리나라 간의 거리를 클립으로 측정해 보니 몇 개가 필요했니?
    - 포스트잇으로 측정했을 때는 포스트잇은 몇 장이 필요했니?
3. 자를 이용하여 나라 간 거리를 측정하고 기록한다.

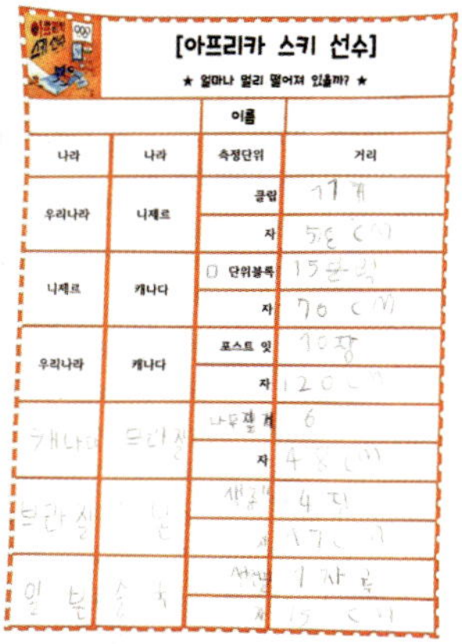

[아프리카 스키 선수]

★ 얼마나 멀리 떨어져 있을까? ★

		이름	
나라	나라	측정단위	거리
우리나라	니제르	클립	17개
		자	58 cm
니제르	캐나다	□ 단위블록	15블럭
		자	70 cm
우리나라	캐나다	포스트 잇	10장
		자	120 cm
캐나다	[illegible]	[illegible]	6
		자	48 cm
[illegible]	[illegible]	[illegible]	[illegible]
		[illegible]	[illegible]
일본	[illegible]	[illegible]	[illegible]
		[illegible]	[illegible]

- 자를 이용해서 측정한 우리나라와 니제르와의 거리는 어떻게 되니?

[마무리]

1. 활동을 마무리하고 평가한다.
   - 세계 여러 나라의 거리를 측정해 보니 어떠했니?
   - 어려운 점이나 궁금한 점이 있었니?

유·의·점

1. 물건의 길이를 잴 때 분수나 소수점이 필요하다면 소개합니다.
2. 자를 활용한 측정은 유아가 관심을 보일 때 알려 줍니다. 자를 사용할 때 기준점인 0을 맞춰야 함을 알려 주세요.

10-6. 미술영역

세계 여러 나라의 글자로 꾸미는 세계지도

활동목표

1. 『아프리카 스키 선수』 그림책을 통해 세계지도에 관심을 가진다.
2. 다양한 미술 표현 방법을 알 수 있다.
3. 협동미술활동을 통해 함께하는 즐거움을 안다.

활동자료

그림책, 세계지도, 크레파스, 사인펜, 색연필

활동방법

[도입]

1. 세계에는 다양한 나라가 있음을 『아프리카 스키 선수』 그림책을 회상하며 알아본다.
   - 마하마네가 살고 있는 곳은 어디였지?
   - 우리는 어디에 살고 있지?
   - 너희들이 알고 있는 나라를 이야기해 볼까?
2. 세계지도를 보며 주인공 마하마네가 살고 있는 나라를 찾아보고, 그 나라에서 사용하는 글자를 알아본다.
   - 마하마네는 어디에 살고 있었니?

- 마하마네가 사용하는 글자는 무엇이었지?
- 이 나라는 어떤 글자를 사용하고 있니?

[전개]

〈미술활동〉

① 지형만 그려져 있는 세계지도를 보며 각 나라가 사용하는 글자를 알아본다.

② 모둠별로 원하는 지역을 찾아 지도에 각 나라에서 사용하는 글자를 적어 지도를 꾸민다.

③ 다양한 꾸밈 재료를 활용하여 지도를 꾸민다.

④ 완성된 세계지도는 교실 벽면에 제시한다.

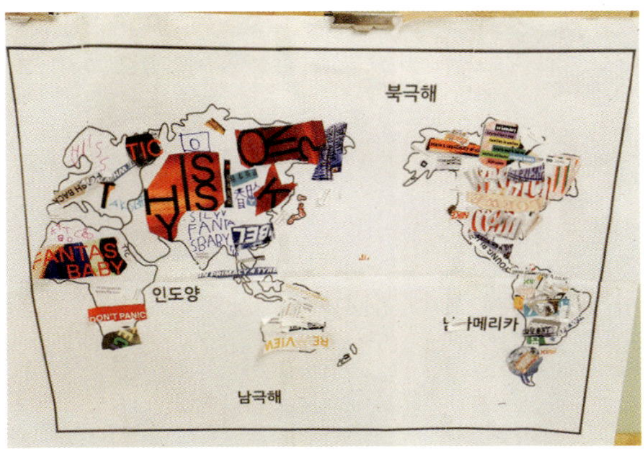

[마무리]

1. 완성한 작품을 보며 모둠별로 자신이 꾸민 지도를 소개한다.
   - ㅇㅇ모둠은 어느 나라를 꾸며 보았니?
   - 이 나라는 어떤 글자를 쓰고 있니?
   - 활동하며 재미있었던 점은 무엇이니? 어려웠던 점은 무엇이니?

10-7. 미술영역

여행 코스 만들기

활동목표

1. 『아프리카 스키 선수』 그림책을 통해 세계 여러 나라에 관심을 가진다.
2. 나라의 대표 상징물을 알고 꾸밈활동에 활용할 수 있다.
3. 협동미술활동을 통해 함께하는 즐거움을 안다.

활동자료

세계지도, 세계 여러 나라 국기, 색 전기테이프, 여러 나라의 상징물 또는 사진 자료, 사인펜, 색연필, 색도화지, 빨대, 나무젓가락, 셀로판테이프, 풀, 가위

활동방법

[도입]

1. 『아프리카 스키 선수』 그림책에서 여행을 가는 마하마네와 유아의 여행 경험을 회상한다.
   - 마하마네가 올림픽에 초대되어 여행 간 나라가 어디였을까? 올림픽이 열리는 나라의 날씨는 어땠을까?
   - 너희가 여행해 본 나라가 있니? 그 나라의 날씨는 어땠니?
2. 각 나라를 상징하는 것에는 무엇이 있을지 알아본다.
   - 나라를 상징하는 것에는 무엇이 있을까?

- 우리나라의 상징은 무엇일까? 다른 나라 사람들이 우리나라에 여행 왔을 때 어디를 가보고 싶을까?
- 너희가 마하마네의 나라로 여행을 가면 어디를 가 보고 싶니?

[전개]

〈미술활동〉

① 모둠별로 5대륙(아프리카, 아시아, 유럽, 오세아니아, 남북아메리카) 중 하나를 놀이영역으로 정한다.

② 정해진 대륙에 위치한 나라의 국기와 각 국가의 대표 자연환경 및 상징물 그림 자료를 활용하여 대륙을 꾸민다.

③ 나라 이름과 대표하는 미술품, 건축물 등을 만들고 그리며 대륙을 꾸민다.

④ 대륙별로 완성된 세계 여러 나라를 색 전기테이프로 바닷길과 항공로를 그려 서로 연결한다.

[마무리]

1. 완성한 작품을 보며 모둠별로 자신이 꾸민 영역을 소개한다.
   - ○○모둠은 어떤 대륙을 꾸몄니?
   - 유럽에서 아시아로 어떻게 가면 될까?
   - 활동하며 재미있었던 점은 무엇이니? 어려웠던 점은 무엇이니?

10월 플러스활동

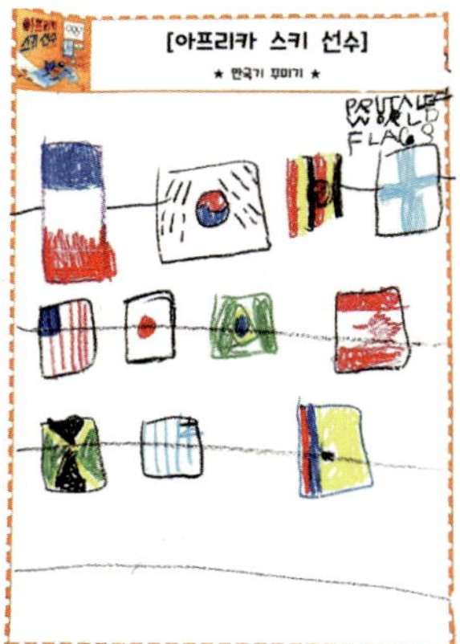

만국기 꾸미기

아프리카 팔찌 만들기

아프리카 대륙을 꾸며요

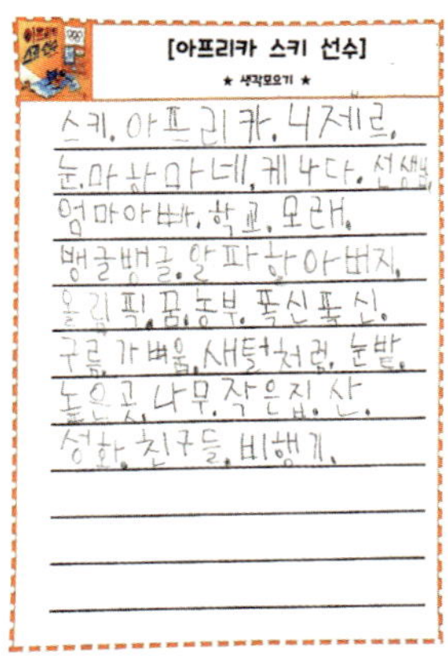

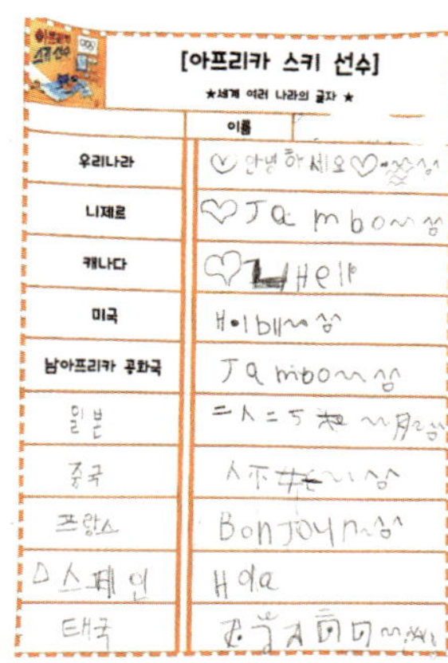

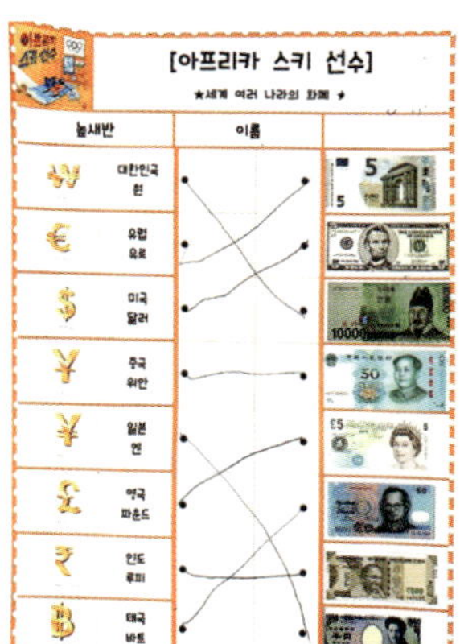

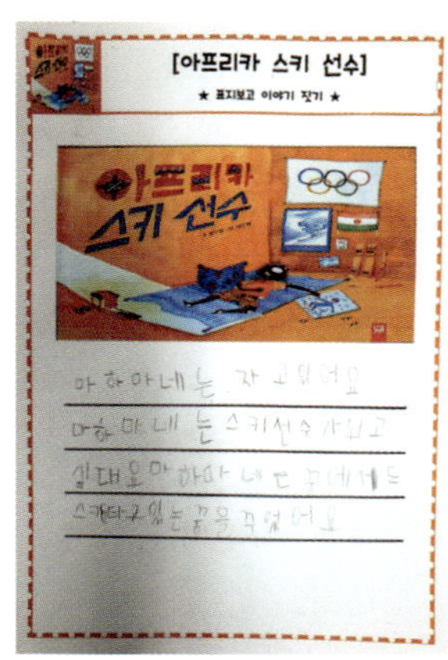

생각 모으기 / 세계 여러 나라 글자 / 세계 여러 나라 화폐 / 표지 보고 이야기 짓기

세계 여러 나라 집

세계 국기 도미노

세계 여러 나라 안내책

세계 여러 나라 글자로 꾸미는 세계지도

장면 보고 이야기 꾸미기

9. 11월 그림책 놀이활동: 『달 사람』

『달 사람』 토미 웅거러 글 · 그림 / 김정하 옮김 / 비룡소 / 1996	
주제	환경 / 우주
목표	1. 그림책 탐색을 통해 달과 지구에 관심을 가진다. 2. 서로 다름을 알고, 다름을 존중하는 태도를 가진다. 3. 지구 환경 요소인 흙, 물, 바람, 빛, 소리의 특성과 변화를 탐색한다. 4. 지구 환경보호를 위한 방법을 알고, 생활 속에서 실천하는 자세를 키운다.
생각 모으기	달 사람, 달의 변화, 토미 웅거러, 별이 반짝이는 맑은 밤, 하늘에 떠있다, 웅크리고, 어른어른, 비치다, 두둥실, 밤마다, 지구 사람, 춤추는 것, 지켜보다, 신나게, 놀아 봤으면..., 따분해, 올빼미, 브엉이, 기타 연주자, 숲속 동물, 겁에 질려, 별똥별, 떨어져 부서지는 소리, 번쩍, 빛을 내다, 휙, 지나가다, 훌쩍, 꼬리 붙잡기, 가까이, 떼 지어, 몰려오다, 군인, 지구를 지키다, 소방대, 불을 끄다, 급히, 아이스크림 장수, 구경꾼, 수레, 투명, 부드럽게, 생기다, 버둥대다, 정부 공무원, 공습경보, 정치가, 과학자, 장군, 겁에 질리다, 부들부들, 떨다, 망원경, 방문자, 침입자, 죄, 따지다, 재판, ~ 동안, 감옥, 갇히다, 번쩍거리는 불빛, 꿈이 산산이 부서지다, 억울한 대접, 몸 왼쪽, 깨달았어요, 점점, 반달, 몸집, 쇠창살, 틈, 총사령관, 포로, 텅 비어, 며칠, 초승달, 두 주일 지나, 원래 크기, 자유, 가면무도회, 까다로운, 아주 오래된 성, 환영, 몇백 년, 우주선, 복잡한 기계, 반 데르 둥켈 박사, 첫 번째 손님, 그믐달, 작별, 우렁찬 소리, 발사, 로켓

『달 사람』 그림책 놀이활동을 시작하기 전

『달 사람』은 달 속에 웅크리고 있던 달 사람이 지구 사람들과 놀고 싶어 별똥별을 타고 지구로 오면서 벌어지는 해프닝을 담은 그림책입니다. 달 사람이 지구에 떨어지는 빛과 소리에 숲속 동물들은 놀라 도망가고, 사람들은 호기심에 몰려옵니다. 군인들은 지구를 지키러 달려오고, 소방대는 불을 끄러 오고, 정부 공무원들은 공습경보를 내려요. 지구에서는 달 사람을 외계 침입자로 여겨 달 사람은 감옥에 갇힙니다. 슬픔에 잠겨 있던 달 사람은 어느 날 밤 자기 몸이 점점 더 작아진다는 것을 깨달았어요. 쇠창살 사이로 빠져나갈 만큼 작아진 달 사람은 감옥을 탈출할 수 있었습니다. 지구 사람들과 놀고 싶었던 달 사람은 가면무도회장에서 즐겁게 춤을 추었고, 경찰의 눈을 피해 오래된 성으로 갔어요. 그곳에서 우주선을 만들고 있는 과학자 분젠 박사님을 만나 우주로 돌아갈 수 있었습니다. 『달 사람』은 달의 흥미진진한 모험을 함께 경험해 보며, 달 사람을 바라보는 지구인의 시선을 비평할 수 있는 시각을 키울 수 있을 겁니다. 더 나아가 지구와 우주에 대해서 관심을 가지게 되는 기회가 될 거예요.

주		1주	2주	3주	4주
소주제		그림책 탐색	지구와 달	바람, 빛, 소리	아름다운 지구
자유놀이	쌓기영역	지구 지킴이 구성하기	인공위성을 만들어요	자연 공원 구성하기	환경보호 캠페인
	역할영역	지구를 지켜요 (침입자와 지구 지킴이)	달 사람 놀이	자연물 조각 놀이	지구 지킴이
	미술영역	인상 깊은 장면 그리기	달 사람 인형 만들기	달 사람에게 주고 싶은 선물	스크래치 그림 그리기 재활용품 로켓 만들기
	언어영역	〈읽기, 쓰기〉 그림책에 나오는 단어를 찾아요 〈듣기, 말하기〉 이야기 전달하기	〈읽기, 쓰기〉 달 사람의 여러 가지 이름 〈듣기, 말하기〉 말풍선으로 말해요	〈읽기, 쓰기〉 To. 바람, 빛, 소리 〈듣기, 말하기〉 바람의 소리	〈읽기, 쓰기〉 모양을 나타내는 말 소리를 나타내는 말 〈듣기, 말하기〉 지구에게 하고 싶은 말
	수·조작영역	〈수〉 수 세기 수수께끼 〈조작〉 달 사람 퍼즐	〈수〉 도형을 나누면 무엇이 될까? 〈조작〉 칠교로 만든 우주선	〈수〉 (반복패턴) 밤마다 〈조작〉 자석블록으로 만든 그림자	〈수〉 분리수거를 실천해요 〈조작〉 지오보드로 만든 지구
	과학영역	달 사람이 작아졌다 커졌어요	로켓을 날려요	바람, 빛, 소리	플라스틱 빨대와 종이 빨대
	음률영역	〈음률〉 베토벤의 「월광 소나타」 감상 〈동작〉 달 사람과 왈츠를	〈음률〉 「작은 별 변주곡」 : 가사 개사하기 〈동작〉 별똥별 되어 보기	〈음률〉 「빛과 그림자」 (강이슬 작사 · 작곡) 〈동작〉 바람의 여행: 스카프로 표현	〈음률〉 지구의 소리가 음악이 돼요 〈동작〉 지구의 소리를 표현해요
	신체영역	달에선 어떻게 걸을까? : 스펀지 신고 걷기	달에 가는 로켓 : 높이뛰기	그림자놀이	몸으로 말해요 (동작으로 퀴즈 내기)
대 · 소집단 활동 (이야기 나누기 동화 · 동시 미술 음률 신체 · 게임 요리 · 과학)		〈이야기 나누기〉 달 사람 이야기 지도 만들기 그림책을 읽고 인상 깊은 점	〈이야기 나누기〉 지구에는 물과 공기가 있어요 (달에는 없는 것들)	〈이야기 나누기〉 내가 경험한 바람, 빛, 소리 달 사람은 왜 지구에 왔을까?	〈이야기 나누기〉 우주 쓰레기, 태평양의 플라스틱 쓰레기 섬 아름다운 지구를 위한 달 사람의 조언
		〈미술〉 두둥실 떠다니는 달	〈미술〉 별똥별을 만들어요	〈미술〉 나의 그림자 만들기	〈미술〉 환경보호 포스터
		〈관련 그림책〉 『꼬마 구름 파랑이』, 『멜롭스 가족의 동굴 탐험』, 『우주 쓰레기』, 『맑은 하늘, 이제 그만』, 『빛공해, 생태계 친구들이 위험해요!』, 『내가 지구를 사랑하는 방법』, 『달은 어디에 떠 있나』, 『바람이 그랬어』, 『우주 미용실』, 『우주 괴물 아구아구』, 『플라스틱 섬』			
		〈과학〉 그믐달, 초승달, 반달, 보름달			
		〈요리〉 달 사람 쿠키			
		〈사회관계〉 (토론) 아름다운 지구를 지키는 방법			
		〈가정연계〉 과학관 다녀오기, 부모님 음력 생일과 생일날 달의 모양 알아 오기			

11월 그림책 놀이활동 한눈에 보기(달 사람)

그림책 놀이활동 시작

- 그림책 표지에 대한 궁금함을 가지고 시작
- 달에 사람이 살 수 있어요?

교사 지원

- 환경: 달 사람이 여행하는 공간을 교실로 두고 유아들과 의논하여 환경 구성
- 자료: 그림, 사진 자료, 역할 머리띠, 지구와 달 입체 자료

그림책 놀이활동 흐름

- 그림책의 내용에 관심을 가지면서 환경에 관심을 가짐
- 지구로 온 등장인물(달 사람) 역할놀이에서 환경지킴이 놀이로 확장하여 진행

* 놀이 흐름도

놀이활동 시작

그림책 표지에
관심을 보이는 유아들.
"달에 사람이 살 수 있어요?"

교사 지원

달 사람이 여행하는 환경 구성을 위해 유아들과 의논하여 교실 공간 및 자료 지원

교사 지원

역할극을 위한 무대 연출을 위한 교실 공간 및 자료 지원

놀이활동 흐름

환경이 만들어지자 유아들은 그림책 내용에 관심이 커지며,
달 사람이 되어 보고, 쫓기는 달 사람과 쫓는 사람들의
긴박한 상황이 유아들 간 잡기놀이로 나타난다.
"달 사람 거기 서!", "나 잡아 봐라.", "왜 자꾸 잡으려 해!"
놀이 중 잘못 없는 달 사람에 대한 측은한 마음으로 나타난다.

교사 지원

유아들의 달 사람에 대한 관심이 환경에 대한 관심으로 이어질 수 있도록 '환경지킴이 활동'을 계획한다. '오염되는 지구를 지키기 위해 우리가 할 수 있는 일'에 대해 유아들과 의논한 후 분리수거 방법, 재활용품을 활용한 만들기, 환경지킴이 캠페인 활동을 위한 자료를 지원

놀이활동 확장

분리수거 게임을 즐기는 유아들.
재활용품을 활용하여 장난감을 만들고, 환경 캠페인 활동을 준비하며 등장인물의 역할놀이에서 환경지킴이 놀이로 확장.

II-1. 역할영역

지구를 지켜요(침입자와 지구 지킴이)

활동목표

1. 그림책 탐색을 통해 이야기의 내용과 등장인물에 관심을 가진다.
2. 그림책의 내용에 관심을 가지고 역할놀이를 경험해 본다.

활동자료

『달 사람』 그림책, 침입자와 지구 지킴이 머리띠, 보자기, 신문지 막대

활동방법

[도입]

1. 그림책을 읽고 내용에 대해서 이야기 나눈다.
   - 그림책에 나오는 사람은?
   - 사람들은 달 사람을 왜 잡으려고 했을까?
   - 달 사람은 왜 지구에 오려고 했을까?

[전개]

1. '지구를 지켜요' 역할놀이하기
   - 그림책에 나오는 등장인물은 누가 있을까?
   - 등장인물이 되어 놀이해 볼까?

2. 소품을 가지고 역할놀이하기
   - 머리띠를 하고 놀아 볼까?
   - 보자기를 쓰고 역할놀이를 해 볼까?
   - 신문지 막대로는 무엇을 할까?

[마무리]

1. 활동을 마무리하고 평가한다.
   - 침입자와 지구 지킴이 역할놀이를 해 본 느낌이 어땠어?
2. 확장활동을 계획한다.
   - 배경 그림을 준비하고 놀이해 볼까?
   - 다음에는 어떤 소품을 준비해서 놀이해 볼까?

II-2. 역할영역

자연물 조각 놀이

활동목표

1. 자연물에 관심을 가지고 특성을 살펴볼 수 있다.
2. 자연물의 모양을 몸으로 표현하고 놀이할 수 있다.

활동자료

『달 사람』 그림책

활동방법

[도입]

1. 그림책에 나오는 자연물에 대해서 이야기 나눈다.
   - 나무, 땅, 바위, 꽃 모양을 관찰해 볼까?

[전개]

1. 나무를 몸으로 표현해 본다.
   - 나무 모양이 어떻게 생겼어?
   - 나무처럼 서서 가지를 팔로 표현해 볼까?
   - 나무를 몸으로 표현해 보고 그대로 멈춰 볼까?

2. 땅, 바위, 꽃 등을 몸으로 표현해 본다.
   - 그림책에 나오는 땅, 바위, 꽃을 몸으로 표현해 볼까?
   - 모양을 만들어서 움직이지 않고 가만히 있는 것을 조각이라고 해.
3. 조각가와 조각이 되어 역할놀이를 해 본다.

[마무리]

1. 자연물을 조각해 본 느낌을 이야기한다.
   - 친구의 몸을 자연물로 만들어 본 느낌이 어때?
2. 자연물 조각이 되어 본 느낌을 이야기한다.
   - 움직이지 않는 조각이 되어 본 느낌이 어때?

II-3. 언어영역

말풍선으로 말해요

활동목표

1. 그림책의 등장인물이 무슨 이야기를 나누는지 자세히 읽을 수 있다.
2. 등장인물이 말하는 것을 재미있는 방법으로 표현해 본다.

활동자료

색지, 매직, 사인펜, 색연필, 가위

활동방법

[도입]

1. 그림책 내용에서 대화가 나오는 부분을 찾아본다.
2. 말을 넣은 큰따옴표, 생각을 넣은 작은따옴표 내용이 아니라도 무슨 이야기가 오고갔을지 이야기를 나누어 본다.
   - 달 사람이 지구를 보며 무엇이라고 했을까?
   - 지구 사람들이 달 사람이 오는 것을 발견하고 어떤 말을 했을까?

[전개]

1. 말풍선의 의미를 이야기 나눈다.
   - 대화하는 장면을 말풍선에 넣어서 표현할 수 있어.

2. 말풍선을 만들어 본다.

- 색지로 말풍선을 만들어 달 사람, 등장인물이 하고 싶은 말을 적어 볼까?

3. 말풍선을 직접 들고 등장인물이 되어서 표현해 본다.

[마무리]

1. 말풍선 놀이를 해 본 느낌이 어떤지 평가해 본다.

- 그림이 아닌 실제 풍선으로 말풍선 놀이를 해 본 느낌이 어때?

2. 다음에는 어떻게 놀이를 확장할 수 있을지 계획해 본다.

- 말풍선 전달놀이를 해 볼까?

II-4. 과학영역

달 사람이 작아졌다 커졌어요

활동목표

1. 『달 사람』 그림책을 통해 달의 변화에 관심을 가진다.
2. 달의 변화를 탐구하는 과정에 적극적으로 참여한다.
3. 달이 왜 변화하는지 알 수 있다.

활동자료

『달 사람』 그림책, 달의 변화 그림 자료, 랜턴, 하얀 공, 그림 자료
지구 역할 유아 1, 해 역할 유아 2, 달 역할 유아 3

활동방법

[도입]

1. 『달 사람』 그림책을 보며 달 사람의 변화에 관심을 가진다.
   - 그림책에서 가장 기억에 남는 장면이 어떤 장면이니?
   - 달 사람은 어떻게 감옥에서 빠져나왔니?
   - 어떻게 달 사람이 변했니?
   - 왜 변했을까?
2. 달이 왜 변화하는지 실험을 통해서 알아보자.

[전개]

1. 해, 지구, 달 역할 유아를 정한다.
   - 해 역할은 누가 할까? 달 사람 역할은 누가 할까? 달을 보는 지구 역할은 누가 할까?
2. 그림 자료를 보며 해, 달, 지구 위치에 선다.
   - 해는 빛이 있어야 하지. 랜턴을 들고 자리에 서 보자.
   - 달은 하얀 공을 들고 지구와 해 사이에 서 보자.
3. 달 모양의 흰 공에 빛이 어떻게 비치는지 관찰한다.
   - 달이 지구 주위를 돌면 달이 어떻게 보이니?
   - 달이 지구 뒤에 있을 때 달은 어떻게 보이니?

[마무리]

1. 활동을 마무리하고 평가한다.
   - 달 사람이 왜 변했는지 알 수 있었니?
   - 지구와 달, 해가 되어 보고 함께 실험을 해 보니 어떤 기분이 들었니?
   - 활동을 하면서 어려웠던 점이나 궁금한 점이 있었니?
   - 혹시 더 알고 싶은 내용이 있니?

II-5. 수·조작영역

수 세기 수수께끼

활동목표

1. 『달 사람』 그림책의 등장인물의 위치와 수를 통해 수 세기의 원리를 경험한다.
2. 그림책의 다양한 장면과 숨은 이야기에 관심을 가진다.
3. 그림책을 주의 깊게 보는 태도를 기른다.

활동자료

『달 사람』 그림책, 활동지, 연필, 지우개

활동방법

[도입]

1. 『달 사람』 그림책 장면 중 사람들이 많이 등장하는 페이지를 회상한다.
   - 그림책에서 사람이 많이 나오는 부분이 어디인지 찾아볼까?
   - 그 부분에서 사람들은 무엇을 하고 있니?
   - 모두 몇 명 정도의 사람이 있는 것 같니?

[전개]

1. 『달 사람』 그림책을 보며 페이지마다 몇 명의 사람이 있는지 알아본다.
    - 이 그림에서는 몇 명의 사람이 보이니?
    - 왜 그렇게 생각했니? 어떻게 세었니?
    - 한번 세어 볼까?
2. 다양한 사물이 나온 장면을 보며 수 세기를 해 본다.
    - 이 그림에서는 모두 몇 대의 자동차가 있니?
    - 꽃은 모두 몇 송이가 있을까?
3. 그림책 장면을 보며 수 세기를 활용한 수수께끼를 낸다.
    - 오른쪽에서 두 번째 있는 자동차는 무슨 색이니?
    - 여섯 번째 사람을 찾아볼까? 첫 번째 사람은 어디 있니?
    - 그림에서 가면을 쓴 사람은 모두 몇 명이 있니?

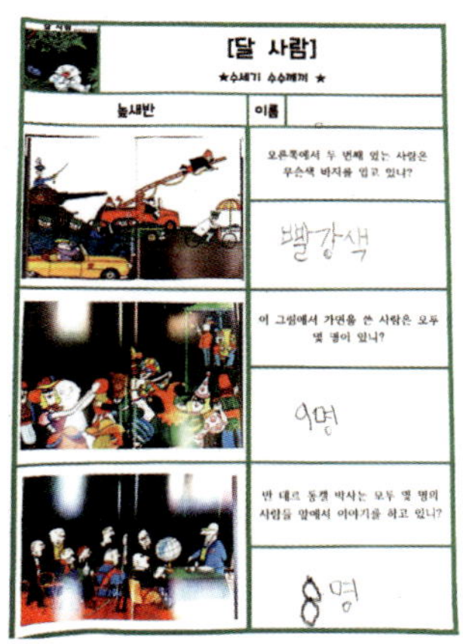

[마무리]

1. 활동을 마무리하고 평가한다.
    - 수 세기 수수께끼를 하며 어려운 점은 없었니?
    - 수 세기 수수께끼를 할 때 수 세기를 어떻게 해야 맞출 수 있었니?

II-6. 과학영역

플라스틱 빨대와 종이 빨대

활동목표

1. 그림책을 통해 지구 환경의 중요성을 안다.
2. 플라스틱 빨대와 종이 빨대 비교실험을 통해 지구 환경에 더 이로운 것을 안다.
3. 지구 환경에 더 이로운 것을 알고 실천한다.

활동자료

『달 사람』 그림책, 플라스틱 섬 사진 자료, 플라스틱 빨대, 종이 빨대, 컵

활동방법

[도입]

1. 그림책을 보며 달 사람이 지구에 온 이유를 회상한다.
   - 달 사람은 왜 지구에 오고 싶어 했니?
2. 그림 자료를 보며 지구 환경이 쓰레기로 더러워지고 있음을 알아본다.
   - 아름다운 지구가 요즘 많이 아프다고 한단다.
   - 달 사람이 이런 지구의 모습을 보았다면 오고 싶었을까?
   - 왜 이렇게 지구가 더러워졌을까?
3. 플라스틱을 적게 쓰기 위한 노력으로 종이 빨대 사용을 소개한다.
   - 요즘 이런 빨대를 본 적이 있니?
   - 왜 종이 빨대를 사용하려고 할까?

[전개]

〈과학실험〉

① 물이 담긴 두 개의 컵에 플라스틱 빨대와 종이 빨대를 각각 넣어 둔다.

② 두 개의 빨대가 어떻게 변하는지 관찰한다.

③ 젖은 빨대를 햇빛이 비치는 곳에 놓고 변화를 관찰한다.

④ 햇빛에 말린 빨대를 다시 물이 담긴 컵에 넣고 변화를 관찰한다.

⑤ 실험을 통해 플라스틱과 종이의 재질을 비교한다.

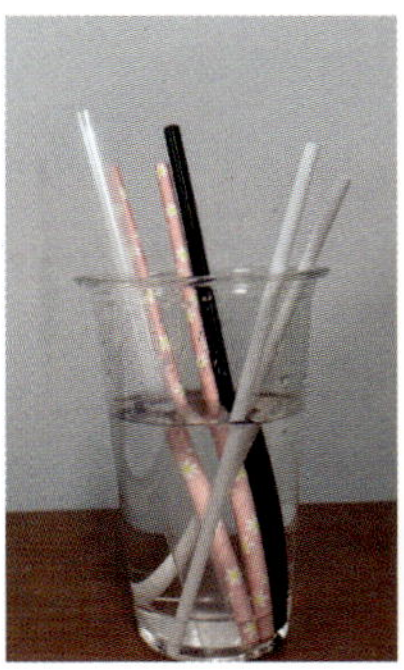
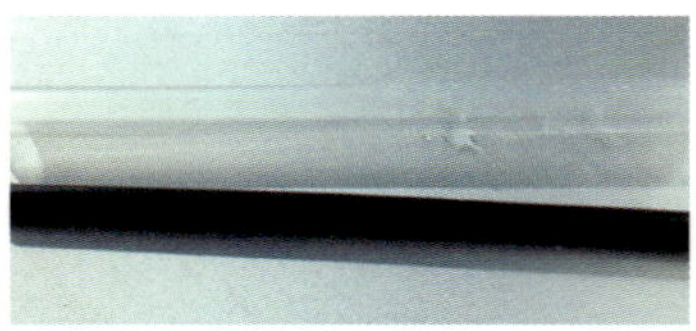
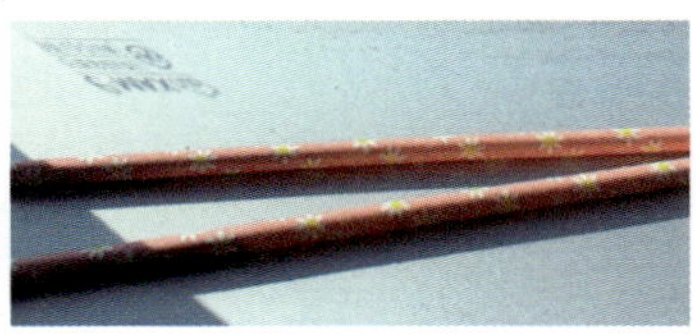
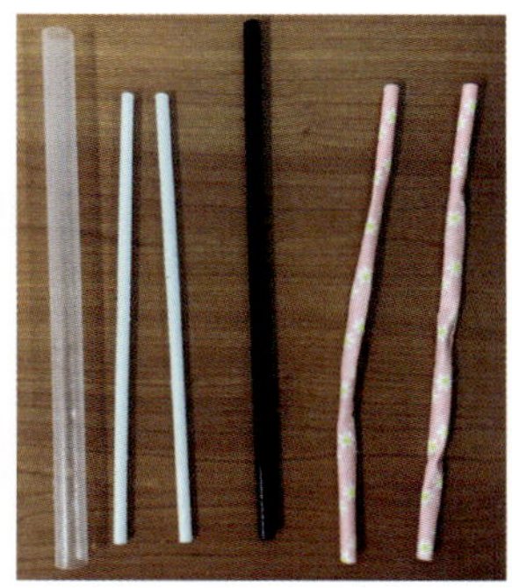

[마무리]

1. 실험 결과를 평가한다.
   - 플라스틱 빨대와 종이 빨대를 비교해 보니 어땠니?
   - 어떤 빨대가 더 많이 변했니?
   - 변하지 않는 빨대가 더 좋은 것 아니니?
   - 왜 종이 빨대를 사용하라고 할까?
   - 플라스틱은 딱딱하고 변하지 않아서 그림 자료처럼 잘 분리해서 버리지 않으면 지구 환경에서 계속 남아 있기 때문에 동식물에게 피해를 준단다.
2. 지구 환경 지킴이를 실천하는 자세를 키우자고 약속한다.
   - 지구 환경을 지키기 위해 우리가 실천할 수 있는 것은 무엇일까?
   - 지구 환경을 지키기 위해 큰일은 할 수 없지만 빨대를 적게 사용하는 일부터 실천해 보자.

II-7. 수·조작영역

도형을 나누면 무엇이 될까?

활동목표

1. 『달 사람』 그림책을 통해 도형의 분할에 관심을 가진다.
2. 도형을 분할하고 합성하는 과정을 통해 도형의 성질을 탐구하는 자세를 키운다.

활동자료

『달 사람』 그림책, 활동지, 색지로 만든 평면도형, 가위, 풀, 색연필, 연필, 지우개

활동방법

[도입]

1. 『달 사람』 그림책에서 달 사람의 변화를 회상한다.
   - 달 사람이 감옥에서 어떻게 나올 수 있었니?
   - 달 사람처럼 둥근 달을 반으로 나누면 어떤 달이 될까?

[전개]

1. 활동지를 소개하며 활동을 알아본다.
   - 활동지를 보면 다양한 도형이 있단다.
   - 동그란 원을 반으로 나누면 어떤 모양이 될까?
   - 세모난 삼각형을 반으로 나누면 어떤 모양이 될까?
   - 뾰족한 부분이 여섯 개 있는 육각형을 반으로 나누면 어떤 모양이 될까?

2. 활동지에 도형을 나누었을 때 예상한 그림을 그린다.
   - 원을 반으로 나누었을 때 어떻게 될지 그려 볼까?
3. 색지로 만들어진 도형을 나누어 잘라서 활동지에 붙인다.
   - 육각형을 반으로 나누니 어떤 모양이 되었니?
4. 내가 그린 그림과 색지 도형을 비교한다.
   - 도형을 나누면 어떤 모양이 될지 그린 그림과 색지 도형을 반으로 나누었을 때 도형이 같았니?
   - 달랐다면 왜 다르게 되었을까?
   - 어떻게 잘라야 같은 도형이 될까?

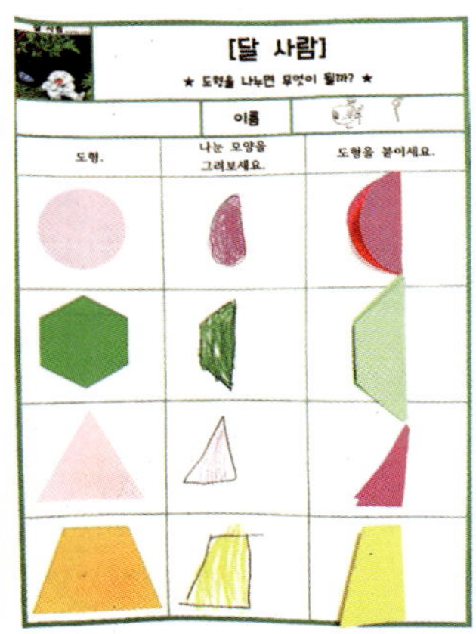

[마무리]

1. 활동을 마무리하고 평가한다.
   - 활동하며 재미있었던 점은 무엇이니?
   - 어려웠던 점은 무엇이니? 궁금한 점이 더 있니?

11월 플러스 활동

달 사람 인형 만들기

분리수거를 실천해요

달 사람에게 주고 싶은 선물 / 달 사람의 여러 가지 이름 / 모양과 소리를 나타내는 말 / 바람 · 빛 · 소리에게 쓰는 편지 / 그림책에 나오는 단어 찾기

스펀지 신고 걷기

태평양의 플라스틱 쓰레기 섬

지구
깨끗하게
아름다운지구
우리들의쉼터
푸른 지구
만들어요
내 손으로
지구를지켜요
내 손으로
지구를지켜요
내가 사랑하는
지구
아름다운
지구깨끗하게
하자
아름다운지구

환경보호 포스터

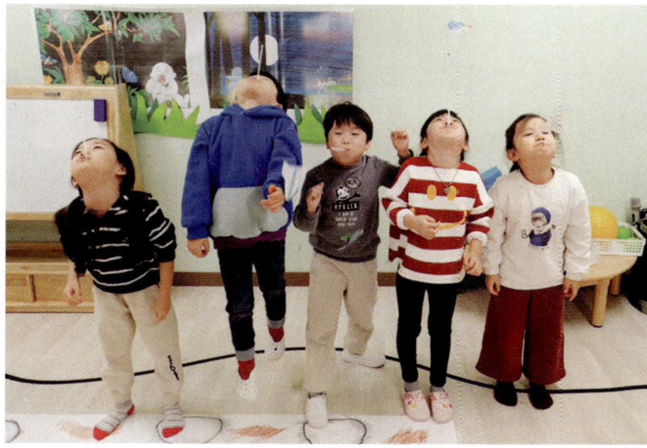

로켓을 날려요

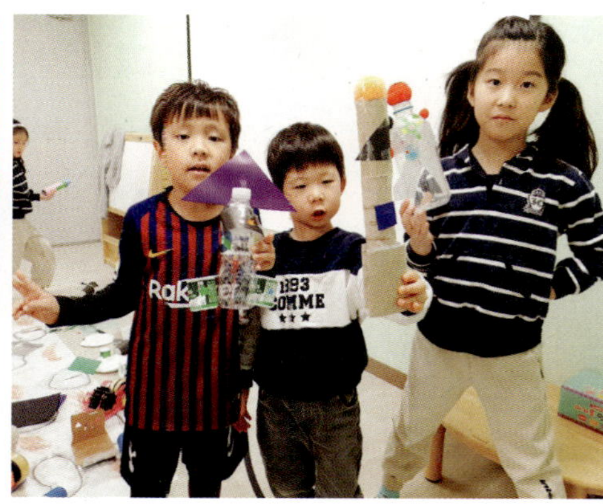

재활용품으로 로켓 만들기

지구 지킴이

10. 12월 그림책 놀이활동: 『눈 오는 날』

『눈 오는 날』 에즈라 잭 키츠 글 · 그림 / 김소희 옮김 / 비룡소 / 1995	
주제	겨울
목표	1. 그림책을 읽고 등장인물과 배경에 대해서 관심을 가질 수 있다. 2. 그림책의 배경인 겨울의 특징에 대해 자세히 탐색할 수 있다. 3. 겨울철 놀이에 관심을 가지고 안전하고 즐겁게 경험해 본다.
생각 모으기	눈, 빨간 옷, 신호등, 발자국, 빨간 모자, 침대, 창문, 눈 오는 날, 겨울날, 아침, 창밖, 밤새, 하얗다, 덮다, 잠옷, 아침, 겉옷, 밖으로, 뛰어나가다, 쌓이다, 없어지다, 뽀드득, 발, 빠지다, 하늘, 천천히, 뾰족하다, 그리다, 나무, 나무 막대, 안성맞춤, 건드리다, 후드득, 쏟아지다, 머리 위로, 형, 눈싸움, 끼고 싶다, 어리다, 목도리, 장갑, 빙그레, 눈사람, 눈 천사, 놀다, 눈 더미, 미끄럼, 한 줌, 뭉치다, 따뜻한; 젖은 양말, 벗겨주다, 엄마, 모험, 목욕, 오리, 배, 눈 뭉치, 해님, 가짜, 흰 눈이 펄펄 내리다, 옆집, 아침밥, 친구

『눈 오는 날』 그림책 놀이활동을 시작하기 전

『눈 오는 날』은 어느 겨울 아침에 일어나 창밖을 바라보니 온 세상이 하얀 눈으로 덮여 있었던 날의 이야기입니다. 주인공 피터는 빨간 코트를 입고 밖으로 나갔지요. 눈이 많이 내려 없어진 길에서 발자국을 내며 걸어 보고, 선을 그려 보기도 합니다. 나무 막대로 나무를 톡톡 건드리자 눈이 후드득 피터의 머리 위로 쏟아집니다. 형들이 눈싸움을 하는 데 끼고 싶지만 그러기에는 너무 어린 피터입니다. 피터는 혼자 눈사람을 만들고, 눈 천사를 만들고, 언덕에 올라가 미끄럼을 타고, 눈을 가득 모아 주머니에 넣고 집으로 돌아오지요. 목욕을 하며 오늘 하루를 생각하며 침대에 누웠다가 주머니에 넣어 둔 눈이 생각났어요. 눈은 어떻게 되었을까요? 눈이 다 녹아 버릴까 걱정에 빠진 피터. 그러나 다음날에도 눈이 가득한 세상이네요. 피터는 친구와 함께 눈 속으로 걸어가며 또 다른 즐거운 하루를 시작합니다. 별다를 것 없는 겨울날 아침이었지만 하얀 눈이 내리는 날은 피터에게 특별한 날이 됩니다. 눈이 오지 않을 때에는 할 수 없는 신기한 눈으로 재미있는 놀이를 많이 할 수 있으니까요. 『눈 오는 날』 그림책의 하얀 눈을 배경으로 삼원색의 신호등, 빨간 옷을 입은 피터, 원색의 건물, 피터의 기분에 따라 변하는 배경 등은 단순하면서도 인상 깊은 장면으로 다가옵니다. 『눈 오는 날』에는 재미있는 모든 상상이 이루어지는 날인 것처럼 책놀이를 하는 아이들도 재미있는 상상의 세계에 푹 빠져들 수 있어요.

<table>
<tr><th colspan="2">주</th><th>1주</th><th>2주</th><th>3주</th><th>4주</th></tr>
<tr><th colspan="2">소주제</th><th>그림책 탐색</th><th>겨울철 날씨와 생활</th><th>겨울철 놀이</th><th>안전한 겨울</th></tr>
<tr><td rowspan="8">자유놀이</td><td>쌓기영역</td><td>눈썰매장을 만들어요</td><td>기상청 놀이</td><td>겨울철 놀이터</td><td>안전 지킴이</td></tr>
<tr><td>역할영역</td><td>신나는 눈썰매장</td><td>기상캐스터 놀이
(날씨를 알려드립니다)</td><td>겨울 간식 가게</td><td>산타 마을 놀이</td></tr>
<tr><td>미술영역</td><td>눈송이와 눈 결정체
오리기/꾸미기</td><td>그림책 장면 콜라주</td><td>겨울철 놀이도구 만들기
(썰매, 팽이, 연)</td><td>피터와 함께 크리스마스</td></tr>
<tr><td>언어영역</td><td>〈읽기, 쓰기〉
겨울 관련 단어
〈듣기, 말하기〉
그림을 보고 친구에게
이야기 들려주기</td><td>〈읽기, 쓰기〉
그림책 의자 퀴즈
〈듣기, 말하기〉
궁금한 것이 있어요!
그림책 의자 퀴즈</td><td>〈읽기, 쓰기〉
그림책 문장 놀이
(하얗다, 덮다, 없어지다, 쌓이다)
〈듣기, 말하기〉
내가 하고 싶은 겨울철 놀이</td><td>〈읽기, 쓰기〉
작가에게 하고 싶은 말
〈듣기, 말하기〉
겨울철 안전수칙을 지켜요</td></tr>
<tr><td>수 · 조작영역</td><td>〈수〉
발자국 패턴
〈조작〉
라이트테이블에 눈이 내려요</td><td>〈수〉
도형 창문으로 본 풍경
〈조작〉
지오보드에 눈 결정체 만들기</td><td>〈수〉
우리가 좋아하는 겨울 놀이
〈조작〉
겨울 놀이 퍼즐</td><td>〈수〉
12월 25일
〈조작〉
(직조) 손뜨개</td></tr>
<tr><td>과학영역</td><td>잘 미끄러지려면</td><td>눈은 왜 오는 걸까?</td><td>주머니 속 눈 뭉치</td><td>소화기구 탐색</td></tr>
<tr><td>음률영역</td><td>〈음률〉
눈 내리는 소리 감상
〈동작〉
눈의 여행</td><td>〈음률〉
겨울을 연주해요
〈동작〉
눈길에서 걸어 봐요</td><td>〈음률〉
「징글벨」
〈동작〉
눈 천사가 될래요</td><td>〈음률〉
「호두까기 인형」 감상
〈동작〉
두꺼운 외투를 입으면</td></tr>
<tr><td>신체영역</td><td>천 썰매 타기</td><td>얼음 땡 놀이</td><td>실내 눈놀이</td><td>겨울옷 입기 릴레이</td></tr>
<tr><td colspan="2" rowspan="7">대 · 소집단
활동

(이야기 나누기
동화 · 동시
미술
음률
신체 · 게임
요리 · 과학)</td><td>〈이야기 나누기〉
『눈 오는 날』
중간이야기 짓기
그림책 생각 모으기</td><td>〈이야기 나누기〉
그림책에 나오는 겨울철 날씨
겨울철 생활(옷차림, 음식)</td><td>〈이야기 나누기〉
피터의 겨울 놀이
내가 경험한 겨울 놀이</td><td>〈이야기 나누기〉
안전한 겨울 놀이
신나게 놀고 집에 왔어요</td></tr>
<tr><td>〈미술〉
피터의 방 꾸미기(디오라마)</td><td>〈미술〉
피터와 친구들에게 필요한 것
(겨울 물품)</td><td>〈미술〉
눈 천사 놀이</td><td>〈미술〉
교실에 눈이 내렸어요
(판화)</td></tr>
<tr><td colspan="4">〈관련 그림책〉 『누구지?』, 『안녕, 겨울』, 『엄마는 겨울에 뭐 하고 놀았어?』, 『마법이 시작될 거야!』, 『눈사람 아저씨』, 『부엉이와 보름달』, 『겨울은 재밌다!』, 『두더지의 소원』, 『겨울잠』, 『산타 할아버지』, 『피터의 안경』, 『피터의 의자』, 『휘파람을 불어요』, 『내 친구 루이』, 『애완동물 뽐내기 대회』, 『고양이 소동』, 『우리 개를 찾아 주세요』</td></tr>
<tr><td colspan="4">〈과학〉 눈 결정체, 물체의 변화(물>얼음, 비>눈)</td></tr>
<tr><td colspan="4">〈요리〉 피터에게 주고 싶은 요리(피터의 쿠키)</td></tr>
<tr><td colspan="4">〈사회관계〉 얼굴색이 달라요(다문화활동), 동생들과 함께하는 겨울철 놀이</td></tr>
<tr><td colspan="4">〈가정연계〉 가족과 함께하는 겨울철 놀이</td></tr>
</table>

12월 그림책 놀이활동 한눈에 보기(눈 오는 날)

그림책 놀이활동 시작

- 펑펑 내리는 눈이 오는 날을 기다리는 유아들
- 눈이 오는 날에는 무엇을 할지 기대하며 놀이를 시작

➡

교사 지원

- 환경: 교실 내에서 눈 오는 날을 경험할 수 있도록 충분한 공간을 마련
- 자료: 그림책 단어 카드, 크리스마스 관련 자료, 겨울 계절 자료(털모자, 장갑, 모자 등)

➡

그림책 놀이활동 흐름

- 친구들과 함께할 수 있는 겨울 놀이를 찾아보고 경험하기
- 크리스마스 트리를 만들고 친구에게 전하고 싶은 말로 카드를 만들며 놀이를 확장

* 놀이 흐름도

놀이활동 시작

펑펑 눈이 오길 기다리는 유아들.
"난 눈이 오면 눈싸움 할 거야."
"난 스키 타고 싶어."
"눈사람도 만들거야."

교사 지원

교실에서 겨울을 느낄 수 있도록 자료 및 환경 지원.
『눈 오는 날』 그림책 소개.

놀이활동 흐름 1

교실에서 썰매 타기, 겨울옷 갈아입기 릴레이, 눈 결정체 만들기, 눈 천사, 눈싸움 등 교실에서 눈놀이를 즐긴다.

놀이활동 흐름 2

기다리던 눈이 내린 날, 눈 굴리기, 눈 그림, 눈 발자국, 눈 천사 놀이 등 유아들은 실제 눈으로 눈 놀이를 마음껏 즐긴다.
눈 놀이 중 캐롤을 부르며
크리스마스 이야기를 하는 유아들.
"흰 눈 사이로 썰매를 타고~"
"산타할아버지도 썰매 타고 오지?"

교사 지원
눈 놀이를 할 수 있도록
충분한 시간 허용

교사 지원
크리스마스를 위해 준비할 사항에 대해
유아들과 의견을 나누고 자료 지원

놀이활동 확장

크리스마스 트리를 만들고, 친구에게 전하고 싶은 말로 카드를 만들며 크리스마스를 준비한다.

12-1. 언어영역

궁금한 것이 있어요! 그림책 의자 퀴즈

활동목표

1. 그림책의 내용에 관심을 갖고 들을 수 있다.
2. 궁금한 것을 질문하고 답할 수 있다.

활동자료

『눈 오는 날』 그림책, 의자 10개

활동방법

[도입]

1. 『눈 오는 날』 그림책에서 한 장면을 회상해 본다.
   - 마지막 장면에서 피터 손을 잡은 아이는 누구일까?
   - 또 어떤 질문을 할 수 있을까?

[전개]

1. '그림책 의자 퀴즈' 활동을 소개한다.

   ① 의자 10개를 준비한다.

   ② 질문에 답을 한 사람이 의자를 하나씩 차지한다.

   ③ 가장 많은 의자를 가진 사람이 이긴다.

[마무리]

1. 활동을 마무리하고 평가한다.

   - 어떤 질문이 기억에 남았니?
   - 그 질문에 어떻게 대답했니?

12-2. 언어영역

그림책 문장 놀이

활동목표

1. 그림책의 글과 그 의미에 관심을 가지고 읽어 볼 수 있다.
2. 글과 의미를 연결하여 알아볼 수 있다.

활동자료

『눈 오는 날』 그림책, 단어 카드(하얗다, 덮다, 없어지다, 쌓이다, 뛰어나가다, 빠지다, 뾰족하다, 그리다, 건드리다, 쏟아지다, 놀다, 펄펄 내리다)

활동방법

[도입]

1. 그림책 장면을 보고 연상되는 그림책의 단어를 생각해 본다.
    - 그림책의 장면을 보고 생각나는 말이 뭐야?

[전개]

1. 그림책을 보고 장면에 맞게 단어 카드를 놓고 읽어 본다.
    - 하얗다, 덮다, 없어지다.
2. 단어 카드를 보고 의미를 말로 표현해 본다.
    - 눈 색깔이 어때? (하얗다)
    - 눈이 땅에 가득 어떻게 되어 있어? (덮다)

- 있었는데 갑자기 사라지는 것을 뭐라고 해? (없어지다)
- 강아지가 내가 밖에 있는 것을 보고 어떻게 해? (뛰어나가다)
- 구멍이 있는 것을 모르고 걷다가 어떻게 되었어? (빠지다)

3. 단어 카드를 보고 몸으로 표현해 본다. (도구 사용 가능)

[마무리]

1. '그림책 문장 놀이'를 해 본 느낌을 나눈다.
   - 그림책에 나오는 여러 가지 말로 놀이를 해 보니 어땠어?
   - 읽어 보기, 퀴즈 내기, 몸으로 표현하기 어떤 것이 재미있었어?
   - 어떤 단어가 가장 기억에 남니?

확장활동

1. 그림책의 문장으로 그림 그리기, 몸으로 표현한 것 사진 찍기

12-3. 미술영역

피터와 함께 크리스마스

활동목표

1. 그림책 주인공과 함께 계절에 맞는 특별한 행사를 준비해 본다.
2. 크리스마스 장식을 다양한 방법으로 만들어 본다.

활동자료

『눈 오는 날』 그림책, 모루, 색종이, 트리 줄, 구슬, 장식용품

활동방법

[도입]

1. 피터와 친구들의 겨울 놀이를 회상해 본다.
   - 피터와 친구들은 어떤 겨울철 놀이를 했어?
   - 어떤 놀이가 가장 기억에 남아?
   - 넌 무슨 겨울 놀이를 하고 싶어?
2. 피터와 함께 크리스마스를 맞이하는 상상을 해 본다.
   - 피터와 함께 크리스마스를 맞이하면 어떤 준비를 할까?
   - 피터와 친구들은 어떤 크리스마스 장식을 만들까?

[전개]

1. 크리스마스 장식을 만들어 본다.
   - 교실 천장, 벽 등을 장식한 물건을 자유롭게 만든다.
2. 크리스마스 음악을 들으며 교실 장식을 해 본다.
   - 만든 장식품으로 교실 장식을 해 볼까?

[마무리]

1. 활동을 해 본 느낌을 이야기 나눈다.
   - 그림책 등장인물과 함께 준비한 느낌이 어때?
2. 다음 활동을 계획해 본다.
   - 피터와 함께하는 크리스마스 파티 (요리하기, 가장무도회)

12-4. 이야기 나누기

『눈 오는 날』 중간이야기 짓기

활동목표

1. 그림책의 이야기에 관심을 가지고 살펴볼 수 있다.
2. 그림책의 그림을 보며 재미있는 상상을 할 수 있다.

활동자료

『눈 오는 날』 그림책

활동방법

[도입]

1. 그림책의 앞부분을 읽어 본다. (9페이지까지만 읽기)

[전개]

p.9 "눈이 얼마나 쌓였는지 사람들이 다닐 길이 없어졌어요."

1. 중간이야기 짓기
    - p.9 다음에는 어떤 이야기가 이어질까?
    - 길이 없어져서 어떻게 되었을까?
    - 무슨 일이 일어났을까?
    - 피터와 친구들에게 일어난 일을 상상해 보자.

2. 중간이야기를 상상해서 이야기해 본다.

3. 상상한 이야기를 글과 그림으로 표현해 본다.

[마무리]

1. 내가 지은 중간이야기 짓기를 친구들에게 들려준다.

2. 활동을 평가해 본다.
   - 중간에 이야기를 끊어서 듣고 중간이야기를 지어 보니까 느낌이 어땠어?
   - 어떤 점이 재미있었어?
   - 어떤 중간이야기가 기억에 남아?

★ 활동 TIP ★

"무슨 일이 일어날까?"라고 질문하고 중간이야기 짓기를 바로 시작하면 친구들과 비슷한 이야기를 똑같이 짓는 것을 볼 수도 있어요. 상황, 인물, 사건에 대한 다양한 발문을 통해서 조금씩 다른 이야기가 표현될 수 있도록 도움을 주세요.

12-5. 신체영역

겨울옷 입기 릴레이

활동목표

1. 『눈 오는 날』 그림책을 통해 겨울 날씨와 상황에 맞게 옷을 입는다.
2. 스스로 겨울옷을 입고 벗을 수 있도록 신체 움직임을 조절할 수 있다.
3. 실내 신체활동에 자발적으로 참여한다.

활동자료

겨울 외투(단추, 지퍼), 목도리, 장갑, 모자, 반환점(빨강, 하양 두 가지 색), 출발선

활동방법

[도입]

1. 그림책을 회상하며 피터의 옷에 대해 이야기 나눈다.
   - 피터가 입었던 옷들이 기억나니?
   - 집에서는 어떤 옷을 입고 있었니? 목욕할 때는 어떤 옷을 입고 있었니?
   - 피터가 눈이 많이 내린 날 어떤 옷을 입고 나갔니?
2. 겨울옷 입는 방법에 대해 이야기 나눈다.
   - ㅇㅇ는 겨울 외투를 어떻게 입니?
   - ㅁㅁ는 스스로 지퍼를 잠글 수 있니? 목도리와 장갑도 스스로 두르고 낄 수 있니?

[전개]

1. 활동을 소개하며 신체게임 약속에 대해 알아본다.
    - 겨울에 외출하기 위해 우리가 입어야 겨울 외투, 목도리, 장갑, 모자를 스스로 입고 벗는 게임이야.
    - 겨울옷 입기 릴레이 게임을 할 때 지켜야 할 약속이 무엇일까?

〈신체게임방법〉

① 두 팀으로 나눠 릴레이 게임을 시작한다.

② 첫 번째 유아가 스스로 겨울옷을 입고 반환점을 돌아와서 다음 유아에게 겨울옷을 넘겨준다.

③ 두 번째 유아는 첫 번째 유아가 넘겨준 겨울옷을 스스로 입고 반환점을 돌아와서 세 번째 유아에게 겨울옷을 넘겨준다.

④ 먼저 출발선으로 돌아온 팀이 이긴다.

[마무리]

1. 활동을 마무리하고 평가한다.
    - 겨울옷 입기 릴레이를 하고 나니 기분이 어떠니?
    - 게임을 하면서 어떤 점이 어려웠니?
    - 어떻게 하면 겨울옷을 잘 입을 수 있었니?
    - 게임을 할 때 지켜야 할 약속은 잘 지켜졌니?

유·의·점

겨울옷을 스스로 입고 벗는 것이 중요하므로 빠르게 릴레이를 하는 것보다 정확하게 옷을 입는 것이 중요함을 강조하고, 이후 옷 입는 것이 익숙해지면 빠르게 입기로 심화해 나간다.

12-6. 과학영역

잘 미끄러지려면

활동목표

1. 『눈 오는 날』 그림책을 통해 경사도에 관심을 가진다.
2. 경사도를 알아보고 탐구하는 과정에 적극적으로 참여한다.
3. 경사도에 따라 미끄러짐이 다름을 알 수 있다.

활동자료

『눈 오는 날』 그림책, 50cm 아크릴판, 벽돌블록, 인형, 미끄럼을 탈 다양한 물체, 활동지, 연필, 지우개

활동방법

[도입]

1. 『눈 오는 날』 그림책을 보며 피터가 미끄럼을 탔던 장면을 떠올린다.
   - 그림책에서 피터가 눈 더미에 올라가서는 무엇을 했지?
   - 미끄럼을 타기 위해서는 어떻게 해야 하지?
2. 미끄럼 탔던 유아들의 경험을 떠올린다.
   - ○○는 미끄럼을 탔던 경험이 있니?
   - 놀이터와 또 어떤 곳에서 미끄럼을 탈 수 있었니?
   - 피터는 미끄럼을 타기 위해 눈 더미에 올라갔어. 그리고 ○○는 놀이터 미

끄럼틀을 타기 위해 높은 곳으로 올라가야 했고. 미끄럼을 타기 위해서는 높은 곳으로 올라가야 하는구나.

[전개]

1. 아크릴판과 스펀지블록, 인형, 미끄럼을 탈 다양한 물체 등 실험 재료를 제시한다.
   - 여러 가지 재료로 미끄럼 실험을 해 보자.

〈실험방법〉

① 아크릴판 한쪽 끝에 인형을 올려놓고 손을 대지 않고 아크릴판 밖으로 옮길 수 있는 방법에 대해 이야기한다.
   - 여기 있는 재료를 활용해서 아크릴판 위 인형에 손을 대지 않고 움직이게 할 수 있을까?

② 인형이 놓인 쪽 아크릴판 아래에 벽돌블록을 쌓아 경사로를 높이고 몇 개의 블록을 쌓아야 인형이 움직일지 예측한다.
   - 아크릴판에 경사를 주면 인형이 움직일까? 몇 개의 블록이 필요할까?

③ 인형이 미끄럼틀을 벗어나기 위해 필요한 블록을 쌓아 보고 기록한다.

④ 인형이 미끄러져 아크릴판을 벗어나는 블록의 개수를 적고 예측한 것과 비교한다.

⑤ 경사도에 따라 미끄러짐이 다름을 알 수 있다.

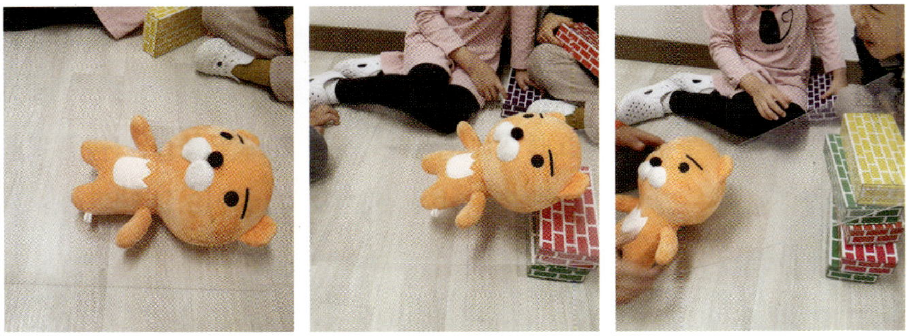

[마무리]

1. 활동을 마무리하고 평가한다.
   - 인형을 아크릴판 밖으로 옮기기 위해 우리가 어떻게 했었지?
   - 너희가 처음 예측했던 것과 같았니? 왜 달랐을까?
   - 실험을 하면서 궁금한 점이 있었니?
   - 실험을 하면서 재미있었던 점은 무엇이니?
   - 또 어떤 실험을 해 보고 싶니?

확장활동

1. 경사로 실험을 통해 여러 물체의 무게에 따라 블록의 개수가 달라짐을 알아 본다.

12월 플러스 활동

눈놀이

눈길에서 걸어 봐요

눈 천사 놀이

눈 천사가 될래요

피터의 방 꾸미기: 디오라마

라이트테이블에 눈이 내려요

천 썰매 타기

지오보드에 눈 결정체 만들기

실내 눈놀이

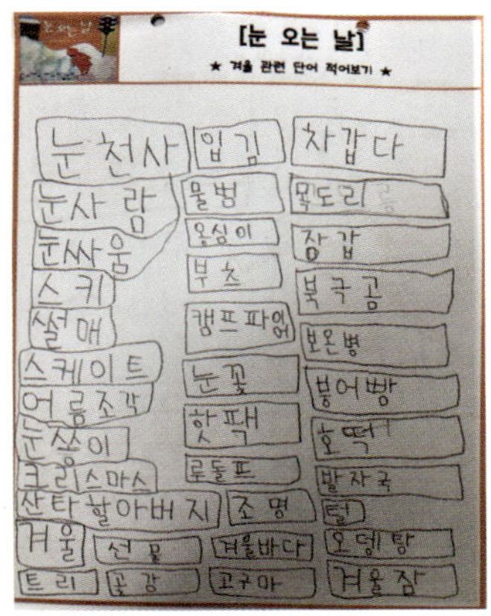

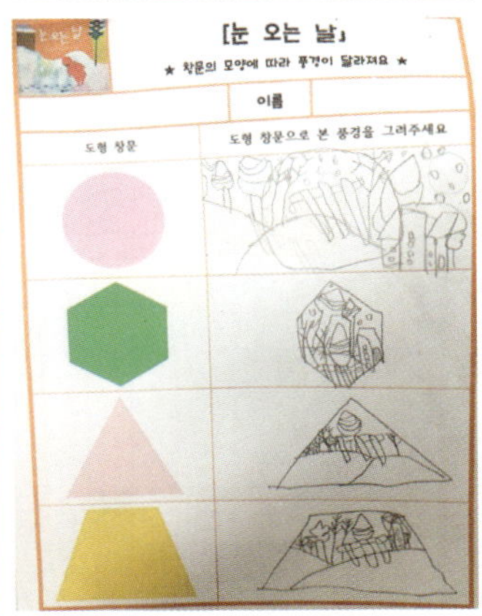

그림책 장면 콜라주 / 겨울 관련 단어 / 『눈 오는 날』 중간이야기 짓기 / 도형 창문으로 본 풍경

11. 1월 그림책 놀이활동: 『이야기 기계』

『이야기 기계』 톰 매클로플린 글 · 그림 / 김근형 옮김 / 키즈엠 / 2016	
주제	생활도구
목표	1. 『이야기 기계』 그림책을 읽고 등장인물과 배경에 대해서 알아본다. 2. 『이야기 기계』 그림책을 통해 우리 주변의 다양한 생활도구를 알아본다. 3. 생활도구의 올바른 사용 방법을 알고 실천한다.
생각 모으기	이야기 기계, 엘리엇, 창고, 새, 나팔, 지구본, 럭비공, 거미, 거미줄, 토봇, 트럼펫, 랜턴, 종이상자, 발견, 망원경, 연필, 켜고 끄는 버튼, 삐 소리, 윙윙 소리, 야구공, 사다리, 돋보기, 어머나, 우연히, 작동, 글자, 수많은, 글자, 쏟아지다, 청소기, 글자를 올바르게 쓰다, 그림, 시작하다, 멈추다, 큰 그림, 작은 그림, 복잡한 그림, 차분한 그림, 이야기를 담다, 문제, 고장

『이야기 기계』 그림책 놀이활동을 시작하기 전

『이야기 기계』는 주인공 앨리엇이 어느 날 창고에서 발견한 낯선 기계에 대한 이야기입니다. 켜고 끄는 버튼도 없고, 윙윙 소리도 나지 않는 낯선 기계를 우연히 작동시켰더니 수많은 글자가 쏟아져 나옵니다. 글자를 만드는 것이 쉽지 않았던 앨리엇은 낯선 기계를 이용해 글자로 그림을 그리기 시작했어요. 나무, 기린, 꽃, 기차, 이야기 기계로 엘리엇은 이야기하고 싶은 모든 것을 그릴 수 있었어요. 그러다 기계를 너무 많이 쓰는 바람에 고장이 나서 더는 이야기를 만들 수 없게 되어 엘리엇은 깊은 슬픔에 빠졌지요. 하지만 이야기를 만든 것은 기계가 아니라 앨리엇 자신이라는 것을 깨닫게 됩니다. 『이야기 기계』 그림책에는 타자기로 보이는 기계와 수많은 글자로 이루어진 그림이 쏟아져 나오는 것을 볼 수 있어요. 마치 꼬불꼬불한 길처럼 보이기도 하고, 생각이 꼬리를 물고 계속 이어지는 것처럼 보이기도 해요. 앨리엇은 기계의 편리함에 매우 즐거워했지만 결국 이야기의 주인공은 기계가 아닌 사람이라는 중요한 교훈을 얻게 되었습니다. 『이야기 기계』는 기계와 도구의 장점과 단점을 아이들의 눈높이에서 고스란히 보여 주는 재미있는 그림책입니다.

<table>
<tr><th colspan="2">주</th><th>1주</th><th>2주</th><th>3주</th><th>4주</th></tr>
<tr><td colspan="2">소주제</td><td>그림책 탐색</td><td>다양한 생활도구</td><td>생활도구를 움직이는 힘</td><td>생활도구 바르게 사용하기</td></tr>
<tr><td rowspan="8">자유놀이</td><td>쌓기영역</td><td>생활용품 만들기</td><td>생활도구 조립하기</td><td>움직이는 생활도구</td><td>생활도구 정리함</td></tr>
<tr><td>역할영역</td><td>컴퓨터 매장 놀이</td><td>우리 집 청소기</td><td>도우미 로봇</td><td>로봇 청소기</td></tr>
<tr><td>미술영역</td><td>그림책에서 인상 깊었던
장면 표상하기</td><td>크레파스 그림(다리미)</td><td>컴퓨터로 그림 그리기</td><td>생활도구 설명서 꾸미기</td></tr>
<tr><td>언어영역</td><td>〈읽기, 쓰기〉
자음 · 모음 글자 모으기
〈듣기, 말하기〉
이야기 들려주기(녹음)</td><td>〈읽기, 쓰기〉
생활도구 이름
〈듣기, 말하기〉
사용법을 말해요</td><td>〈읽기, 쓰기〉
휴지심 책 만들기
〈듣기, 말하기〉
친구가 지은 이야기</td><td>〈읽기, 쓰기〉
생활도구 매뉴얼 만들기
〈듣기, 말하기〉
도구와 기계에게 하고 싶은 말</td></tr>
<tr><td>수 · 조작영역</td><td>〈수〉
숫자로 그린 도형
〈조작〉
도형 칩으로 이야기 만들기
: 라이트테이블 활용</td><td>〈수〉
다양한 측정도구
〈조작〉
지오보드로 만드는 생활도구</td><td>〈수〉
힘의 크기 비교하기
〈조작〉
손뜨개(직조)</td><td>〈수〉
계산기를 사용해서 간단한
더하기와 빼기를 경험해 봐요
〈조작〉
펀치로 숫자를 써요</td></tr>
<tr><td>과학영역</td><td>타자기(키보드) 탐색</td><td>주방도구 연결하기
생활도구 관찰하기</td><td>건전지로 움직이는 생활도구</td><td>미디어 기기 바르게 사용하기</td></tr>
<tr><td>음률영역</td><td>〈음률〉
「할아버지의 시계」
〈동작〉
타자기 되어 보기</td><td>〈음률〉
주방기구 난타
〈동작〉
생활도구 표현하기</td><td>〈음률〉
「인형의 노래」 감상
〈동작〉
태엽 인형 되어 보기</td><td>〈음률〉
음악기계로 음악을 감상해요
〈동작〉
음악에 맞춰
빠르게 걷기/느리게 걷기</td></tr>
<tr><td>신체영역</td><td>그림자로 이야기를 만들어요</td><td>훌라후프</td><td>나는 무엇일까?
몸으로 말해요</td><td>두루마리 휴지로
짝과 함께 블록을 옮겨요</td></tr>
<tr><td colspan="2" rowspan="7">대 · 소집단
활동

(이야기 나누기
동화 · 동시
미술
음률
신체 · 게임
요리 · 과학)</td><td>〈이야기 나누기〉
'창고에서 생긴 일'
이야기 짓기
기계 생각 모으기</td><td>〈이야기 나누기〉
내가 발견한 기계
(우리 집 생활도구)
생활도구 백과사전</td><td>〈이야기 나누기〉
이야기는 누가 만들었을까?
어떤 힘으로 움직일까?</td><td>〈이야기 나누기〉
엘리엇의 이야기 기계는
왜 고장 났을까?
바르게 사진을 찍어요</td></tr>
<tr><td>〈미술〉
우리 반 이야기 나무</td><td>〈미술〉
우리 반 생활도구 발명품</td><td>〈미술〉
글자로 그린 그림
휴지심 그림</td><td>〈미술〉
내가 찍은 사진으로 꾸민
우리 교실</td></tr>
<tr><td colspan="4">〈관련 그림책〉『옛날과 오늘날의 생활도구』, 『진짜 안경 쓰고 싶단 말이야』, 『척척봇』, 『일하는 도구들』, 『아씨방과 일곱 동무』, 『신기한 우산 가게』, 『어디에 쓸까?』, 『맷돌, 어이가 없네!』, 『전기가 사라졌어』, 『옛날 도구가 뚝딱! 현대 도구가 척척!』, 『일과 도구』</td></tr>
<tr><td colspan="4">〈과학〉 내가 만든 생활도구 설계도</td></tr>
<tr><td colspan="4">〈요리〉 전자레인지 요리(계란찜)</td></tr>
<tr><td colspan="4">〈사회관계〉 우리 동네 생활도구 판매점 견학</td></tr>
<tr><td colspan="4">〈가정연계〉 우리 집에서 사용하는 생활도구 조사하기</td></tr>
</table>

1월 그림책 놀이활동 한눈에 보기(이야기 기계)

그림책 놀이활동 시작	교사 지원	그림책 놀이활동 흐름
• 교사가 자주 사용하는 노트북에 계속 질문을 하며 관심을 보임	• 환경: 교실 내에서 이야기 기계를 만들고 표현할 수 있도록 공간을 마련 • 자료: 휴지심, 재활용 기계, 생활용품(컴퓨터, 프린터기, 세탁기 등), 주방도구(국자, 뒤집개 등)	• 그림책에 나오는 기계에 관심을 가지고 여러 가지 기계를 만져 보는 놀이를 실행 • 그림책을 통해 생활도구에 관심을 가지고 기계와 도구를 활용한 놀이

* 놀이 흐름도

놀이활동 시작

교사가 노트북에 유아들의 이름이 적혀 있는 것을 본 유아들.

'선생님, 어떻게 내 이름이 써져요?'

'컴퓨터로 제 이름도 써 주세요.'

교사 지원

『이야기 기계』 그림책 소개

컴퓨터 영역에서 자유롭게 컴퓨터를 사용할 수 있도록 공간 제공

그림책과 같이 이야기를 만들 수 있도록 휴지심 이야기 책 만들기 활동 계획

놀이활동 흐름

그림책 주인공처럼 이야기를 지어내는 유아들.

'엘리엇처럼 긴 종이에 이야기 그리고 싶다.'

교사의 도움으로 휴지심 이야기 책을 만들며 이야기 이어가기 활동으로 놀이가 진행된다.

교사 지원

『이야기 기계』 그림책을 활용해 우리에게 도움을 주는 도구와 기계에 대해 유아들과 이야기 나누기

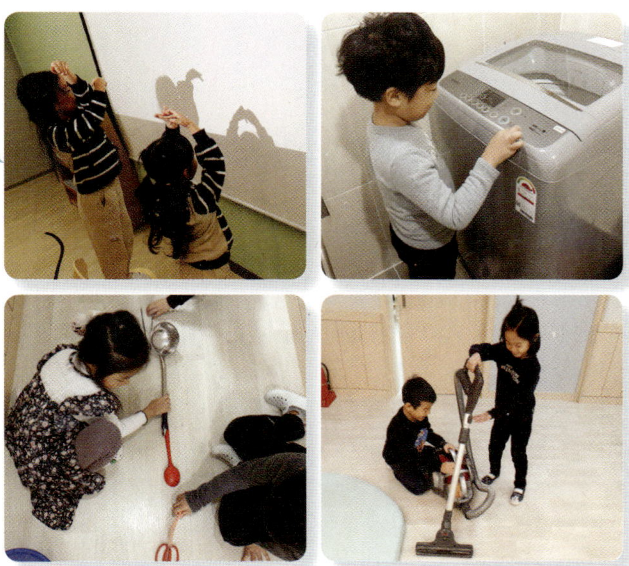

놀이활동 전환

『이야기 기계』와 같이 이야기를 만드는 놀이에서 우리 생활에 도움이 되는 기계에 대한 관심으로 놀이가 전환된다.

유아들은 주방도구를 이용해서 '같은 소재 이어 붙이기', '청소도구, 세탁기' 등 주변에서 쉽게 접하는 기계와 도구를 탐색하고 활용하는 놀이가 진행된다.

1-1. 이야기 나누기

엘리엇의 이야기 기계는 왜 고장 났을까?

활동목표

1. 『이야기 기계』 그림책의 내용에 대해서 관심을 가진다.
2. 궁금한 것에 대해서 자유롭게 이야기 나눌 수 있다.

활동자료

『이야기 기계』 그림책, PPT 자료

활동방법

[도입]

1. 『이야기 기계』 그림책을 펼쳐서 첫 장면을 살펴본다.
   - 첫 장면에서 이 친구가 무엇을 하고 있어?
   - 창고에는 무엇이 있어?
2. 두 번째 장면을 보며 이야기를 나눈다.
   - 무엇을 발견했어? 무슨 기계인 것 같아?
3. 세 번째 장면을 보며 이야기를 나눈다.
   - 무슨 장면일까? 그림책 친구는 무슨 생각을 했을까?

[전개]

1. 그림책 장면에 대해서 이야기를 나눈다.
   - 엘리엇의 기계는 어떻게 되었어?
   - 고장이 난 것은 어떤 거야? 왜 고장이 났을까?

2. 엘리엇의 기계가 고장 난 이유에 대해 자유롭게 이야기 나눈다.
   - 엘리엇의 기계가 왜 고장이 났을까?
3. 엘리엇의 기계가 고장 난 이유를 그림책에서 살펴본다.
   - 그림책을 좀 더 살펴볼까?
   - 기계를 어떻게 살펴봤어?
   - 왜 고장 난 것 같아?

[마무리]

1. 엘리엇의 기계가 왜 고장 났는지 이야기 나눈 것을 정리해 본다.
   - 엘리엇은 창고에서 무엇을 발견했어?
   - 친구들은 기계가 왜 고장 났다고 생각했어?

* 활동 TIP *

왜 고장 났는지 알기 위한 과학적 탐색이 아니라 그림책을 자세히 살펴보기 위한 활동입니다. 아이들이 상상력을 가지고 자유롭게 이야기를 나눌 수 있도록 격려해 주세요.

I-2. 언어영역

휴지심 책 만들기

활동목표

1. 『이야기 기계』 그림책의 장면을 보고 이야기를 재구성해 본다.
2. 재미있는 도구를 사용하여 이야기 꾸미기 활동을 한다.

활동자료

휴지심, 길게 자른 종이 여러 장, 풀, 가위, 연필 또는 색연필

활동방법

[도입]

1. 그림책의 삽화를 자세히 살펴본다.
    - 타자기에서 종이가 어떻게 나와 있어?
    - 길게 나온 종이에 어떤 글자가 적혀 있을까?
    - 길게 나온 종이에 어떤 이야기가 적혀서 나올까?
2. 휴지심에 어떤 이야기를 적으면 좋을지 생각해 본다.
    - 이야기 그림책의 이야기를 적어 볼까?
    - 내가 만든 새로운 이야기를 적어 볼까?
    - 타자기에서는 어떤 이야기가 나오고 있을까?

[전개]

1. 길게 자른 종이에 이야기를 적고, 그림을 그린다.
   - 길게 자른 종이를 가로로 놓아 볼까?
   - 내가 생각한 이야기를 적어 볼까?
   - 내가 지은 이야기에 그림도 함께 그려 볼까?

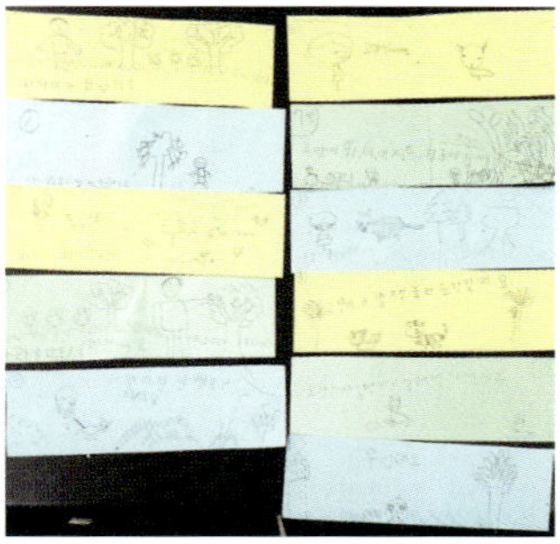

2. 휴지심 이야기를 붙인다.
   - 종이를 이어 휴지심에 연결해서 붙인다.
   - 완성한 휴지심 책은 고무줄로 고정시킨다.

[마무리]

1. 내가 만든 휴지심 책을 친구들 앞에서 읽는다.

2. 활동을 마무리하고 평가한다.
   - 휴지심에 이야기를 적어서 책을 만들어 본 느낌이 어떠니?
   - 친구가 만든 휴지심 책 이야기를 들어보니 어떤 느낌이 들어?

I-3. 과학영역

주방도구 연결하기

활동목표

1. 우리 주변의 생활도구에 관심을 가진다.
2. 생활에 필요한 도구는 여러 가지 재질로 만들어졌음을 안다.

활동자료

작은 생활도구(위아래 재질이 다른), 국자, 뒤집개, 가위, 거품기, 집게, 냄비 뚜껑, 젓가락, 숟가락

활동방법

[도입]

1. 『이야기 기계』 그림책을 보며 이야기를 나눈다.
    - 그림책에 나오는 생활도구를 찾아볼까?
    - 어떤 재질로 만들어졌을까?
2. 생활도구 재질에 대해 이야기 나눈다.
    - 이름을 몰라도 재질이 다르다는 것은 알 수 있어.
    - 청소기 손잡이와 같은 재질은 어떤 것이 있어?
    - 국자 손잡이의 아랫부분과 같은 재질은 어떤 물건에 있어?

[전개]

1. 주방도구 재질을 살펴본다.
   - 국자, 뒤집개, 가위, 거품기, 집게, 젓가락, 숟가락 재질을 살펴볼까?
   - 같은 재질끼리 붙이는 놀이를 해 보자.
2. 주방도구 연결하기 놀이를 한다.
   - 같은 재질의 주방도구를 연결해 본다.
   (국자 스테인리스〉뒤집개 스테인리스〉뒤집개 손잡이 플라스틱〉밥주걱 플라스틱〉가위 손잡이 플라스틱〉가위 날 스테인리스)

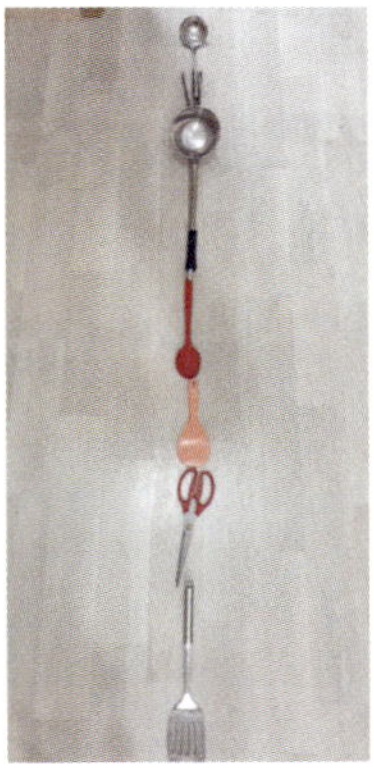

[마무리]

1. 활동을 마무리하고 평가한다.
   - 주방도구를 사용해서 연결하기 놀이를 해 본 느낌이 어떠니?
   - 다음에는 어떤 도구로 연결하기 놀이를 해 볼까?

I-4. 수·조작영역

숫자로 그린 도형

활동목표

1. 『이야기 기계』 그림책을 통해 숫자를 변형하여 기본 도형을 구성해 본다.
2. 기본 도형의 특성을 알 수 있다.
3. 주변 사물에 대한 호기심을 키운다.

활동자료

『이야기 기계』 그림책, 활동지, 도형 칩

활동방법

[도입]

1. 그림책을 회상하며 엘리엇이 그린 그림에 대해 이야기 나눈다.
    - 엘리엇이 그린 그림 중에 기억에 남는 그림은 어떤 그림이니? 그 그림을 자세히 보았니?
    - 엘리엇은 무엇으로 그림을 그렸니?
2. 엘리엇의 그림을 자세히 살펴본다.
    - 엘리엇이 그린 기린에는 어떤 글자들이 보이니?
    - 글자로도 그림을 그릴 수 있구나.

[전개]

1. 도형 칩을 보며 도형의 특성에 대해 이야기 나눈다.
   - 이 도형의 이름은 무엇일까? 이 도형은 왜 삼각형일까?
   - 이 도형의 특징을 말할 수 있겠니?
   - 이 도형은 무엇으로 만들어졌니?
2. 숫자를 활용해 활동지에 도형을 구성한다.
   - 숫자 1로 어떤 도형을 만들 수 있을까?
   - 숫자 1로 만들고 싶은 또 다른 도형은 없니?
   - 엘리엇의 그림처럼 숫자들을 여러 번 적어 도형을 그려 보겠니?

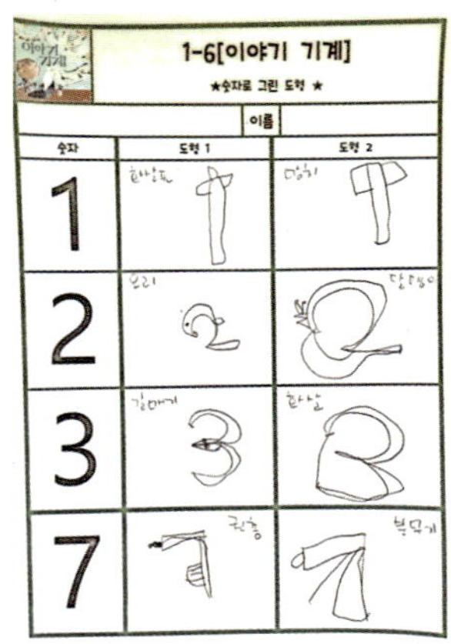

[마무리]

1. 활동을 마무리하고 평가한다.
   - 숫자로 어떤 도형을 구성해 보았니?
   - 엘리엇처럼 숫자로 어떤 도형을 그려 보았니?
   - ㅇㅇ가 그린 도형의 이름은 무엇이었니? 이 도형은 어떤 특징이 있었니?
   - 도형은 구성하거나 그리면서 궁금하거나 어려운 점은 없었니?

I-5. 신체영역

그림자로 이야기를 만들어요

활동목표

1. 『이야기 기계』 그림책을 통해 그림자로 이야기를 구성해 본다.
2. 신체를 이용하여 자유롭게 이야기를 표현한다.
3. 신체 움직임을 조절하며 신체활동을 즐긴다.

활동자료

『이야기 기계』 그림책, 흰 천, 광원(랜턴)

활동방법

[도입]

1. 교사는 손그림자로 간단한 이야기를 만들어 유아의 호기심을 자극한다.

- 아기 토끼가 깡충깡충 무엇인가를 찾고 있어요. 무엇을 찾고 있을까? (유아들이 대답하도록 한다.)
- (엄마/먹이)를 찾고 있었는지 아기 토끼에게 물어볼까?
- 아기 토끼는 『이야기 기계』 그림책을 찾고 있었구나.

2. 『이야기 기계』 그림책 장면인 그림으로 이야기를 만드는 장면을 회상한다.
   - 엘리엇이 타자기로 그린 이야기는 어떤 이야기일까?
   - 엘리엇은 그림으로 이야기를 만들었어. 우리는 무엇으로 이야기를 만들 수 있을까?
   - 그림자 아기 토끼처럼 이야기를 만들 수 있을까?

[전개]

1. 광원 앞에 서서 흰 천에 비친 자신의 그림자를 신체를 움직이며 조절하고 탐색한다.
   - 흰 천에 비친 너희의 모습이 어떠니?
   - 자유롭게 움직여 보자. 무엇을 만들고 싶니?
2. 신체를 조절하며 그림자로 이야기를 만든다.
   - 어떤 이야기를 만들어 보고 싶니?
   - ○○는 아기 새를 만들었구나? 새가 무엇을 하고 있을까?
   - □□는 아기 새 옆에 토끼를 만들었구나. 아기 새와 토끼가 만나 무슨 이야기를 하고 있을까? 그림자로 이야기를 만들어 보자.
3. 유아들이 자유롭게 이야기를 만들 수 있도록 안내한다.

[마무리]

1. 활동을 마무리하고 평가한다.
   - 어떤 그림자를 만들어 보았니? 만들고 싶은 그림자를 만들 수 있었니?
   - 그림자로 무슨 이야기를 만들어 보았니? 더 만들고 싶은 이야기가 있니?

I-6. 미술영역

내가 찍은 사진으로 꾸민 우리 교실

활동목표

1. 『이야기 기계』 그림책을 통해 생활도구에 관심을 가진다.
2. 미디어 기계를 활용하여 사진을 찍고 출력해 본다.
3. 사진을 활용하여 자유롭게 표현할 수 있다.

활동자료

카메라, 휴대폰, 프린터, 컴퓨터, 노끈, 집게, 꾸미기 재료

활동방법

[도입]

1. 『이야기 기계』 다양한 그림으로 나무를 꾸민 그림책 장면을 떠올린다.
   - 엘리엇이 꾸민 이 나무에는 어떤 이야기가 담겨 있을까?
   - 그림만으로 이야기를 만들 수 있구나.
2. 미디어 기계를 소개한다.
   - 엘리엇은 타자기로 그림을 그렸어. 우리가 자주 사용하는 기계 중 그림을 그려 주는 기계에는 어떤 것이 있을까?
   - 멋진 풍경이나 재미있는 장면을 남기고 싶을 대는 어떤 기계를 사용하지?
3. 미디어 기계를 사용할 때 주의사항을 알아본다.

[전개]

1. 카메라 또는 휴대폰으로 유아가 찍고 싶은 사물이나 장면을 찍는다.
   - ○○는 어떤 것을 찍고 싶니?
   - □□는 어떤 장면을 사진으로 남기고 싶니?
2. 유아들이 찍은 사진을 화면을 보며 마음에 드는 사진을 출력한다.
   - ○○는 어떤 사진이 가장 마음에 드니? 어떤 사진을 출력하고 싶니?
3. 출력된 사진을 자유롭게 꾸며서 교실에 전시한다.

   - 사진을 어떻게 꾸미고 싶니?
   - 우리가 찍은 사진으로 교실을 어떻게 꾸미고 싶니?
   - 사진이 모두 잘 보일 수 있게 하려면 어떻게 해야 할까?

[마무리]

1. 활동을 마무리하고 평가한다.
   - 미디어 기계를 사용할 때 주의 사항은 잘 지켰니?
   - 좋아하는 것을 사진으로 찍고, 출력해서 우리 반 교실을 꾸며 보니 기분이 어떠니?
   - 사진을 찍을 때 찍고 싶은 장면을 찍고 싶었니? 사진을 잘 찍으려면 어떻게 해야 할까?

I-7. 음률영역

주방기구 난타

활동목표

1. 『이야기 기계』 그림책을 통해 생활도구에 관심을 가진다.
2. 주방기구를 활용하여 난타를 통해 박자와 리듬을 경험한다.
3. 자유롭게 난타를 연주하며 즐긴다.

활동자료

난타 관련 사진 자료, 음원, 도마, 국자, 숟가락, 솥, 냄비, 거품기, 그릇 등 깨지지 않는 주방기구

활동방법

[도입]

1. 우리 주변에서 볼 수 있는 생활도구에 대해 이야기 나눈다.
   - 우리 생활을 편리하게 해 주는 생활도구에는 무엇이 있을까?
2. 생활도구 중 주방에서 사용하는 주방기구에 대해 알아본다.
   - 음식을 만들거나 먹기 위해 필요한 주방기구에는 어떤 것이 있을까?
3. 난타 관련 사진 자료를 보며 무슨 활동인지 알아본다.
   - 이런 공연을 본 경험이 있니?
   - 무엇으로 연주를 하고 있니? 우리도 할 수 있을까?

[전개]

1. 주방기구를 탐색한다.
    - 국자로는 어떤 소리를 낼 수 있을까? 거품기는 어떤 소리가 나니?
    - 솥으로 낼 수 있는 소리를 찾아볼까? 또 다른 소리를 낼 수 있을까?
2. 유아들이 원하는 주방기구를 선택하여 리듬과 박자에 맞춰 연주한다.
    - ○○는 어떤 주방기구로 난타를 연주하고 싶니?
3. 음원에 맞춰 자유롭게 난타를 연주한다.
    - 음악이 나오면 자유롭게 연주해 보자.
4. 귀에 듣기 좋은 음악을 만들기 위한 방법에 대해 이야기해 본다.
    - 어떻게 해야 우리의 연주가 더 멋지게 될 수 있을까?
    - 어떤 박자와 리듬이 좋을까?
5. 약속한 박자와 리듬에 따라 난타를 연주한다.

[마무리]

1. 활동을 마무리하고 평가한다.
    - 주방기구로 어떤 소리를 낼 수 있었니?
    - 주방기구로 어떻게 연주했니?
    - 귀에 듣기 좋은 소리를 내기 위해서 어떤 약속을 했었니?

1절 플러스활동

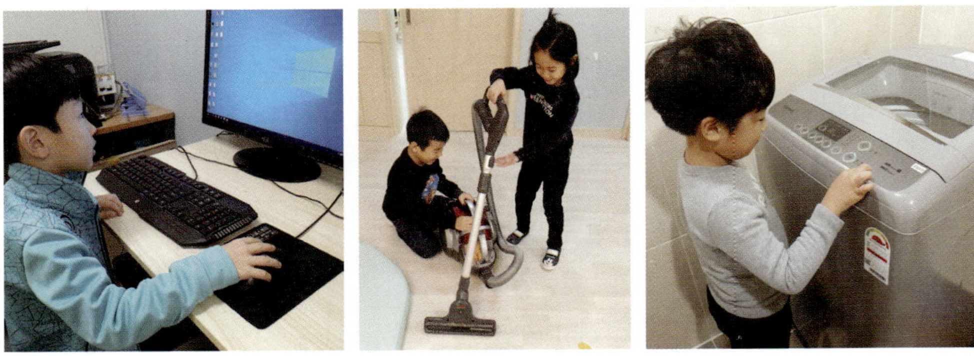

생활도구 관찰하기

지오보드로 만드는 생활도구

우리 반 이야기 나무

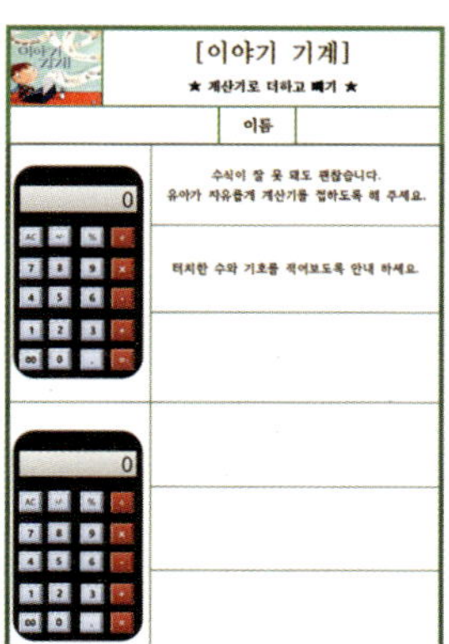

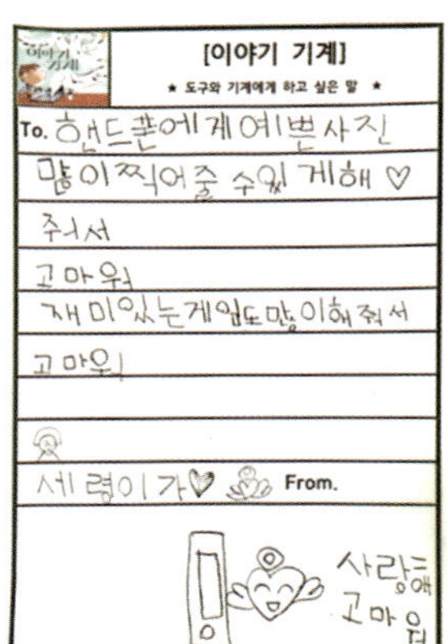

계산기를 사용해서 간단한 더하기와 빼기 경험하기 / 내가 사용하는 도구와 기계에게 하고 싶은 말 / 그림책에서 인상 깊었던 장면 표상하기

12. 2월 그림책 놀이활동: 『쿠키 한 입의 인생 수업』

『쿠키 한 입의 인생 수업』 에이미 크루즈 로젠탈 글 · 제인 다이어 그림 / 김지선 옮김 / 책읽는곰 / 2008	
주제	진급 / 졸업 / 꿈
목표	1. 그림책에 나오는 글에 관심을 가지고 뜻을 알아본다. 2. 그림책에 나오는 긍정과 배려에 관련된 단어의 의미를 알고 실천해 보는 경험을 해 본다.
생각 모으기	쿠키, 인생, 수업, 도움, 당당함, 겸손, 인내, 어른 공경, 믿음, 공평, 불공평, 배려, 욕심, 마음이 넓다, 부정적, 긍정적, 예의, 정직, 용감, 부러움, 우정, 열린 마음, 후회, 만족, 지혜, 반죽, 초콜릿 조각, 맛있어, 동네방네, 갓 구운 쿠키, 할머니, 맡기다, 한 입, 나눠 먹다, 많다, 혼자서, 히히히, 냠냠냠, 속상해, 반쪽밖에, 반쪽이나, 미안하지만, 숨, 훨씬, 자꾸만, 커다란, 자그만, 하나씩, 후회, 곱슬머리, 고양이, 강아지, 접시, 줄무늬, 체크무늬, 토끼, 생쥐, 계란, 앞치마, 오븐, 모자, 주방도구, 주전자, 꽃, 바구니, 말, 머리띠, 돗자리, 식탁, 의자, 물병, 오리, 곰, 양, 염소, 원피스, 책

『쿠키 한 입의 인생 수업』 그림책 놀이활동을 시작하기 전

『쿠키 한 입의 인생 수업』 그림책은 쿠키를 통해 삶의 지혜를 이야기하는 책입니다. 아직 삶의 지혜를 이해하기 어려운 아이들에게 돕는 것의 의미를 "내가 반죽을 저을 때 너는 초콜릿 조각을 넣어 주는 것"이라고 말해 주고 있지요. 참는 것은 쿠키가 익을 때까지 기다리는 것이고, 쿠키를 맨 먼저 할머니께 드리는 것은 어른을 공경한다는 것, 친구가 맡긴 쿠키를 먹지 않고 맡아서 있는 것은 믿음, 쿠키를 똑같이 나누어 먹는 것은 공평, 나누어 먹는 것은 배려, 혼자서 다 먹어버리는 것은 욕심, 쿠키를 나눠 주는 것은 넓은 마음, 같은 상황에서 좋은 쪽으로 생각하는 것은 긍정, 이외에도 예의, 정직, 용기, 부러움, 우정, 열린 마음, 후회, 만족, 지혜에 대해서 이야기하고 있습니다. 우리 삶의 가장 소중한 가치를 쿠키를 소재로 하여 아이들이 이해하기 쉬운 상황으로 자연스럽게 알려 주고 있어요. 『쿠키 한 입의 인생 수업』 그림책 놀이활동을 통해서 삶의 지혜, 소중한 가치를 쉽게 알아보고, 이해하는 시간을 가지고자 합니다.

주		1주	2주	3주	4주
소주제		그림책 탐색	긍정의 말	배려와 존중	함께 실천해요
자유놀이	쌓기영역	쿠키 공장 구성하기	마음의 벽을 허물어요	배려 탑 쌓기	사랑의 밥차 구성하기
	역할영역	쿠키 가게 놀이	긍정다리 건너기	존중 파티	칭찬 마을 놀이
	미술영역	밀가루 반죽놀이	긍정 캐릭터 디자인	배려 우산	실천 왕 상장 (메달, 상장, 트로피 만들기)
	언어영역	〈읽기, 쓰기〉 그림책 단어 찾기 〈듣기, 말하기〉 귓속말로 전해요	〈읽기, 쓰기〉 긍정의 단어 : 고마워, 괜찮아, 사랑해 〈듣기, 말하기〉 긍정의 말을 들어요	〈읽기, 쓰기〉 배려와 존중의 단어 : 미안해, 먼저 해, 도와줄게 〈듣기, 말하기〉 친구에게 하고 싶은 말	〈읽기, 쓰기〉 친구에게 편지 쓰기 〈듣기, 말하기〉 부모님께 하고 싶은 말
	수 · 조작영역	〈수〉 (측정) 비교 어휘 〈조작〉 그림책 퍼즐	〈수〉 무늬를 완성해요 〈조작〉 지오보드로 패턴을 만들어요	〈수〉 공평하게 나눠요 〈조작〉 친구와 함께하는 실뜨기	〈수〉 우리 반이 가장 좋아하는 감정을 나타내는 말 〈조작〉 감정 카드 게임
	과학영역	쿠키가 만들어지는 과정	긍정의 말로 키운 식물	배려의 과학 : 도움을 주는 도구 탐색	배려의 과학 : 도움을 주는 도구를 만들어요
	음률영역	〈음률〉 「참 좋은 말」 〈동작〉 나는 감정 쿠키	〈음률〉 감정을 나타내는 음악 감상 〈동작〉 스카프로 나의 기분을 표현해요	〈음률〉 고운 말 송 : 바른 말 고운 말을 해요 〈동작〉 고운 말 송 동작표현	〈음률〉 핸드벨 연주 〈동작〉 몸으로 함께 연주해요
	신체영역	그대로 멈춰라	나는 멀리 뛸 수 있어요	어디만큼 왔니?	믿음 기차놀이
대 · 소집단 활동 (이야기 나누기 동화 · 동시 미술 음률 신체 · 게임 요리 · 과학)		〈이야기 나누기〉 주제망 구성하기 그림책에 나오는 단어, 등장인물, 배경 (주제망 구성하기)	〈이야기 나누기〉 긍정적인 말/부정적인 말 긍정의 말을 전해요	〈이야기 나누기〉 배려란 무엇일까? 존중이란 무엇일까? 오늘 내가 실천한 배려	〈이야기 나누기〉 정직하고 용감하게 행동해요 예의 바르게 말해요
		〈미술〉 밀가루 반죽으로 쿠키 만들기	〈미술〉 내 마음의 긍정 보물	〈미술〉 예쁜 말 쿠키로 꾸미는 우리 반 1(도안 만들기)	〈미술〉 예쁜 말 쿠키로 꾸미는 우리 반 2(교실 꾸미기)
		〈관련 그림책〉『쿠키 한 입의 행복 수업』, 『쿠키 한 입의 사랑 수업』, 『쿠키 한 입의 우정 수업』, 『사랑하는 딸에게』, 『검은 마을 하얀 마을』, 『고백할 거야!』, 『상어 마스크』, 『소피가 화나면 정말 정말 화나면』, 『소피가 속상하면, 너무너무 속상하면』, 『침묵 게임에 초대합니다』, 『모래성과 용』, 『날마다 날마다 즐거워』, 『슬픔을 꽉 안아 줘』			
		〈과학〉 밀가루에 베이킹소다를 넣으면			
		〈요리〉 감정 쿠키 만들기, 달고나 감정 쿠키, 쿠키와 어울리는 차			
		〈사회관계〉 칭찬 릴레이(친구, 가족, 이웃)			
		〈가정연계〉 부모님이 나에게 들려주고 싶은 이야기 영상 찍기			

2월 그림책 놀이활동 한눈에 보기(쿠키 한 입의 인생 수업)

그림책 놀이활동 시작

- 흙놀이, 점토놀이를 하며 여러 가지 모양의 쿠키를 만드는 유아들
- 쿠키에 관심을 가지고 그림책을 주의깊게 읽음

→

교사 지원

- 환경: 교실 내에서 긍정, 배려와 관련된 놀이를 할 수 있도록 공간을 배치
- 자료: 긍정, 배려놀이 도구(왕관, 블록, 역할놀이 도구, 상장, 트로피 등)

→

그림책 놀이활동 흐름

- 그림책에 나오는 긍정과 배려의 단어를 보고 어떤 의미인지 놀이를 통해 경험
- 친구에게 긍정과 배려의 단어를 실천해 보는 놀이

＊ 놀이 흐름도

놀이활동 시작

흙놀이, 점토놀이를 하며 쿠키를 만드는 유아들.
쿠키 제목의 그림책『쿠키 한 입의 인생 수업』그림책에 흥미를 보인다.
"난 초코 쿠키!"
"나는 아주 크게 만들어야지."
"이것 봐, 그림책 제목이 '쿠키'야."
"아니야. '쿠키 한 입의 인생 수업'이야."
"그래, '쿠키'!"

놀이활동 흐름

'생일 축하해', '도움을 주는 도구 디자인', '긍정 쿠키 만들기', '친구와 기차놀이' 등 그림책에 나오는 긍정과 배려의 단어의 의미를 놀이를 통해 경험해 간다.

교사 지원

그림책 『쿠키 한 입의 인생 수업』을 유아들과 함께 읽는다. 그림책에 나오는 긍정과 배려 놀이활동을 계획한다.

놀이활동 확장

다른 반 유아들에게 배려와 긍정에 대한 메시지를 전달하기 위해 복도에 작품을 전시하고, 긍정 왕, 배려 왕을 선정해 상장과 트로피를 수여하는 시간을 가지며 놀이가 확장되어 간다.

교사 지원

놀이로만 이어지던 긍정, 배려를 모두가 공유할 수 있도록 공간과 자료를 지원

2-1. 역할영역

존중 파티

활동목표

1. 그림책 놀이활동을 통해 배려와 존중에 대해서 관심을 가진다.
2. 다른 사람을 존중하는 즐거움을 알고 재미있는 활동에 참여할 수 있다.

활동자료

역할놀이 교구, 아이들이 만든 존중 왕관

활동방법

[도입]

1. 그림책에 나오는 배려의 의미와 함께 존중에 대해서 알아본다.
   - 쿠키가 없을 때 어떻게 하는 것이 배려라고 했어? (나눠 먹는 것)
   - 우리끼리 쿠키를 먹지 않고 친구에게 남겨 주는 건 존중이라고 해.
   - 친구가 나와 다른 생각을 말할 때 '그렇구나!'라고 이해해 주는 것도 존중이라고 해.
2. 내가 경험해 본 존중에 대해서 이야기 나눈다.
   - 존중해 본 경험을 말해 볼까?
   - 존중받아 본 경험을 말해 볼까?
   - 친구를 존중하려면, 선생님을 존중하려면 어떻게 해야 할까?

[전개]

1. 친구들과 존중 파티를 준비한다.
   - 서로 존중하는 것을 축하하며 존중 파티를 해 볼까?
   - 파티 준비하기 위해서 음식물을 차려 볼까?

     (역할영역의 음식 모형, 그림으로 꾸민 것 등으로 파티를 준비한다.)
2. 다 함께 존중 파티에 참여한다.
   - 멋지게 파티 준비를 했으니 존중 파티를 해 보자.
   - 이번 주에 친구를 가장 존중한 ㅇㅇ에게 존중 왕관을 씌워 줄게.
   - 즐겁게 파티를 해 보자.

[마무리]

1. 존중 파티에 참여해 본 느낌을 이야기 나눈다.
   - 친구들과 함께 존중 파티를 해 본 느낌이 어때?
   - 어떻게 하면 친구들 더욱 존중할 수 있을까?
   - 가정에서 부모님, 동생(형)을 존중하려면 어떻게 해야 할까?

2-2. 미술영역

실천 왕 상

활동목표

1. 그림책 놀이활동을 통해 긍정적인 말, 배려, 존중, 실천의 의미에 대해서 알아본다.
2. 긍정적인 말과 표현을 하는 것에 대해서 자긍심을 가지고 나와 친구에게 표현할 수 있다.

활동자료

상장 용지, 트로피(종이컵 2개, 포일, 모루, 뽕뽕이), 메달(두꺼운 종이, 지끈, 얇은 구슬끈)

활동방법

[도입]

1. 친구에게 주고 싶은 실천 상 이야기를 나눈다.
   - 친구에게 어떤 실천의 상을 주고 싶어? (고마워 상, 칭찬해 상, 웃음 상, 배려 상, 존중 상 등)
   - 메달, 상장, 트로피 중 어떤 상을 주고 싶어?
2. 실천 왕 상을 소개한다.
   - 친구에게 줄 실천 왕 상을 정한다. (어떤 친구에게 줄 ㅇㅇ상)

[전개]

1. 실천 왕 상을 만든다.

〈상장〉

① 상장 용지에 상 이름과 상 받는 사람을 적는다.

② 상을 받는 이유를 간단히 적는다.

③ 상을 예쁘게 꾸민다.

〈트로피〉

① 종이컵 2개를 포일로 감싼다.

② 모루로 손잡이를 만든다.

③ 스티커, 매직, 뽕뽕이 등으로 트로피를 꾸민다.

〈메달〉

① 두꺼운 종이에 상 이름을 적고 받는 사람 이름을 적는다.

② 지끈으로 메달 끈을 만들어 적절한 길이로 묶는다.

③ 동그라미 메달을 얇은 구슬 등으로 꾸민다.

[마무리]

1. 실천 왕 상 전달식을 한다.
   - 자신이 만든 상을 전달해 볼까?
   - 상을 받을 때 축하의 박수를 보내자.

2. 실천 왕 상을 주고받은 느낌을 이야기 나눈다.

2-3. 미술영역

긍정 캐릭터 디자인

활동목표

1. 내가 소중히 여기는 것에 관심을 가지고 알아본다.
2. 내 마음의 긍정적인 것을 그림으로 표현해 본다.

활동자료

『쿠키 한 입의 인생 수업』 그림책, 종이, 활동지, 사인펜, 색연필, 연필, 지우개

활동방법

[도입]

1. 그림책을 회상하며 긍정적인 이미지에 대해 이야기를 나눈다.
   - 그림책에서 기억에 남는 긍정적인 말은 무엇이니?
   - 긍정적인 말을 들었을 때 어떤 그림이 생각나니?
   - 긍정적인 말을 그림으로 표현할 수 있을까?

[전개]

1. 긍정적인 말의 이미지를 상상한다.
2. 내가 상상한 긍정 이미지를 캐릭터로 디자인해 본다.
3. 활동지에 내가 디자인한 긍정 캐릭터를 표현한다.

[마무리]

1. 내가 디자인한 긍정 캐릭터를 친구들에게 소개한다.
   - 저의 긍정 캐릭터 ○○○과 ○○○, ○○○입니다.
   - ○○가 디자인한 캐릭터를 보면 어떤 긍정적인 단어가 생각나니?
2. 긍정 캐릭터를 디자인해 본 느낌을 나눈다.
   - 내가 생각하는 긍정 캐릭터를 디자인해 본 느낌이 어때?
   - 긍정 캐릭터는 언제 사용하면 좋을까?
   - 친구들의 긍정 캐릭터를 보니 어떤 생각이 들었니?

2-4. 과학영역

배려의 과학: 도움을 주는 도구 탐색

활동목표

1. 『쿠키 한 입의 인생 수업』 그림책을 통해 배려의 의미를 알 수 있다.
2. 불편한 사람들을 위해 발명된 다양한 도구를 탐색한다.
3. 도움을 주는 도구에 대해 더 알고자 하는 태도를 기른다.

활동자료

『쿠키 한 입의 인생 수업』 그림책, 안경, 지팡이, 휠체어, 영상 자료와 그림 자료, 활동지, 색연필

활동방법

[도입]

1. 그림책을 회상하며 그림책 속 배려의 의미를 알아본다.
    - 그림책에서 배려란 무엇이라고 표현했니?
    - 너희가 생각하는 배려는 어떤 것이니?
2. 도움을 주는 도구에 대해 알아보며, 배려의 과학을 소개한다.
    - 다리가 불편한 분들을 도와주기 위해 발명된 도구에는 어떤 것들이 있을까?
    - 누군가를 배려하기 위해 발명된 도구에는 어떤 것이 더 있을까?

[전개]

1. 영상 자료와 그림 자료를 보며 배려의 과학에 대해 더 알아본다.
   - 몸을 움직일 수 없는 사람들을 위해 발명된 도구들을 보며 어떤 생각이 들었니?
   - 왜 과학자들은 이 도구를 발명했을까?
2. 유아가 생각하는 발명품을 활동지에 디자인해 본다.
   - ㅁㅁ는 누구에게 어떤 도움을 주고 싶니?
   - ㅇㅇ는 무엇을 만들어 보고 싶니?
3. 완성한 작품을 소개한다.
   - ㅁㅁ가 디자인한 도움을 주는 도구에 대해 이야기해 보겠니?
   - ㅇㅇ는 누구를 위해 디자인한 도구니? 어떻게 사용하는지 이야기해 볼까?

[마무리]

1. 활동을 마무리하고 평가한다.
   - 도움이 필요한 사람들을 위해 도구를 발명한 과학자들은 어떤 기분이 들었을까?
   - 도움을 주고 싶은 사람을 위해 도구를 디자인해 보니 어떤 기분이 들었니?
   - 도움이 필요한 사람을 위해 우리는 어떤 배려를 할 수 있을까?

확장활동

1. 유아가 발명한 작품은 과학영역에 전시하며 입체적으로 만들어 본다.

2-5. 수·조작영역

비교 어휘

활동목표

1. 『쿠키 한 입의 인생 수업』 그림책의 비교 어휘에 관심을 가진다.
2.. 수학의 내용 중 측정의 기초인 비교하기를 할 수 있다.
3. 길이, 크기, 들이, 무게, 시간의 비교 어휘를 알 수 있다.

활동자료

『쿠키 한 입의 인생 수업』 그림책, 활동지, 단위블록

2-8[쿠키 한 입의 인생수업]

★ 측정 - 비교 어휘★

높새반	이름	

새로 온 아이의 ( )쿠키 보다, 난 너랑 네 ( ) 쿠키가 더 좋아.

크기		코끼리는 ( )		생쥐는 ( )
길이		기린의 목은 ( )		강아지 목은 ( )
들이		물이 ( )		물이 ( )
무게		수박은 ( )		귤은 ( )
속도		치타는 ( )		나무늘보는 ( )

활동방법

[도입]

1. 그림책을 회상하며 그림책 속 측정 비교 어휘를 알아본다.
    - "새로 온 아이가 훨씬 커다란 쿠키를 가지고 있지만, 난 너랑 네 자그만 쿠키가 더 좋아. 우리는 가장 친한 친구니까."에서 어떤 말이 쿠키의 크기를 나타내는 말일까?

[전개]

1. 유아의 신체를 활용하여 측정에는 서로 비교하는 어휘가 다름을 알아본다.
    - 선생님하고 ○○의 키를 비교해 볼까? 누구의 키가 더 크니?
    - 선생님하고 ㅁㅁ의 몸무게를 비교해 볼까? 누구의 몸무게가 더 무겁니?
    - 키와 몸무게를 비교할 때 쓰이는 말이 다르구나.
2. 측정 요소에 따라 어휘가 다름을 알고 활동지에 적는다.
    - 코끼리와 생쥐의 크기를 비교하면 어느 쪽이 크니? 어느 쪽이 작니?
    - 길이를 비교하면 어느 쪽이 기니? 어느 쪽이 짧니?
    - 시간 또는 속도를 비교하는 어휘에는 무엇이 있을까?
3. 자신의 활동지를 소개하며 측정의 비교 어휘를 안다.
    - ㅁㅁ는 양동이의 물의 양을 비교하는 데 어떤 말을 적었니?
    - ○○는 치타와 나무늘보의 속도를 비교하는 데 어떤 말을 적었니?

[마무리]

1. 활동을 마무리하고 평가한다.
    - "커다란 쿠키보다 친구의 작은 쿠키가 더 좋다."라는 말은 어떤 뜻을 담고 있을까?
    - 또 어떤 비교 어휘가 있었니?
    - 활동을 하면서 어렵거나 더 궁금했던 점이 있니?

2-6. 미술영역

예쁜 말 쿠키로 꾸미는 우리 반

활동목표

1. 『쿠키 한 입의 인생 수업』 그림책을 통해 바른 언어 사용 습관을 키운다.
2. 미술활동에 필요한 재료와 도구를 다양하게 사용한다.
3. 협동미술활동에 적극적으로 참여한다.

활동자료

종이 상자, 색지, 꾸미기 재료, 물감, 크레파스, 풀, 가위, 색종이, 연필, 색연필, 사인펜, 낚싯줄, 송곳

활동방법

[도입]

1. 『쿠키 한 입의 인생 수업』 그림책에서 보여 준 다양한 단어를 이야기해 본다.
   - 그림책에서 설명해 준 단어 중 어떤 단어가 기억나니?
   - 그런 단어를 들으면 어떤 생각이 드니?
   - 단어를 어떻게 표현할 수 있겠니?

[전개]

1. 쿠키를 디자인하고 예쁜 말을 적은 후 쿠키를 꾸민다.
   - ㅇㅇ는 어떤 쿠키를 만들고 싶니? 어떻게 꾸미고 싶니?

〈활동방법〉

① 박스 상자에 쿠키 모양을 디자인한다.

② 쿠키 모양을 오려 유아가 좋아하는 예쁜 단어를 적는다.

③ 쿠키를 다양한 재료로 자유롭게 꾸민다. (※ 예쁜 말이 잘 보이도록 안내한다.)

2. 유아들이 만든 쿠키로 교실을 장식한다.

- 이 쿠키로 어떻게 교실을 꾸밀 수 있을까?
- ㅁㅁ가 만든 쿠키는 교실 어느 곳을 장식했으면 좋겠니?

[마무리]

1. 활동을 마무리하고 평가한다.

- ㅇㅇ는 어떤 예쁜 말 쿠키를 만들었니? 예쁜 말을 어떻게 표현했니?
- 함께 교실을 꾸미면서 즐거웠던 점을 이야기해 볼까?
- 함께 교실을 꾸미면서 지켜야 할 약속은 무엇이 있었니?
- 어떤 어려운 점이 있었니?

2-7. 신체영역

믿음 기차놀이

활동목표

1. 『쿠키 한 입의 인생 수업』 그림책을 통해 배려를 실천하는 습관을 키운다.
2. 안내에 따라 신체를 움직이며 방향감각을 익힌다.
3. 신체 각 부분을 협응하여 움직임을 조절한다.

활동자료

『쿠키 한 입의 인생 수업』 그림책, 기관사 모자, 미션 카드

활동방법

[도입]

1. 그림책에서 접한 단어인 '믿음'에 대해 이야기 나눈다.
   - 그림책에서 믿음을 준다는 것을 무엇이라 했니?
   - 너희는 믿음을 어떤 것이라고 생각하니?

[전개]

1. '믿음 기차놀이' 신체활동을 소개한다.
   - '믿음 기차놀이'는 기관사의 안내에 따라 기차가 되어 보는 활동이란다.
   - 기차는 어떻게 달리지? 누구를 따라 달리니?

〈활동방법〉

① 기관사 역할을 맡은 유아가 기관사 모자를 쓰고 기관차가 된다.

② 다른 친구들은 객차가 되어 기관차 뒤에 선다.

③ 기관차 역할을 맡은 유아만 눈을 뜨고 객차를 맡은 유아들은 눈을 감는다.

④ 기관차의 안내에 따라 기차가 되어 움직인다.

2. 기관차에게 미션 카드를 제시한다.

- 기관차는 역할영역을 지나 과학영역으로 가야 해. 기관차는 어떻게 움직이는지 객차들에게 이야기해 주렴.

[마무리]

1. 활동을 마무리하고 평가한다.

- 기차놀이를 한 기분이 어떠니?
- 기차놀이는 어떤 마음이 있어야 했니?
- 기관차를 믿고 움직였을 때 기차는 목적지에 잘 도착할 수 있었니? 그렇지 못했다면 이유가 무엇일까?
- 활동을 하면서 속상했던 점이 있었니? 왜 그렇게 생각했니?

유·의·점

기관차에게 주는 미션은 지형을 활용하고 이후 방향어를 활용하세요.

2절 플러스 활동

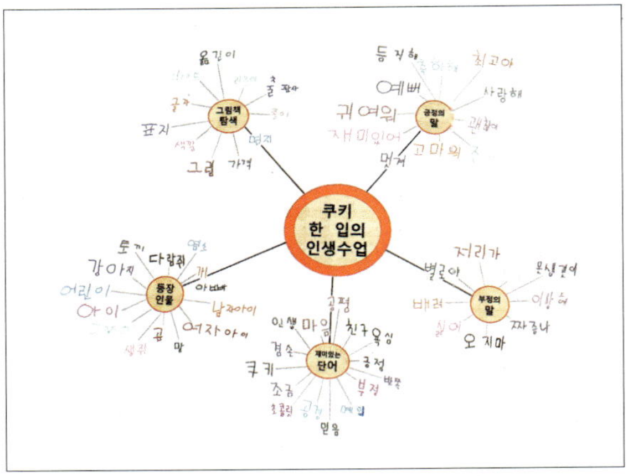

주제망 구성하기

배려 탑 쌓기

배려 우산

긍정 다리 건너기

부록

그림책 놀이활동 계획안

1. 『100층짜리 집』 그림책 놀이활동

『100층짜리 집』 이와이 도시오 글 · 그림 / 김숙 옮김 / 북뱅크 / 2009	
주제	100
목표	1. 그림책을 통해 수 100을 경험한다. 2. 『100층짜리 집』 그림책 놀이활동을 하며 여러 동물의 특징과 생타를 알 수 있다. 3. 다양한 형식의 그림책에 관심을 가지며, 다양한 활동을 즐긴다.
생각 모으기	도치, 100층짜리 집, 꼭대기, 지도, 가물가물, 생쥐, 쳇바퀴, 생쥐 가족, 20층까지, 다람쥐, 도토리 주스, 다음 층, 개구리, 이슬, 우산, 무당벌레, 물방울무늬, 여왕벌님, 몇 층에, 뱀, 충치, 뱀 넘기, 꿀벌, 벌꿀 케이크, 선물, 딱따구리, 조각품, 모델 연습, 박쥐, 피를 좀 빨아도, 싫어, 화장실, 거꾸로, 달팽이, 생일, 첫돌, 아이스크림, 거미, 엘리베이터, 공사 중, 다다르다, 거미 왕자, 망원경, 발견, 눈 깜짝할 사이, 초대

『100층짜리 집』 그림책 놀이활동을 시작하기 전

『100층짜리 집』은 위로 넘기는 그림책으로 흥미롭게 시작됩니다. 한 페이지를 위로 넘길 때마다 10씩 커지며, 페이지를 담당하는 동물들이 등장합니다. 생쥐, 다람쥐, 개구리, 무당벌레, 뱀, 꿀벌, 딱따구리, 박쥐, 달팽이, 거미는 분명 같은 모양의 집에서 살고 있지만, 동물의 특징과 생태에 맞게 다양하게 꾸며져 모두 다른 집에서 다양한 삶을 살고 있습니다. 이 책은 100이라는 큰 수를 유아가 자연스럽게 경험하며, 각 층마다 동물의 표정과 몸짓 등이 모두 달라 한층 더 재미를 더합니다. 『100층짜리 집』은 모양은 같지만 다른 집, 다양한 동물의 생태 등 유아들이 즐길 수 있는 거리가 많은 책입니다.

주		1주	2주	3주	4주
소주제		30층까지	60층까지	90층까지	100층 친구
자유놀이	쌓기영역	다람쥐 집 구성하기 (생쥐, 개구리)	동물들의 작업장 구성하기	무서운 집, 즐거운 집	거미집 구성하기
	역할영역	개구리(다람쥐, 생쥐) 집에 놀러 가요	동물들의 직업	달팽이 집에 놀러 가요	100층에 놀러 와요
	미술영역	동물들의 침실을 꾸며 줘요	무당벌레 옷 디자인	내가 놀고 싶은 놀이터 그리기	거미집 만들기
	언어영역	〈읽기, 쓰기〉 그림책 읽기 : 어떤 동물들이 살고 있을까? 〈듣기, 말하기〉 친구 집에 처음 놀러 갔어요	〈읽기, 쓰기〉 동물의 표정을 읽어요 〈듣기, 말하기〉 그림책에서 찾은 퀴즈 맞히기	〈읽기, 쓰기〉 여왕벌에게 보내는 편지 : 달팽이에게 〈듣기, 말하기〉 부탁하는 말: 친절하게 말해요	〈읽기, 쓰기〉 친구에게 보내는 초대장 〈듣기, 말하기〉 동물들에게 하고 싶은 말
	수·조작영역	〈수〉 열매를 순서 지어 분류해요 숫자 패턴 만들기 〈조작〉 지금은 몇 시?	〈수〉 다양한 사다리(형태지각) 반복되는 숫자 〈조작〉 도형으로 사다리를 만들어요	〈수〉 몇 개의 샤워기가 필요할까? 〈조작〉 지오보드로 만든 벌집	〈수〉 두 자리 수, 세 자리 수 우리 집 지도 〈조작〉 숫자 100판
	과학영역	그림책 탐색	다양한 계단을 탐색해요 동물은 무엇을 먹고 살까?	망원경 도르래를 이용한 집라인	별을 관찰해요 엘리베이터를 만들자
	음률영역	〈음률〉 요리할 때, 운동할 때, 샤워할 때, 잠잘 때 듣는 음악 〈동작〉 쳇바퀴를 돌리자	〈음률〉 왕벌의 비행 〈동작〉 뱀이 되어 보아요	〈음률〉 동물의 소리 〈동작〉 나는야, 딱따구리의 모델	〈음률〉 밤과 별의 노래 〈동작〉 별은 어떻게 움직일까?
	신체영역	〈대근육〉 그네 타기	〈대근육〉 뱀 줄넘기	〈대근육〉 물구나무서기	〈대근육〉 거미줄 타기
대·소집단 활동 (이야기 나누기 동화·동시 미술 음률 신체·게임 요리·과학)		〈이야기 나누기〉 친구에게 초대받았어요 100층에는 누가 살고 있을까?	〈이야기 나누기〉 동물은 무엇을 먹고 살까? 만약에 계단이 없다면	〈이야기 나누기〉 동물들의 놀이터 내가 놀고 싶은 놀이터	〈이야기 나누기〉 100층까지 갈 수 있는 방법 우리 반이 100층이라면
		〈미술〉 우리 반 사다리 1	〈미술〉 우리 반 사다리 2	〈미술〉 우리 반 놀이터	〈미술〉 우리 반은 100층
		〈관련 그림책〉『하늘 100층짜리 집』, 『바다 100층짜리 집』, 『숫자 카드 100층짜리 집』, 『지하 100층짜리 집』, 『세상에서 가장 행복한 100층 버스』			
		〈과학〉 이슬을 어떻게 모을 수 있을까? 하늘의 별을 볼 수 있는 천체 망원경			
		〈요리〉 도토리묵, 벌꿀 케이크, 달팽이 아이스크림			
		〈사회관계〉 친구를 집에 초대해요, 과학관에 가요			
		〈가정연계〉 이웃집에 방문해요			

2. 『곰 사냥을 떠나자』 그림책 놀이활동

『곰 사냥을 떠나자』 마이클 로젠 글 · 헬린 옥슨버리 그림 / 공경희 옮김 / 시공주니어 / 1994	
주제	동물과 자연
목표	1. 『곰 사냥을 떠나자』 그림책을 통해 말의 리듬을 즐긴다. 2. 『곰 사냥을 떠나자』 그림책 놀이활동을 하며 다양한 자연환경을 경험한다. 3. 그림책에 관심을 가지며, 다양한 활동을 즐긴다.
생각 모으기	곰 사냥, 곰 잡으러 간단다, 큰 곰 잡으러 간단다, 정말 날씨도 좋구나! 하나도 안 무서워, 풀밭, 넘실대는, 기다란, 풀잎, 그 위로 넘어갈 수 없네, 그 밑으로도 지나갈 수 없네, 헤치고, 사각 서걱, 깊고 차가운 강물, 헤엄쳐, 덤벙 텀벙, 진흙탕, 밟고, 처벌 철벅, 컴컴한 숲, 뚫고, 바스락 부시럭, 소용돌이치는 눈보라, 휭 휘잉, 어둠침침한 동굴, 동굴 속, 살금, 반들반들, 촉촉한 코, 털이 덥수룩한 커다란 귀, 크고 번들거리는 눈, 문 닫는 걸 잊었어, 닫아, 방, 침대, 이불 밑, 다시는 곰 잡으러 가지 않을 테야, 기더기, 해변가 동굴, 나뭇가지, 목마, 양갈래 머리, 개, 구두 운동화, 끈이 달린 신,

『곰 사냥을 떠나자』 그림책 놀이활동을 시작하기 전

『곰 사냥을 떠나자』 그림책은 유아들이 즐겁게 활동할 수 있는 요소를 두루 갖추고 있습니다. 경쾌한 리듬을 띤 문장으로 되어 있어 책장을 넘기다 보면 절로 음률이 입혀집니다. 사각서걱! 덤벙텀벙! 처벅철벅! 바스락부시럭! 휭휘잉! 등 소리와 몸짓을 흉내 내는 말은 곰 사냥을 떠난 가족들이 두려우면서도 "난 하나도 안 무서워!"라며 아닌 척하는 그들과 대비되며, 극의 즐거움을 더하지요. 소풍을 가는 마음으로 "곰 잡으러 간단다." 하며 나선 길은 곰과 가까워질수록 험난한 자연환경을 마주하게 되나, 어려움이 닥쳐도 포기하지 않고 문제를 해결해 나가는 과정은 유아들에게 긍정적인 영향을 줄 것입니다. 아이들은 그림책 주인공이 되어 도시에서는 접할 수 없는 다양한 자연환경과 귀여운 곰이 아닌 자연의 곰을 만나게 될 것입니다.

<table>
<tr><th colspan="2">주</th><th>1주</th><th>2주</th><th>3주</th><th>4주</th></tr>
<tr><th colspan="2">소주제</th><th>곰 잡으러 간단다</th><th>큰 곰 잡으러 간단다</th><th>으악! 곰이다</th><th>곰 잡으러 가지 않을 거야</th></tr>
<tr><td rowspan="8">자유놀이</td><td>쌓기영역</td><td>곰 잡으러 가는 길 1</td><td>곰 잡으러 가는 길 2</td><td>곰의 집은 어떻게 생겼을까?</td><td>동물 집과 우리 집</td></tr>
<tr><td>역할영역</td><td>곰 사냥꾼 가족 1</td><td>그림책에 사는 동물들</td><td>곰과 개</td><td>그림자극</td></tr>
<tr><td>미술영역</td><td>넘실대는 기다란 풀밭 그리기</td><td>화선지에 그린 하늘</td><td>찰흙으로 만든 동굴</td><td>튼튼한 문 만들기</td></tr>
<tr><td>언어영역</td><td>〈읽기, 쓰기〉
그림책 읽기
소리를 흉내 내는 말
〈듣기, 말하기〉
곰 사냥꾼이 말했어요</td><td>〈읽기, 쓰기〉
반복되는 말로 문장 만들기
나는 하나도 안 무서워! 뭐가?
〈듣기, 말하기〉
그림책에서 찾은 퀴즈 맞히기</td><td>〈읽기, 쓰기〉
다른 말로 바꿔 읽기
큰 곰처럼 자세히 소개해요
〈듣기, 말하기〉
개의 마음을 말해 줘요
곰의 마음을 말해 줘요</td><td>〈읽기, 쓰기〉
큰곰에게 편지를 써요
그림자극 극본
〈듣기, 말하기〉
큰곰 뒷모습의 느낌을 말해요
큰곰은 왜
가족들을 따라왔을까?</td></tr>
<tr><td>수·조작영역</td><td>〈수〉
곰 잡으러 가는 길 2
〈조작〉
그물을 만들어요</td><td>〈수〉
동물 수 어림하기
〈조작〉
운동화 끈 묶기</td><td>〈수〉
동물이 사는 곳: 분류하기
〈조작〉
패턴 만들기</td><td>〈수〉
우리 반이 가장 좋아하는 장면
그림자 도형
〈조작〉
동물 퍼즐: 어떤 동물일까?</td></tr>
<tr><td>과학영역</td><td>그림책 탐색
그림책 동물을 찾아라</td><td>차가운 물과 따뜻한 물</td><td>동물에게도 표정이 있어요</td><td>빛과 그림자
멸종 위기의 동물</td></tr>
<tr><td>음률영역</td><td>〈음률〉
그림책 리듬을 만들기
〈동작〉
나는 사냥꾼</td><td>〈음률〉
소리를 연주해요
〈동작〉
헤엄을 쳐요</td><td>〈음률〉
큰 소리 작은 소리
〈동작〉
큰곰, 작은곰</td><td>〈음률〉
클래식 감상 「동물음악」
〈동작〉
동물 그림자놀이</td></tr>
<tr><td>신체영역</td><td>〈대근육〉
네 발로 걷기</td><td>〈대근육〉
위로 뛰기 아래로 지나가기</td><td>〈대근육〉
얼음 땡 잡기놀이</td><td>〈대근육〉
이불 밑으로: 파라슈트</td></tr>
<tr><td colspan="2" rowspan="7">대·소집단 활동

(이야기 나누기
동화·동시
미술
음률
신체·게임
요리·과학)</td><td>〈이야기 나누기〉
내가 곰 사냥꾼이라면?
깊고 차가운 강물에는
누가 살고 있을까?</td><td>〈이야기 나누기〉
작게 그려진 그림책의 동물들
숲에 사는 동물들</td><td>〈이야기 나누기〉
동물들은 사는 곳이 달라요
그림자극을 준비해요 1</td><td>〈이야기 나누기〉
그림자극을 준비해요 2
아픈 동물들이 있어요</td></tr>
<tr><td>〈미술〉
그림책 배경을 그려요 1</td><td>〈미술〉
그림책 배경을 그려요 2</td><td>〈미술〉
함께 만드는 큰곰 집
: 동굴 만들기 1</td><td>〈미술〉
함께 만드는 큰곰 집
: 동굴 만들기 2</td></tr>
<tr><td colspan="4">〈관련 그림책〉『동물들의 슬픈 진실에 관한 이야기』, 『누구야?』, 『세계의 동물 그림책』, 『사라지는 동물 친구들』, 『코끼리는 할머니가 대장이래』, 『언제나 환영해!』, 『진짜 진짜 재밌는 육식동물 그림책』</td></tr>
<tr><td colspan="4">〈과학〉 젖은 옷은 어떻게 마를까?</td></tr>
<tr><td colspan="4">〈요리〉 채소로 만든 요리</td></tr>
<tr><td colspan="4">〈사회관계〉 멸종 위기 동물보호 캠패인</td></tr>
<tr><td colspan="4">〈가정연계〉 멸종 위기 동물을 알아보아요</td></tr>
</table>

3. 『바빠요 바빠』 그림책 놀이활동

『바빠요 바빠』 윤구병 글 · 이태수 그림 / 보리 / 2000	
주제	가을
목표	1. 『바빠요 바빠』 그림책을 통해 가을에 농작물을 수확하는 경험한다. 2. 『바빠요 바빠』 그림책 놀이활동을 하며 풍요로운 가을을 즐긴다. 3. 그림책 놀이활동을 하며 가을에만 할 수 있는 것과 가을의 소중함을 안다.
생각 모으기	'바빠요 바빠', 옥수수, 곶감, 닭, 항아리, 장화, 키, 냄비, 손수레, 가을, 마루, 산골, 맨드라미, 마당, 참깨, 터느라, 제비, 항아리, 소, 참새, 비탈, 메밀꽃, 고추, 쫓느라, 들판, 누렇게 익어 가면, 낟알, 뒤뜰, 알밤, 툭툭, 다람쥐, 청설모, 길가, 미루나무, 콩, 생쥐, 콩알, 벼 이삭, 베느라고, 나르느라고, 벼, 감나무, 빨갛게, 홍시, 쪼느라, 서리, 무, 배추, 들쥐, 두더지, 오동나무, 훌렁훌렁, 아줌마, 김장, 김칫독, 동네방네, 가랑잎. 무 구덩이, 기러기, 부엉부엉, 부엉이, 또르륵또르륵, 콩, 새근새근

『바빠요 바빠』 그림책 놀이활동을 시작하기 전

『바빠요 바빠』 그림책은 마루가 사는 산골을 배경으로 가을을 이야기하고 있습니다. 한 해 농사를 갈무리하며, 겨울을 준비하는 손길은 모두가 바쁩니다. 마루네뿐만 아니라 철새, 생쥐, 다람쥐, 청설모, 참새 등 동물들도 겨울 준비로 분주합니다. 그림책을 자세히 들여다보면, 마루의 집, 곡식과 열매, 꽃들과 동물들을 사실적으로 묘사하고 있어 볼수록 보이는 것이 참 많습니다. 특히, 요즘 아이들이 보기 어려운 마당과 가축들은 우리네 옛 시골 풍경을 사실적으로 보여 주고 있습니다. 다양한 옛 농기구와 서로 도와 추수를 하고 김장을 나누는 장면, 우리가 쉽게 먹고 있는 곡식들이 어떻게 수확되는지 보여 주는 장면, 가을이 깊어질수록 도드라지는 자연의 색에 따른 다양한 곡식과 열매들, 『바빠요 바빠』 그림책은 잊었던 우리 옛 생활상을 보여 주며 이웃과 함께 지내는 따뜻함도 담고 있습니다.

주		1주	2주	3주	4주
소주제		맨드라미가 빨갛게 피어나면	들판에 벼가 누렇게 익으면	미루나무 잎이 노랗게 물들면	서리가 하얗게 내렸어요
자유놀이	쌓기영역	산골 집 구성하기	벼가 누렇게 익어가는 들판 구성하기	벼를 수확해요	겨울을 준비하는 방
	역할영역	농작물을 추수해요	허수아비와 마루	벼 수확하기: 새참 준비하기	그림자극
	미술영역	옥수수를 만들어요	가을 들판을 그려요	농기구를 만들어요	볏짚으로 꾸러미 만들기
	언어영역	〈읽기, 쓰기〉 『바빠요, 바빠』 그림책 읽기 〈듣기, 말하기〉 마루의 말풍선	〈읽기, 쓰기〉 장소를 나타내는 말 어려운 말 찾기 〈듣기, 말하기〉 그림책에서 찾은 퀴즈 맞히기 닭의 말풍선	〈읽기, 쓰기〉 '바빠요 바빠' 동시 짓기 같은 농작물 다른 말 〈듣기, 말하기〉 밤을 주워 가는 미루에게	〈읽기, 쓰기〉 농산물 이름을 소개해요 〈듣기, 말하기〉 부엉이가 들려주는 이야기
	수 · 조작영역	〈수〉 묶음 수로 큰 수 만들기 동물이 좋아하는 열매 짝짓기 〈조작〉 매듭	〈수〉 다른 것을 찾아라– 수 즉지 공간을 나타내는 어휘 〈조작〉 허수아비 바느질	〈수〉 내가 경험한 가을 농산물 자료 수집과 조직 〈조작〉 새끼 꼬기	〈수〉 곡식들은 들이와 무게가 달라요 자연에 숨은 도형 찾기 〈조작〉 산가지 놀이
	과학영역	그림책 탐색 철새의 여정	가을에 수확하는 농작물	우리나라 전통 농기구	서리는 왜 내릴까? 온도에 따라 달라지는 물
	음률영역	〈음률〉 「참새 노래」 〈동작〉 참새처럼	〈음률〉 사물놀이 〈동작〉 허수아비가 되어 보아요	〈음률〉 「농부가」 〈동작〉 농기구를 흉내 내요	〈음률〉 클래식 감상 「동물음악」 〈동작〉 동물 그림자놀이
	신체영역	〈대근육〉 옥수수처럼 매달리기	〈대근육〉 사방치기	〈대근육〉 줄다리기	〈대근육〉 앞구르기
대 · 소집단 활동 (이야기 나누기 동화 · 동시 미술 음률 신체 · 게임 요리 · 과학)		〈이야기 나누기〉 그림책 속 이야기 맨드라미가 빨갛게 피어나면	〈이야기 나누기〉 가을 들녘에 다녀온 경험 나누기 들판에 벼가 누렇게 익으면	〈이야기 나누기〉 미루나무 잎이 노랗게 물들면 가을 전시회를 어떻게 준비할까	〈이야기 나누기〉 서리가 하얗게 내리면 김장을 나누는 사람들
		〈미술〉 옥수수 꾸러미를 만들어요	〈미술〉 우리 반을 지켜 주는 허수아비	〈미술〉 가을 색으로 꾸민 우리 반	〈미술〉 우리가 준비한 가을 전시회
		〈관련 그림책〉『가을이야기』, 『감자 이웃』, 『가을 숲 도토리 소리』, 『동물들이 바빠요 바빠』, 『장다리꽃과 애벌레』, 『마음씨 고운 풀』, 『함께 일하고 같이 놀아요』, 『다복이』			
		〈과학〉 왜 채소를 말릴까? 왜 옥수수를 매달아 놓았을까?			
		〈요리〉 김장을 해요, 곶감 만들기, 채소 만들기			
		〈사회관계〉 우리 동네 농부 아저씨, 우리 동네 방앗간			
		〈가정연계〉 그림책 속 꽃 이름을 알아봐요, 김장을 나눠요			

4. 『앗! 모기다』 그림책 놀이활동

『앗! 모기다』 정미라 글 · 김이랑 그림 / 비룡소 / 2012	
주제	여름, 동식물과 자연
목표	1. 『앗! 모기다』 그림책 놀이활동을 하며 여름철 곤충과 식물에 관심을 가진다. 2. 『앗! 모기다』 그림책을 통해 모기의 생태를 알 수 있다. 3. 그림책 놀이활동을 하며 여름철 식물과 곤충을 경험한다.
생각 모으기	따가워! 모기, 빨갛게 부풀어 올랐네, 눈두덩, 하필, 긁으면, 심해지다, 더듬이, 모기 입, 모기 다리, 손바닥, 모기 알, 영양분, 암컷 모기, 수컷 모기, 풀꽃, 긁적이다, 꽃가루받이, 맨발 공원, 기척, 거울, 밤새 퉁퉁 부어서 주먹만해져, 새삼, 아프고 서러워서, 글썽글썽, 달래느라, 꽃들 이름표, 산들산들, 살랑살랑, 흔들리면서, 은은한 향기, 나비, 노리재, 무당벌레, 잠자리, 방아깨비, 곤충, 보라색 도라지꽃, 꽃봉오리, 방귀, 두리번두리번, 멀리멀리, 돌절구, 연꽃, 물속, 이상한 벌레, 장구벌레, 번데기, 유충, 애벌레, 투명, 물약 통, 비닐봉지, 지퍼백, 삼각지

『앗! 모기다』 그림책 놀이활동을 시작하기 전

『앗! 모기다』 그림책은 사실적이면서도 유쾌한 그림을 통해 모기의 생태를 유아들이 이해할 수 있게 알려 주는 그림책입니다. 그림책은 모기의 생태를 유쾌하게 담아내어 모기를 두려워하는 유아들의 부정적 감정을 감소시킵니다. 이와 더불어 가족과 함께 간 맨발공원에는 여름에 볼 수 있는 다양한 곤충들을 만날 수 있어, 움직이는 작은 곤충을 친근하게 경험할 수 있습니다. 그림책은 모기를 집에서 키워 보자는 엄마의 독특한 아이디어로 두려움의 대상인 모기를 직접 눈으로 보며 모기에 대해 알아가는 형식을 담고 있어 유아들은 부담감 없이 모기의 생태를 익히게 됩니다. 여전히 두려운 모기이지만 그림책을 통해 모기로부터 나를 지키는 방법과 모기가 왜 우리를 괴롭히는지 알게 되며, 조금은 너그러운 시선으로 모기를 바라볼 수 있게 됩니다

<table>
<tr><th colspan="2">주</th><th>1주</th><th>2주</th><th>3주</th><th>4주</th></tr>
<tr><th colspan="2">소주제</th><th>여름밤 모기</th><th>맨발 공원에서 만난 곤충</th><th>모기의 생태</th><th>안전하고 즐겁게 여름나기</th></tr>
<tr><td rowspan="8">자
유
놀
이</td><td>쌓기영역</td><td>모기장 안에 내 방</td><td>맨발공원 구성하기</td><td>모기가 사는 집 구성하기</td><td>여름 곤충들이 사는 나라</td></tr>
<tr><td>역할영역</td><td>모기를 잡는 사람들</td><td>여름 소풍을 가요</td><td>모기 가족</td><td>그림책 등장인물 되어 보기</td></tr>
<tr><td>미술영역</td><td>모기에게 물린 경험 그리기</td><td>여름 곤충과 꽃으로
패션 소품 만들기</td><td>모기 그리기</td><td>여름 곤충과 꽃</td></tr>
<tr><td>언어영역</td><td>〈읽기, 쓰기〉
그림책 읽기
느낌표가 들어간 말
〈듣기, 말하기〉
모기에 물렸던
경험 듣고, 말하기</td><td>〈읽기, 쓰기〉
엄마의 가방 속에
무엇이 들었을까?
〈듣기, 말하기〉
공원에서 지켜야 할 약속</td><td>〈읽기, 쓰기〉
'모기' 이행시 짓기
큰따옴표 안의 말
〈듣기, 말하기〉
모기의 생각 엿보기</td><td>〈읽기, 쓰기〉
곤충 아줌마가 들려주는
모기 이야기
〈듣기, 말하기〉
세진이와 재진이에게</td></tr>
<tr><td>수 · 조작영역</td><td>〈수〉
손가락 연산
모기가 다니는 길
〈조작〉
모기가 다니는 길 바느질</td><td>〈수〉
모기를 잡아라: 게임
여름 꽃 패턴
〈조작〉
도형으로 곤충을 만들어요</td><td>〈수〉
암컷 모기와 수컷 모기
차이 찾기
곤충 다리는 모두 몇 개
〈조작〉
모기 퍼즐</td><td>〈수〉
무게 비교하기
곤충 길이 재기
〈조작〉
양팔저울 평형 맞추기</td></tr>
<tr><td>과학영역</td><td>그림책 탐색</td><td>돋보기로 관찰– 곤충 관찰</td><td>모기 관찰일기</td><td>모기 퇴치 약 사용법</td></tr>
<tr><td>음률영역</td><td>〈음률〉
「모기 송」
〈동작〉
모기처럼 움직여요</td><td>〈음률〉
곤충의 노래를 들어봐요
〈동작〉
곤충이 되어보아요</td><td>〈음률〉
악기로 모깃소리를 연주해요
〈동작〉
모기의 생태 표현하기</td><td>〈음률〉
클래식 감상 「사계」 중 「여름」
〈동작〉
음악에 맞춰
자유롭게 표현해요</td></tr>
<tr><td>신체영역</td><td>〈대근육〉
움직이는 모기 잡기</td><td>〈대근육〉
방아깨비처럼 높이뛰기</td><td>〈대근육〉
모기처럼 빠르게 방향 바꾸기</td><td>〈대근육〉
건강한 요가 기본동작</td></tr>
<tr><td colspan="2" rowspan="7">대 · 소집단
활동

(이야기 나누기
동화 · 동시
미술
음률
신체 · 게임
요리 · 과학)</td><td>〈이야기 나누기〉
그림책 속 이야기
모기에 대한 경험 나누기</td><td>〈이야기 나누기〉
공원에 다녀온 경험 나누기
곤충들이 사는 나라</td><td>〈이야기 나누기〉
알에서 모기가 되기까지
암컷 모기와 수컷 모기</td><td>〈이야기 나누기〉
모기에 물리지 않으려면
어떻게 해야 할까?
해로운 곤충과 유익한 곤충</td></tr>
<tr><td>〈미술〉
날아다니는 곤충들</td><td>〈미술〉
여름 곤충과 꽃으로 만든 모빌</td><td>〈미술〉
거대한 모기 만들기</td><td>〈미술〉
우리 반이
여름공원이 되었어요</td></tr>
<tr><td colspan="4">〈관련 그림책〉『모기는 왜 귓가에서 앵앵거릴까?』, 『모기의 실수, 모기는 착하다』, 『모기와 황소』, 『모기 잡는 책』, 『잘난 척하는 모기』, 『모기네 집』, 『모기향』, 『진짜 진짜 재밌는 곤충 그림책』, 『숲속의 곤충 씨름』, 『처음 만나는 야생화 그림책』, 『여름 이야기』, 『여름 숲 모뽀리 소리』, 『맨발 벗고 갑니다』</td></tr>
<tr><td colspan="4">〈과학〉 모기에게 안 물리게 도와주는 기계 발명, 몸에 해롭지 않은 모기 퇴치법</td></tr>
<tr><td colspan="4">〈요리〉 허브 비빔밥, 꽃차</td></tr>
<tr><td colspan="4">〈사회관계〉 보건소를 방문해요</td></tr>
<tr><td colspan="4">〈가정연계〉 우리 집에서 사용하는 모기 퇴치법 조사해 오기</td></tr>
</table>

5.『우체부 아저씨와 크리스마스』 그림책 놀이활동

『우체부 아저씨와 크리스마스』 앨런 앨버그 글 · 자넷 앨버그 그림 / 김상욱 옮김 / 미래아이 / 2018	
주제	크리스마스
목표	1.『우체부 아저씨와 크리스마스』 그림책을 통해 크리스마스의 의미를 알아본다. 2. '우체부 아저씨' 활동을 하며 편지를 주고받는 경험을 한다. 3. 나눔과 배려의 의미를 느끼며, 함께 크리스마스를 즐긴다.
생각 모으기	우체부 아저씨, 하루 앞둔, 싱글벙글, 소복이, 곰 네 마리네, 오두막, 숲속 마을, 크리스마스카드, 사다리, 올라탔지요, 눈싸움, 한눈에 반한, 잭의 콩나무, 이리저리, 흔들흔들, 일곱 난쟁이, 눈사람 아저씨, 눈썰매, 쌩쌩, 빨간모자 아가씨, 비틀비틀, 뚱뚱보 마을, 특급우편, 늑대 아저씨, 뻔뻔스럽기도, 생강차, 커다란 순무, 주물럭주물럭 빵집, 한참을 더 가야, 구불구불한, 동전 한 닢, 질러가는, 울타리 문, 심술궂은, 병원, 군사우편, 울새, 기념병원, 달빛 병실, 험프티 덤프티, 왕실 기병대, 조각 맞추기, 왕, 신하, 말, 의사, 간호사, 치료, 방앗간, 생강빵, 책 속의 책, 눈이 번쩍, 한 양동이, 눈보라, 부글부글, 오싹, 와들와들, 덜덜, 배달하고 싶지 않은 편지, 우걱우걱, 늑대, 아늑한 소굴, 아기 돼지 삼 형제, 붉은 암탉, 펑펑, 겨울바람, 휘몰아치다, 얼음벽, 금빛, 산타 할아버지, 바짝 들이대다, 만화경 엽서, 루돌프, 썰매, 괘종시계, 댕댕

『우체부 아저씨와 크리스마스』 그림책 놀이활동을 시작하기 전

『우체부 아저씨와 크리스마스』 그림책 표지는 크리스마스카드로 장식된 커다란 크리스마스트리를 앞에 두고 동화 속 친구들이 함께 웃으며 춤을 추고 있습니다. 표지에서 이야기의 전개를 알 수 있도록 안내하고 있는 이 책은 크리스마스를 맞이하여 동화 속 등장인물들이 직접 쓴 크리스마스카드와 선물을 배달해 주는 우체부 아저씨의 여정이 담겨 있지요. 그리고 그림책에서 카드와 소포를 직접 열어 볼 수 있어 유아들의 호기심을 불러일으킵니다. 더불어 고전 동화의 주인공들을 다른 시선에서 이해할 수 있도록 도우며, 동화를 재구성하고 재해석할 수 있는 기회를 제공하여 유아의 상상력과 창의력을 자극합니다.

<table>
<tr><th colspan="2">주</th><th>1주</th><th>2주</th><th>3주</th><th>4주</th></tr>
<tr><th colspan="2">소주제</th><th>그림책 탐색</th><th>동화나라 우체부</th><th>크리스마스를 준비해요</th><th>즐거운 크리스마스</th></tr>
<tr><td rowspan="8">자유놀이</td><td>쌓기영역</td><td>그림책 마을 구성하기</td><td>동화 나라에 왔어요</td><td>산타 할아버지의 작업장</td><td>크리스마스 파티장</td></tr>
<tr><td>역할영역</td><td>동화 주인공</td><td>싱글벙글 우체부</td><td>산타 할아버지와 요정들</td><td>그림책 등장인물이 되어 보아요</td></tr>
<tr><td>미술영역</td><td>내가 좋아하는
동화 장면 그리기</td><td>내가 만든 우표</td><td>크리스마스카드 꾸미기</td><td>크리스마스 선물을 준비해요</td></tr>
<tr><td>언어영역</td><td>〈읽기, 쓰기〉
그림책 안의 그림책
〈듣기, 말하기〉
소리를 흉내 내는 말
몸짓을 흉내 내는 말</td><td>〈읽기, 쓰기〉
흉내 내는 말로 문장 완성하기
〈듣기, 말하기〉
동화의 그 뒷이야기 1
(『곰 세 마리』, 『잭과 콩나무』,
『백설공주』)</td><td>〈읽기, 쓰기〉
산타 할아버지와 요정에게
보내는 편지
〈듣기, 말하기〉
동화의 그 뒷이야기 2
(『빨간모자』, 『커다란 순무』,
『아기 돼지 삼 형제』)</td><td>〈읽기, 쓰기〉
고마운 분들께 보내는 편지
〈듣기, 말하기〉
배달하고 싶지 않은 편지</td></tr>
<tr><td>수 · 조작영역</td><td>〈수〉
소리 패턴
게임: 숲에서 탈출하기
〈조작〉
순서 짓기: 이중서열</td><td>〈수〉
동화나라 주인공 인기 투표
우표의 가격
〈조작〉
우표 퍼즐</td><td>〈수〉
산타 할아버지의 작업장
: 선물들 어림하기
〈조작〉
험프티 덤프티의 퍼즐</td><td>〈수〉
크리스마스 쿠키를 나눠요
〈조작〉
도형으로 만드는
크리스마스트리</td></tr>
<tr><td>과학영역</td><td>그림책 탐색</td><td>차마다 향기가 달라요</td><td>만화경이 무엇일까?</td><td>밤에 빛나는 별
(암막상자)</td></tr>
<tr><td>음률영역</td><td>〈음률〉
「곰 세 마리」 개사하기
〈동작〉
동화 속 주인공 표현하기</td><td>〈음률〉
「우체부 아저씨」
〈동작〉
우체부 아저씨 표현하기</td><td>〈음률〉
우리가 만든 캐럴 송
〈동작〉
산타와 루돌프</td><td>〈음률〉
크리스마스 노래 감상
〈동작〉
파티를 위한 왈츠</td></tr>
<tr><td>신체영역</td><td>〈대근육〉
눈송이 던지기</td><td>〈대근육〉
우체부 아저씨 자전거 타기</td><td>〈대근육〉
루돌프처럼 날아 보자</td><td>〈대근육〉
배톤 달리기: 카드를 전달하라</td></tr>
<tr><td colspan="2" rowspan="7">대 · 소집단
활동

(이야기 나누기
동화 · 동시
미술
음률
신체 · 게임
요리 · 과학)</td><td>〈이야기 나누기〉
그림책 속의 동화
동화의 뒷이야기</td><td>〈이야기 나누기〉
우체부 아저씨는 어디에서
무엇을 먹었을까?
내가 우체부 아저씨라면</td><td>〈이야기 나누기〉
크리스마스 준비를 위해서
무엇을 할까?
산타 할아버지께 보내는 편지</td><td>〈이야기 나누기〉
따뜻한 크리스마스
크리스마스를 함께해요</td></tr>
<tr><td>〈미술〉
협동작품: 동화마을</td><td>〈미술〉
우표로 만든 조각보</td><td>〈미술〉
크리스마스카드로 꾸민
크리스마스트리</td><td>〈미술〉
크리스마스 파티장을 꾸며요</td></tr>
<tr><td colspan="4">〈관련 그림책〉 『골디락스와 곰 세 마리』, 『빨간모자』, 『백설공주』, 『잭과 콩나무』, 『아기 돼지 삼 형제』, 『커다란 순무』, 『험프티 덤프티』, 『진저 브래드 맨』, 『눈사람 아저씨』, 『우체부 아저씨와 비밀 편지』, 『믿기 어려운 크리스마스 선물 44가지』</td></tr>
<tr><td colspan="4">〈과학〉 날 수 있는 것과 날 수 없는 것.</td></tr>
<tr><td colspan="4">〈요리〉 크리스마스 쿠키, 쿠키와 어울리는 다양한 차</td></tr>
<tr><td colspan="4">〈사회관계〉 우체국에서 크리스마스카드 보내기</td></tr>
<tr><td colspan="4">〈가정연계〉 가족이 함께 산타 할아버지에게 편지를 써요</td></tr>
</table>

6. 『진정한 일곱 살』 그림책 놀이활동

『진정한 일곱 살』 허은미 글 · 오정택 그림 / 만만한 책방 / 2017	
주제	나와 가족(형님반이 되었어요.)
목표	1. 『진정한 일곱 살』 그림책을 통해 일곱 살의 의미를 경험한다. 2. 『진정한 일곱 살』 그림책 놀이활동으로 자신의 생각과 감정을 표현할 수 있다. 3. 그림책 놀이활동을 통해 상상력과 호기심을 키운다.
생각 모으기	진정한 일곱 살, 7, 슈퍼맨, 하늘의 별만큼, 들의 꽃만큼, 수많은, 케이크, 앞니, 하나쯤, 채소, 가리지 않고, 스피노사우루스, 애완동물, 돌볼 줄, 단짝, 공룡 어디가?, 양보, 놀이터, 용기, 자기 집 주소, 전화번호, 낯선 사람, 어른들도 실수, 혼자 잘 수, 안녕히 주무세요, 하나도 안 무서워, 괜찮아, 진정한 여덟 살, 진정한 아홉 살, 진정한 열 살

『진정한 일곱 살』 그림책 놀이활동을 시작하기 전

『진정한 7살』 그림책 표지를 보면 앞니 빠진 7살 유아가 자신 있는 표정으로 슈퍼맨 옷을 입고 하늘을 날고 있는 장면이 눈에 들어옵니다. 이 세상 모두를 구할 수 있는 능력이 있는 것 같은 유아의 자신 있는 표정에서 저절로 미소가 지어집니다. 유아교육기관에서 7살은 가장 큰 형님으로 교사들과 어린 유아들에게 어른 대접을 받습니다. 집에서는 아직 어리기만 한 7살인데 유아교육기관에서는 어른스럽게 행동해야 한다는 부담감을 안겨 주는 나이가 7살입니다. 『진정한 일곱 살』 그림책은 그 부담감을 유쾌하게 그려 내고 있어 7살이 된 유아에게 공감을 받으며, 많은 유아들이 즐겨 찾는 그림책입니다. 이 책은 7살 유아들이 공감하는 자신의 무거운 문제를 가볍게 웃으며 생각하게 만드는 그림책으로 자신을 긍정적으로 인식할 수 있게 도움을 줄 것입니다.

주		1주	2주	3주	4주
소주제		일곱 살이 되었어요	진정한 일곱 살이 되려면	진정한 일곱 살	진정한 8, 9, 10살
자유놀이	쌓기영역	우리 반 교실 구성하기	진정한 일곱 살 반 구성하기	진정한 일곱 살 내 방 구성하기	우리가 지내고 싶은 교실 구성하기
	역할영역	형님 역할	동생반이 되었어요	밤에 혼자 잠을 잘 때	8, 9, 10살이 되었어요
	미술영역	7살 내 얼굴 그리기	숫자 7 디자인	가면 만들기	찰흙으로 내가 받고 싶은 선물 만들기
	언어영역	〈읽기, 쓰기〉 그림책 읽기 친구 이름 쓰기 〈듣기, 말하기〉 내가 경험한 형님들은~	〈읽기, 쓰기〉 동생에게 줄 수 있는 내 장난감 목록 〈듣기, 말하기〉 일곱 살이 되면 지켜야 할 약속 말하기 채소의 맛을 말해 봐요	〈읽기, 쓰기〉 감정이 담긴 글씨 우리 집 주소 〈듣기, 말하기〉 진정한 일곱 살은~ 말하기	〈읽기, 쓰기〉 캄캄한 밤에 무슨 생각이 났을까? 내가 생각하는 진정한 일곱 살 〈듣기, 말하기〉 진정한 일곱 살에게 하고 싶은 이야기
	수·조작영역	〈수〉 숫자 7의 부분과 전체 주사위로 7 만들기 〈조작〉 그림책 퍼즐	〈수〉 우리는 얼마나 컸을까? 7살과 7살이 만나면 〈조작〉 단짝 맞추기	〈수〉 7이 들어간 수 우리 집 전화번호 〈조작〉 칠교로 만든 숫자 7	〈수〉 패턴 카드: 하늘의 별 별을 이어 도형 만들기 〈조작〉 지오보드로 숫자 표현하기
	과학영역	그림책 탐색	스프링이 들어간 선물상자	7살에 좋은 음식들	별자리를 관찰해요
	음률영역	〈음률〉 형님반이 되었다 〈동작〉 음악에 맞춰 율동	〈음률〉 실로폰 연주 〈동작〉 실로폰이 되어 봐요	〈음률〉 「슈퍼맨」 배경 음악 〈동작〉 슈퍼맨이 되었어요	〈음률〉 「괜찮아요」 개사해서 부르기 〈동작〉 반짝반짝 빛나는 별이에요
	신체영역	〈대근육〉 7만큼 뛰기	〈대근육〉 옆으로 뛰기	〈대근육〉 높이뛰기	〈대근육〉 림보
대·소집단 활동 (이야기 나누기 동화·동시 미술 음률 신체·게임 요리·과학)		〈이야기 나누기〉 그림책 속 이야기 7살 형님이 되었어요	〈이야기 나누기〉 진정한 일곱 살이 되려면 동생반이 되고 싶을 때	〈이야기 나누기〉 밤에 혼자 잠잔 경험 나누기 진정한 일곱 살에 할 수 없는 것들	〈이야기 나누기〉 못해도, 틀려도 괜찮아요 8, 9, 10살이 되면
		〈미술〉 수많은 별들과 우리 반 친구들 벽화 그리기	〈미술〉 숫자 7로 만들어진 거대한 숫자 7	〈미술〉 컴컴한 방 : 커다란 암막상자	〈미술〉 진정한 일곱 살 우리 반 전시회
		〈관련 그림책〉 『오리는 일학년』, 『마냥 7살 송이』, 『사탕괴물』, 『날 좀 그냥 내버려 둬!』, 『다다다 다른 별 학교』, 『말도 안 돼!』, 『너무너무공주』, 『웃음은 힘이 세다』, 『찬이가 가르쳐 준 것』, 『쿵쿵이의 대단한 습관 이야기』, 『착한 엄마가 되어라, 얍!』, 『틀려도 괜찮아』, 『내가 좋아하는 것』, 『달라질 거야』			
		〈과학〉 이가 빠지는 이유, 7살이 좋아하는 공룡을 알아봐요			
		〈요리〉 채소전, 공룡쿠키			
		〈사회관계〉 동생 반을 초대해요			
		〈가정연계〉 가정에서의 나의 행동 조사해 오기: 식사시간, 씻기, 잠자기, 옷 입기, 놀이하기 등			

7. 『거인 아저씨 배꼽은 귤 배꼽이래요』 그림책 놀이활동

<table>
<tr><th colspan="2">『거인 아저씨 배꼽은 귤 배꼽이래요』
후카미 하루오 글 · 그림 / 이영준 옮김 / 한림출판사 / 1996</th></tr>
<tr><td>주제</td><td>친구, 귤, 나무</td></tr>
<tr><td>목표</td><td>1. 『거인 아저씨 배꼽은 귤 배꼽이래요』 그림책을 통해 등장인물의 마음을 공감할 수 있다.
2. 그림책 내용을 통해서 나무의 한 살이에 대해서 관심을 가지고 알아볼 수 있다.
3. 그림책 놀이를 통해서 재미있는 상상을 하고 책과 관련된 다양한 활동을 경험할 수 있다.</td></tr>
<tr><td>생각 모으기</td><td>배꼽, 나무, 귤, 팬티, 어린이, 구름, 껍질, 털, 수염, 눈썹, 탁자, 발가락, 전화기, 멋쟁이, 칭찬, 잔디, 싫어지다, 상처, 문, 쿨쿨, 노릇, 도망치다, 깨어나다, 화, 머리끝까지, 쫓아가다, 기다려, 돌아와, 달님, 데굴데굴, 산꼭대기, 예쁘다, 노란색, 숨으렴, 돌부리, 곤두박질, 까르륵, 땅, 여자아이, 집, 숨, 가쁘게, 얼른, 숨기다, 휘잉, 들, 산, 건너다, 콧구멍, 동굴, 커다란, 움찔움찔, 엣취, 마당, 이마, 엉엉, 나뭇가지, 옆, 씨, 땅, 심다, 싹, 열매</td></tr>
</table>

『거인 아저씨 배꼽은 귤 배꼽이래요』 그림책 놀이활동을 시작하기 전

『거인 아저씨 배꼽은 귤 배꼽이래요』 그림책은 배꼽이 없어서 슬퍼했던 거인 아저씨의 이야기입니다. 거인 아저씨가 가장 좋아하는 귤을 먹고 있는데 마지막 남은 귤 한 개가 거인 아저씨에게 배꼽이 되겠으니 먹지 말아 달라는 재미있는 부탁을 합니다. 귤 배꼽을 가지게 된 거인 아저씨는 너무 기뻐하였지만 조심성 없는 거인 아저씨의 배꼽이 된 귤은 늘 여기저기 부딪히고 상처가 납니다. 결국, 귤은 거인 아저씨에게서 도망을 치는데 아무리 도망쳐도 거인 아저씨는 열심히 쫓아오고, 결국 잡힙니다. 귤을 거인 아저씨에게 귤을 먹고 심어 달라는 부탁을 하게 되고 거인 아저씨는 귤을 다 먹고 씨를 심어 줍니다. 씨를 심은 자리에는 훌륭한 귤나무 한 그루가 자랐고, 거인 아저씨는 엄청나게 많은 귤 배꼽을 가지게 되었답니다. 『거인 아저씨 배꼽은 귤 배꼽이래요』 책은 귤나무의 한 살이를 거인 아저씨의 배꼽이라는 재미있는 소재로 이야기하고 있습니다. 생김새부터 행동까지 재미있고 유쾌한 거인 아저씨의 발자취를 따라가다 보면 귤이 나무가 되어 가는 과정까지 이해할 수 있는 따뜻한 그림책입니다. 교사들과 아이들이 상상력을 가지고 이야기를 따라가면 재미있는 책놀이를 다양하게 할 수 있을 거예요.

주		1주	2주	3주	4주
소주제		그림책 탐색	등장인물 탐색	이야기 탐색	모두가 친구
자유놀이	쌓기영역	숲속 구성하기	거인 아저씨 집 짓기	귤 농장 / 과수원 만들기	우리 동네
	역할영역	거인 아저씨 놀이	그림책 인형극 놀이	배경이 있는 이야기	막대 인형극 / 그림자 인형극
	미술영역	인상 깊은 장면 그리기	거인 아저씨, 귤 그리기/오리기	여러 가지 모양의 나무 감상	그림책 친구들 그리기, 꾸미기
	언어영역	〈읽기, 쓰기〉 그림책의 재미있는 단어 〈듣기, 말하기〉 '나도 ~이 있었으면' 말하기	〈읽기, 쓰기〉 거인 아저씨와 친구들 이름 짓기 〈듣기, 말하기〉 그림책 알쏭달쏭 퀴즈	〈읽기, 쓰기〉 우리가 좋아하는 과일 〈듣기, 말하기〉 친구에게 부탁하는 말 : 공공규칙	〈읽기, 쓰기〉 친구에게 보내는 편지 〈듣기, 말하기〉 거인 아저씨, 귤에게 하고 싶은 말
	수 · 조작영역	〈수〉 귤 색깔 패턴 만들기 〈조작〉 귤 탈출 대작전 게임판	〈수〉 거인 아저씨 집에서 볼 수 있는 도형 찾기, 분류하기 〈조작〉 칠교판 숲속 놀이터	〈수〉 숲속에서 볼 수 있는 도형 찾기, 분류하기 〈조작〉 지오보드로 만든 벌집	〈수〉 귤 50판/100판 수놀이 〈조작〉 그림책 퍼즐 맞추기
	과학영역	거인 아저씨 신체의 비밀 (신체 탐색, 궁금한 점 알아보기)	귤의 비밀 (귤 탐색, 궁금한 점 알아보기)	귤나무의 한 살이 1 (귤나무 관찰, 전문가 인터뷰)	귤나무의 한 살이 2 (귤나무가 되기까지)
	음률영역	〈음률〉 거인 아저씨를 위한 노래 (세수 송, 운동 송, 식사 송) 〈동작〉 아저씨와 함께 아침체조를	〈음률〉 귤 세레나데 만들기 〈동작〉 귤처럼 통통통	〈음률〉 거인 아저씨와 친구들 숲속 친구들 주제가 만들기 〈동작〉 숲속 친구들처럼 움직여요	〈음률〉 숲속 친구들의 악기 연주 (숲속 오케스트라) 〈동작〉 오케스트라를 지휘해요
	신체영역	〈대근육〉 귤놀이를 해 보아요 (귤 주고받기, 귤껍질 던지기, 바구니에 귤 넣기)	〈대근육〉 귤껍질 길게 까기 귤껍질 짧게 까기 귤 꼭지 따기	〈대근육〉 거인 아저씨처럼 뛰어 보기, 징검다리 건너기, 한발뛰기, 두발뛰기	〈대근육〉 귤껍질 따라 껑충 뛰기 귤을 잡아라 게임하기
대 · 소집단 활동 (이야기 나누기 동화 · 동시 미술 음률 신체 · 게임 요리 · 과학)		〈이야기 나누기〉 그림책을 탐색해요 (앞표지, 뒤표지) 그림책 생각 모으기 그림책을 읽고 궁금해요 (질문 목록)	〈이야기 나누기〉 그림책 등장인물 탐색 (거인 아저씨, 귤, 달님 / 성격, 좋아하는 것, 싫어하는 것)	〈이야기 나누기〉 『거인 아저씨와 귤 배꼽』 이야기 지도 만들기	〈이야기 나누기〉 100층까지 갈 수 있는 방법 우리 반이 100층이라면
		〈미술〉 그림책 포토몽타주 꾸미기, 거인 아저씨 포토, 배경 꾸미기	〈미술〉 거인 아저씨와 숲속 친구들 판화	〈미술〉 질감이 있는 귤나무 구성하기	〈미술〉 협동작품: 귤나무에 앉은 우리 반 친구들 만들기
		〈관련 그림책〉『예방주사 무섭지 않아』, 『다리가 쭉쭉』, 『해적』, 『꿈틀이 구조대』, 『동물 서커스』, 『잭과 콩나무』			
		〈과학〉 귤나무 한 살이, 턱수염이 자라는 이유			
		〈요리〉 귤로 만들 수 있는 요리(귤청, 귤 케이크, 과일화채, 귤 카나페, 귤차 등)			
		〈사회관계〉 거인 아저씨를 고발합니다(사고뭉치 거인 아저씨를 고발해요. 피해를 주는 행동 긴급수배)			
		〈가정연계〉 아빠의 턱수염(동시, 동요 짓기)			

8. 『겁쟁이 빌리』 그림책 놀이활동

『겁쟁이 빌리』 앤서니 브라운 글 · 그림 / 김경미 옮김 / 비룡소 / 2006	
주제	나, 용기
목표	1. 그림책 등장인물을 통해 나에 대해서 관심을 가질 수 있다. 2. 나의 감정에 대해서 알고 표현할 수 있다. 3. 나의 감정의 상황에 맞게 조절할 수 있다.
생각 모으기	걱정, 많다, 모자, 검정 모자, 스탠드, 침대, 가르마, 신발, 구두, 창문, 구름, 밤, 이불, 비, 걱정거리, 커다란 새, 글쎄, 잠옷, 달, 아빠, 절대, 상상, 엄마, 아가, 지켜 줄 거야, 베개, 할머니, 다른 집, 결국, 바보, 액자, 남자, 지팡이, 꽃무늬, 벽지, 전등, 빨간 옷, 마침, 걱정인형, 온갖, 곤히, 깊이깊이, 다음 날, 계속, 불쌍한, 떠넘기다, 불공평, 좋은 생각, 하루 종일, 넓은, 식탁, 일, 어려운 일, 처음, 실수, 시작, 하지만, 마침내, 특별한, 실, 바늘, 볼펜, 또 다른, 새근새근, 과테말라, 나라, 중앙아메리카, 나무 조각, 천 조각, 잠자리, 풍습

『겁쟁이 빌리』 그림책 놀이활동을 시작하기 전

『겁쟁이 빌리』 그림책은 걱정이 많은 아이 빌리의 이야기입니다. 빌리는 정말 많은 것을 걱정하는 아이예요. 모자 걱정도 하고, 신발 걱정, 구름 걱정, 비 걱정, 커다란 새 때문에도 걱정을 합니다. 아빠, 엄마는 모두 빌리를 위로하고 도와줄 거라고 하지만 빌리는 여전히 계속 걱정투성이에요. 할머니 집에서 자게 된 날 더 걱정이 많아진 빌리는 할머니께 걱정거리를 말씀드렸지요. 그런 빌리에게 할머니는 걱정인형을 주며 걱정인형에게 걱정거리를 말하고 베개 밑에 넣고 자라고 하셨습니다. 걱정인형이 걱정을 대신해 준다고요. 빌리는 걱정인형이 생기고 나서 며칠은 편히 잠이 들었지만 걱정인형들의 걱정이 걱정되어 또 잠을 이룰 수가 없었습니다. 빌리는 좋은 생각을 해내고 빌리와 걱정인형은 모두 편안하게 잠이 들 수 있게 되었답니다. 무슨 좋은 생각일까요? 『겁쟁이 빌리』 그림책 놀이활동을 통해서 겁이 많고 걱정이 많은 주인공 빌리의 마음에 공감하고 어떻게 문제를 해결해 나가는지 함께 지켜봐 주시기 바랍니다.

주		1주	2주	3주	4주
소주제		그림책 탐색	내 마음을 알아보아요	문제를 해결해요	내 마음의 해결사
자유놀이	쌓기영역	액자 모형 구성하기	내 마음속 이야기를 높이 높이 (넓게 넓게) 쌓아요	걱정의 방 블록으로 만들기	해결의 방 구성하기
	역할영역	그림책 장면 역할놀이	내 얼굴 종이 인형	가족 역할극	걱정인형놀이
	미술영역	겁쟁이 빌리 색연필화 그리기	내 마음속 풍경화	여러 가지 재료로 걱정인형 꾸미기	걱정인형의 집 소품 꾸미기
	언어영역	〈읽기, 쓰기〉 내가 지은 그림책 제목 〈듣기, 말하기〉 말풍선으로 말해요	〈읽기, 쓰기〉 '내 마음' 동시 짓기 나는 OO 때문에 걱정이 돼요 나는 OO 때문에 화가 나요 나는 OO 때문에 웃음이 나요 〈듣기, 말하기〉 친구들이 지은 동시	〈읽기, 쓰기〉 빌리에게 하고 싶은 말 〈듣기, 말하기〉 친구에게 하고 싶은 말	〈읽기, 쓰기〉 용기를 주는 말 (걱정 마, 힘내, 내가 지켜 줄게) 〈듣기, 말하기〉 용기를 내어 말해요
	수 · 조작영역	〈수〉 걱정인형 패턴놀이 〈조작〉 그림책 표지 퍼즐	〈수〉 걱정인형 수놀이 〈조작〉 걱정인형 실꿰기	〈수〉 50판/100판 수놀이 〈조작〉 그림책 장면 메모리게임	〈수〉 걱정인형 비교(길이, 무게) 〈조작〉 걱정의자 높이쌓기
	과학영역	그림책이 만들어지기까지	재질에 따른 걱정인형 탐색	걱정인형 만들기 도구 알아보기	마음 마인드맵
	음률영역	〈음률〉 「넬라판타지」 음악감상 〈동작〉 클래식을 감상하며 춤추기	〈음률〉 용기를 주는 노래 배우기 〈동작〉 피아노 음악을 감상하며 발레 동작하기	〈음률〉 리듬악기 오케스트라 〈동작〉 내 마음을 몸으로 표현해요	〈음률〉 리듬악기를 연주해요 〈동작〉 스카프로 표현해요
	신체영역	〈대근육〉 안녕 인사 춤 (큰 동작 4가지로 인사하기)	〈대근육〉 친구와 함께 동작 만들기 (둘이 함께 뛰어요, 둘이 함께 건너요, 둘이 함께 기어요)	〈대근육〉 훌라후프 위로 폴짝	〈대근육〉 게임: 건너편 친구를 구해라
대 · 소집단 활동 (이야기 나누기 동화 · 동시 미술 음률 신체 · 게임 요리 · 과학)		〈이야기 나누기〉 『겁쟁이 빌리』 이야기 듣기 빌리 인물 탐색	〈이야기 나누기〉 나의 마음 (무서워요, 슬퍼요, 즐거워요, 걱정이 되요, 웃겨요, 기뻐요)	〈이야기 나누기〉 나의 마음에 문제가 생겼을 때 해결할 수 있어요	〈이야기 나누기〉 내 마음의 해결사 (자신감을 가지고 내 마음의 문제를 해결해요)
		〈미술〉 병풍책 꾸미기	〈미술〉 흑백/컬러 교차그림 그리기	〈미술〉 걱정인형 만들기	〈미술〉 협동작품 : 걱정인형의 집 디오라마
		〈관련 그림책〉 『알사탕』, 『용기란 뭘까?』, 『용기 모자』, 『까마귀의 용기』, 『용기가 사라진 날에』, 『걱정 상자』, 『밀어내라』, 『문어 목욕탕』, 『사랑하는 딸에게』, 『토토와 오토바이』, 『블랙 독』, 『축구선수 윌리』, 『진정한 챔피언』, 『걱정 괴물이 뭐래?』			
		〈과학〉 우리 마음은 어디에서 오는 걸까요?(뇌신경세포 알아보기)			
		〈요리〉 용감하게 만드는 요리(롤샌드위치, 걱정인형 쿠키, 천둥 케이크)			
		〈사회관계〉 겁쟁이 친구가 있다면 어떻게 도와줄 수 있을까?			
		〈가정연계〉 부모님과 마주이야기 쓰기(내가 가장 걱정되는 것 / 내 자녀에게 전하고 싶은 말)			

9. 『달 샤베트』 그림책 놀이활동

『달 샤베트』 백희나 글 · 그림 / 스토리보울 / 2014	
주제	환경, 우주
목표	1. 『달 샤베트』 그림책에 관심을 가지고 자세히 탐색할 수 있다. 2. 그림책을 통해 달의 특징에 대해서 살펴보고 알아볼 수 있다. 3. 그림책에 나온 사건을 통해서 환경에 대해 관심을 가지고 해결방법을 찾아볼 수 있다.
생각 모으기	무더운, 여름날, 밤, 너무너무, 덥다, 늑대, 할머니, 부채, 아파트, 베란다, 창문, 커튼, 잠옷, 보름달, 꼭꼭, 닫다, 에어컨, 선풍기, 씽씽, 틀다, 잠, 청하다, 무슨, 똑똑, 창밖, 커다란 달, 녹아내리다, 부지런한, 반장, 고무 대야, 뛰쳐나가다, 달방울, 노오란, 틀, 냉동칸, 쌩쌩, 윙윙, 온 세상, 깜깜, 전기, 정전, 밖, 어두워서, 노란빛, 달 샤베트, 시원, 달콤, 503호, 신기한 일, 더위, 싹, 달아나다, 이웃, 활짝, 달콤한, 꿈, 문, 문밖, 옥토끼, 큰일, 식탁, 빈 화분, 부어 주다, 달맞이꽃, 꽃송이, 밤하늘, 고개, 새까만, 작은 빛, 피어나다, 둥그런, 덩실덩실, 새집

『달 샤베트』 그림책 놀이활동을 시작하기 전

『달 샤베트』 그림책은 아주아주 무더운 여름날 밤, 모두가 창문을 꼭꼭 닫고 에어컨을 켜고 선풍기를 틀어 놓고 잠이 든 그날 밤에 일어난 이야기입니다. 창밖을 내다보니 커다란 달이 똑똑 녹아내리고 있었어요. 반장 할머니가 커다란 달이 녹아내린 달 방울들을 받아서 샤베트 통에 담아 냉동 칸에 넣어 두었습니다. 그날 밤 아파트에서 전기를 너무 많이 써서 정전이 되어 온 세상이 깜깜해졌어요. 단 한 곳만 빼고요. 반장 할머니 집에서 새어 나오는 빛을 따라서 할머니 집에 가자 할머니는 동네 사람들에게 달 샤베트를 하나씩 나누어 주었습니다. 달 샤베트를 먹자 더위가 싹 달아나서 동네 사람들은 창문을 활짝 열고 시원하고 달콤한 꿈을 꾸며 잠을 자게 됩니다. 똑똑똑... 이번엔 무슨 일일까요? 달 속에 살고 있던 옥토끼 두 마리가 달이 사라져서 살 곳이 없다며 할머니를 찾아옵니다. 할머니는 잠시 앉아서 생각에 잠기고 지혜로운 해결방법을 찾지요. 어떻게 옥토끼의 고민을 해결해 주었을까요? 『달 샤베트』 그림책을 읽고 나면 여름 내내 에어컨과 선풍기를 신나게 틀고 창문을 꼭꼭 닫아 두었던 우리들의 모습이 떠오릅니다. 달이 녹아서 똑똑 떨어지고 노란빛의 달물을 받아서 달 샤베트를 만드는 재미있는 상상은 여름날의 무더위를 떨쳐줄 만큼 시원하고 달콤합니다. 영유아의 눈높이에 맞추어서 환경에 대해서 생각의 꼬리를 물고 문제를 해결해 나가는 과정을 그림책 놀이활동을 통해 경험해 보시기 바랍니다.

주		1주	2주	3주	4주
소주제		달 샤베트 그림책 안녕!	달 샤베트와 이웃 사람들	정전이 되었어요	환경을 생각해요
자유놀이	쌓기영역	아파트 만들기	503호 조립, 구성하기	주방, 거실 만들기	등장인물의 방 구성하기
	역할영역	손가락 인형 놀이	아파트 역할놀이	우리 동네 아파트 시장놀이	그림자 인형극
	미술영역	부채 만들기	재활용품으로 만든 생활도구	그림책 등장인물 콜라주	옥토끼 만들기
	언어영역	〈읽기, 쓰기〉 그림책 단어 초성 놀이 〈듣기, 말하기〉 여름에 생각나는 것 말하기	〈읽기, 쓰기〉 달 샤베트 단어 문장 만들기 〈듣기, 말하기〉 시원한(달콤한) 단어 말하기	〈읽기, 쓰기〉 그림책 속의 의태어 찾기 〈듣기, 말하기〉 귓속말 전달 말놀이	〈읽기, 쓰기〉 환경구호를 만들어요 〈듣기, 말하기〉 환경을 지키기 위한 나의 다짐
	수 · 조작영역	〈수〉 아파트 동호수/층수 〈조작〉 그림책 장면 퍼즐	〈수〉 여름철 생활가전 전력 비교 〈조작〉 그림책 장면 메모리 게임	〈수〉 아파트 틀린그림찾기 〈조작〉 여름철 팔찌 만들기	〈수〉 달물의 부피와 무게 〈조작〉 라이트테이블로 우리 아파트 만들기
	과학영역	달의 변화 알아보기	여름철 사용 전력	전기와 정전	전기를 아끼는 과학적인 방법
	음률영역	〈음률〉 「Moon River」 감상하기 〈동작〉 왈츠 춤추기	〈음률〉 「달맞이꽃」 노래 부르기 〈동작〉 음악에 맞게 리본춤	〈음률〉 「달 먹깨비가 나타났다」 〈동작〉 달 먹깨비 동작 만들기	〈음률〉 「Fly To the Moon」 〈동작〉 발레춤
	신체영역	〈대근육〉 달의 모양 몸짓놀이	〈대근육〉 그림자놀이 (손그림자, 둘이서 한마음)	〈대근육〉 장애물 넘기	〈대근육〉 줄넘기, 단체줄넘기
대 · 소집단 활동 (이야기 나누기 동화 · 동시 미술 음률 신체 · 게임 요리 · 과학)		〈이야기 나누기〉 그림책 탐색하기 이야기 지도 만들기 생각 모으기	〈이야기 나누기〉 『달 샤베트』에 나오는 이웃들 알아보기 그림책의 주요 사건 알기	〈이야기 나누기〉 정전이 된 이유 그림책 속의 문제해결	〈이야기 나누기〉 전기를 아끼는 방법 우리가 할 수 있는 환경보호
		〈미술〉 여름철 소품 만들기	〈미술〉 재활용품으로 아파트 디오라마	〈미술〉 그림책 재구성하기	〈미술〉 우리 반의 친환경 포스터
		〈관련 그림책〉 『쓰레기통 요정』, 『열두 달 나무 아이』, 『100개의 달과 아기 공룡』, 『달케이크』, 『바쁜 열두 달』, 『달 사람』, 『안녕, 바나나 달』, 『마음꽃 열두 달』, 『아주아주 많은 달』, 『바구니 달』, 『아모스와 달』, 『뒤죽박죽 잔치』, 『비눗방울 기계』, 『빙하가 녹고 있어요!』			
		〈과학〉 전기와 정전(전기가 나오는 곳, 정전이 되는 이유, 전기를 조심해요, 전기를 아끼는 방법)			
		〈요리〉 보름달 케이크, 달 쿠키, 달 샤베트			
		〈사회관계〉 문을 꼭꼭 닫고 지내는 아파트 사람들(이웃 사람들과 친해지는 방법)			
		〈가정연계〉 전기를 아껴요 콘테스트			

10. 『마음아 안녕』 그림책 놀이활동

『마음아 안녕』 최숙희 글 · 그림 / 책 읽는 곰 / 2018	
주제	나, 친구
목표	1. 『마음아 안녕』 그림책을 통해 나에 대해서 관심을 가질 수 있다. 2. 나의 몸과 마음에 대해서 살펴보고 소중히 여길 수 있다. 3. 내 마음을 다른 사람에게 표현할 수 있다.
생각 모으기	괴물, 주위, 온통, 검은색, 회색, 빨리빨리, 다그친다, 끄덕끄덕, 와글와글, 메롱메롱, 놀려댄다, 메롱, 졸졸, 쫓아다닌다, 괴롭힌다, 싫어, 머리카락, 내꺼내꺼, 욕심꾸러기, 거미줄, 말할까, 말하지 말까, 못 참아, 검은 새, 천천히, 드디어, 나란히, 좋다, 많다, 눈을 맞추다, 이야기를 나누다, 걷고 싶다, 오래오래, 문어, 물풀, 자라, 가재, 가오리, 해파리, 물고기, 힘껏, 소리치다, 입을 꼭 다물다, 귀 기울이다, 또박또박, 찬찬히, 난 상관없어, 마음을 꺼내다, 새 친구, 너도 같이 놀래

『마음아 안녕』 그림책 놀이활동을 시작하기 전

『마음아 안녕』 그림책을 펼치면 속표지에 새장에 갇힌 '나'의 모습을 보여 주며 시작합니다. '나'의 주변은 온통 괴물들뿐이고, 그 괴물은 빨리 먹고, 빨리 씻으라고 날 다그칩니다. 다른 사람들의 이야기는 잘 들어 주지만 내 이야기는 잘 들어 주지 않습니다. 메롱메롱 괴물은 나만 보면 놀려대고, 내꺼내꺼 괴물은 나만 보면 다 뺏어갑니다. '나'는 말할까 말하지 말까 고민하다가 드디어 빨리 서두르라는 괴물에게 "천천히"라고 말합니다. 내 말을 잘 들어주지 않는 괴물에게 "내 말도 들어 줘."라고 말하고, 메롱메롱 날 놀려대는 괴물에게 "놀려도 상관없어."라고 말합니다. 꼭꼭 숨겨둔 마음을 꺼냈더니 새 친구도 생기게 됩니다. 『마음아 안녕』 그림책은 수줍어서, 무서워서, 목소리가 작아서 다른 사람에게 자신의 마음을 제대로 전하지 못하는 아이들에게 공감이 되고 용기를 줄 수 있는 책입니다. 용기가 나지 않아서 마음속에 꼭꼭 숨겨두어 벽을 쌓아서 많이 힘들었지만 용기를 내어 솔직하게 표현했을 때에 내 마음이 편안해지고 다른 사람들과 긍정적인 관계를 맺을 수 있다는 것을 알게 되었어요. 『마음아 안녕』 그림책 놀이활동을 통해서 나의 마음과 다른 사람의 마음에 대해서 이해하고, 타인과의 긍정적인 관계 형성에 도움이 되길 바랍니다.

<table>
<tr><th colspan="2">주</th><th>1주</th><th>2주</th><th>3주</th><th>4주</th></tr>
<tr><th colspan="2">소주제</th><th>그림책 탐색</th><th>소중한 너와 나</th><th>내 마음을 표현해요</th><th>친구가 되어요</th></tr>
<tr><td rowspan="9">자유놀이</td><td>쌓기영역</td><td>새장 모형 만들기</td><td>담쌓기, 담 허물기</td><td>마음의 방 쌓기</td><td>너와 나의 공간 구성하기</td></tr>
<tr><td>역할영역</td><td>그림자놀이</td><td>가면극</td><td>음악이 있는 이야기 역할극</td><td>손 인형놀이</td></tr>
<tr><td>미술영역</td><td>내 마음대로 표지 만들기</td><td>입체 날개 콜라주</td><td>꽃 접기</td><td>편지지 꾸미기</td></tr>
<tr><td>언어영역</td><td>〈읽기, 쓰기〉
그림책의
인상 깊은 문장 찾기
〈듣기, 말하기〉
말풍선으로 말해요</td><td>〈읽기, 쓰기〉
소중한 너와 나에게
편지 쓰기
〈듣기, 말하기〉
편지를 읽어 보아요</td><td>〈읽기, 쓰기〉
괴물들에게 하고 싶은 말
〈듣기, 말하기〉
내 마음을 표현해요</td><td>〈읽기, 쓰기〉
내 친구에게 보내는 편지
〈듣기, 말하기〉
너도 같이 놀래?
릴레이 말 전달하기</td></tr>
<tr><td>수 · 조작영역</td><td>〈수〉
틀린 그림 찾기
(비교하기)
〈조작〉
그림책 표지 퍼즐</td><td>〈수〉
내 물건과 너의 물건
(분류하기)
〈조작〉
지오보드로 거미줄 구성하기</td><td>〈수〉
내가 가진 10
(가르기와 모으기)
〈조작〉
〈마음이의 하루〉 게임판</td><td>〈수〉
귤 50판/100판 수놀이
〈조작〉
내 마음의 친구들
메모리게임</td></tr>
<tr><td>과학영역</td><td>몸과 마음의 비밀
(마음은 어디에 있을까?)</td><td>그림자 탐색하기 1
(그림자가 생기는 이유)</td><td>그림자 탐색하기 2
(그림자의 모양, 특징)</td><td>내 마음의 주인은?
(내 마음 다스리기)</td></tr>
<tr><td>음률영역</td><td>〈음률〉
「사랑의 마음」 노래 배우기
〈동작〉
클래식을 감상하며
리본 춤추기</td><td>〈음률〉
위로 송을 불러요
〈동작〉
피아노 음악을 감상하며
발레 동작하기</td><td>〈음률〉
내 마음을 가사로 표현해요
(노래 만들기)
〈동작〉
내 마음을 몸으로 표현해요</td><td>〈음률〉
리듬악기를 연주해요
〈동작〉
스카프로 표현해요</td></tr>
<tr><td>신체영역</td><td>〈대근육〉
안녕 인사 춤
(큰 동작 4가지로 인사하기)</td><td>〈대근육〉
친구와 함께 동작 만들기
(둘이 함께 뛰어요, 둘이 함께 건너요, 둘이 함께 기어요)</td><td>〈대근육〉
훌라후프 위로 폴짝</td><td>〈대근육〉
게임: 건너편 친구를 구해라</td></tr>
<tr><td colspan="5"></td></tr>
<tr><td colspan="2" rowspan="7">대 · 소집단
활동

(이야기 나누기
동화 · 동시
미술
음률
신체 · 게임
요리 · 과학)</td><td>〈이야기 나누기〉
인상 깊은 장면
이야기 나누기
'나'의 마음 이해하기
('나'의 마음의 모습, 이유, 해결)</td><td>〈이야기 나누기〉
소중한 나/너의 마음
(장소, 상황에 따른 나의 마음)</td><td>〈이야기 나누기〉
내 마음을 표현해요
(친구가 내 물건을 뺏어요, 친구가 화를 내요, 동생이 나를 때려요, 내가 하고 싶은 것이 있어요)</td><td>〈이야기 나누기〉
친구가 되는 방법</td></tr>
<tr><td>〈미술〉
그림자 책을 꾸며요</td><td>〈미술〉
와글와글 괴물 만들기
(메롱메롱 괴물, 내꺼내꺼 괴물)</td><td>〈미술〉
소중한 나를 그려요
(자화상)</td><td>〈미술〉
그림책 장면 재구성하기</td></tr>
<tr><td colspan="4">〈관련 그림책〉 『나 진짜 화났어!』, 『거울 속의 나』, 『소피가 화나면, 정말 정말 화나면』, 『아직은 작은 나』, 『나야 나!』, 『하이드와 나』, 『내 얘기를 들어 봐』, 『나는요.』, 『괜찮아』, 『나에게 정말 고마워!』, 『너와 나』, 『나 찾아봐』, 『친구 마음 안아 주기』, 『나의 마음 안아 주기』</td></tr>
<tr><td colspan="4">〈과학〉 그림자놀이하기(그림자로 표현할 수 있는 마음, 그림자로 표현할 수 있는 동작)</td></tr>
<tr><td colspan="4">〈요리〉 마음을 위로해 줄 수 있는 요리(향긋한 레몬차, 달콤한 쿠키, 고소한 누룽지탕, 부드러운 카레라이스)</td></tr>
<tr><td colspan="4">〈사회관계〉 '나'의 마음이 속상했던 이유 토론하기 / '나'의 마음을 표현하는 방법</td></tr>
<tr><td colspan="4">〈가정연계〉 우리 가족의 마음 알기(아빠의 마음 / 엄마의 마음 / 내 동생의 마음)</td></tr>
</table>

참고문헌

교육부 (2019). 2019 개정 누리과정(안) 공청회 자료집.

김영옥 (2016). 어린이도서관을 활용한 영유아 책놀이 프로그램 개발 운영에 관한 연구. 한국엔터테인먼트산업학회논문, 10(3), 225-239.

로렌스 사이프 (2011). 유아교사의 그림책 읽어 주기(서정숙 옮김). 서울: 창지사.

마리아 니콜라에바 (2009). 아동문학의 미학적 접근(조희숙, 지은주, 신세나, 이효원 옮김). 교문사(유제동).

박선희 · 김현희 (2014). 아동문학. 서울: 한국방송통신대학교출판문화원. 교문서.

박선희 · 한주희 (2016). 그림책의 재미 요소 탐구: 유아의 반응을 중심으로. 어린이문학교육연구, 17(3), 95-122.

박혜경 (1990). 유아를 위한 총체적언어교육접근법의 효과에 관한 연구. 이화여자대학교 대학원 박사학위논문.

서정숙 (2000). 그림책의 교육적 활용 양상과 문제점. 어린이문학교육연구, 1(1), 99-113.

서정숙 · 김언경 · 안은희 · 최현주 · 최소린 (2016). 그림책 읽어 주기의 실제. 서울: 창지사.

서정숙 · 남규 (2010). 유아문학교육. 서울: 창지사.

송영미 (2016), 책놀이 독서 프로그램이 독서 태도와 독서 동기에 미치는 영향. 가톨릭대학교 석사학위논문.

이송은 (2012). 스토리텔링과 책놀이. 서울: 창지사.

이지현 · 마송희 · 김수영 · 정정희. (2009). 영유아를 위한 언어교육. 경기: 공동체.

현정희 · 서정숙 (2009). 그림책 읽어 주기에 대한 유아교사의 인식. 어린이 문학교육 연구, 10(2), 125-147.

Nikolajeva, M. (2009). 아동문학의 미학적 접근. Aesthetic approaches to children's literature. 경기: 교문사.

Goodman, Y. (1986). *What's whole in language?*. Heinemann Educational Books.

McLuhan, E. & Zingrone, F. (1997). *Essential McLuhan*. Routledge.

Mohr, K. A. (2003). Children s choices: a comparison of book preferences between hispanic and non-hispanic first-graders. *Reading Psychology*, *24*(2), 163-176.

Mohr, K. A. (2006). Children's choices for recreational reading: A three-part investigation of selection preferences, rationales, and processes. *Journal of Literacy Research*, *38*(1), 81-104.

저/자/소/개

김정은

부산대학교 일반대학원 유아교육과 졸업 (교육학 석사)
건국대학교 일반대학원 교육학과 유아교육전공 (박사수료)

前 유치원 교사
前 경기도 육아종합지원센터 보육과정 컨설턴트
前 김포시 육아종합지원센터 교사교육, 부모교육 전문강사, 부모양육상담사
前 동부산대 유아교육과 외래교수, 고신대학교 아동학과 외래교수
現 김포대학교 아동보육과 외래교수
現 고양보육교사교육원 외래교수
現 에듀업 평생교육원 운영교수
現 자이하늘어린이집 대표자 및 원장

[논문, 저서]

- 정계숙 · 김미정 · 김정은 (2002). 교육연극을 적용한 집단상담프로그램이 아동의 친사회적 행동 증진에 미치는 영향: 또래관계 형성이 어려운 아동을 대상으로. 영유아보육연구, 8, 107–128.
- 민병욱 · 김정은 외 (2004). 교육연극의 현장. 서울: 연극과 인간.
- 현정희 · 김정은 (2018). 영아반 교사의 직무만족, 행복감이 교사 민감성에 미치는 영향. 열린유아교육연구, 23(3), 75–93.
- 현정희 · 김정은 (2018). 영아반 교사의 개인적 · 환경적 변인에 따른 민감성에 관한 연구. 어린이문학교육연구, 19(2), 117–141.

김진희

한국방송통신대학교 대학원 유아교육과 졸업 (교육학 석사)
건국대학교 일반대학원 교육학과 유아교육전공 (박사수료)

前 어린이집 교사
前 유치원 교사
現 한국방송통신대학교 현장교육실습 실습지도 위원
現 한국방송통신대학교 유아교육과 출강
現 에듀업 평생교육원 운영교수
現 서울한영대학교 교수학습센터 전문연구원

[연구]

- 김진희 · 오성은 · 유은영 (2016). [3–5 세 누리과정 교사용 지도서] 수학 관련 활동에 제시된 교사의 수학적 과정 질문유형 분석. 유아교육학논집, 20(1), 123–147.
- 김진희 · 서정숙 (2017). 그림책에 나타난 잠에 대한 분석. 한국어린이문학교육연구(포스터).

제2판

열두 달 그림책 놀이활동

초 판 1쇄 발행 2020년 3월 31일
제2판 1쇄 발행 2021년 10월 8일

지 은 이 | 김정은 · 김진희
펴 낸 이 | 김기섭
편 집 인 | 이혜란
펴 낸 곳 | 창지사 www.changjisa.com
08589 서울시 금천구 가산디지털 1로 83 파트너스타워 1차 9층
전화 (02)719-2211~3
팩스 (02)701-9386
등 록 | 1977년 4월 28일 · 제1-421호

ISBN 978-89-426-1494-3 (93370)

값 22,000원

「이 도서의 국립중앙도서관 출판예정도서목록(CIP)은 서지정보유통지원시스템 홈페이지(http://seoji.nl.go.kr)와 국가자료공동목록시스템(http://www.nl.go.kr/kolisnet)에서 이용하실 수 있습니다.(CIP 제어번호 : CIP2020012430)」